探寻政府合作之路
英国布莱尔政府改革研究

1997—2007

曾令发 ◎ 著

人民出版社

责任编辑:刘　恋

图书在版编目(CIP)数据

探寻政府合作之路——英国布莱尔政府改革研究(1997—2007)/
曾令发　著. -北京:人民出版社,2010.6
ISBN 978－7－01－008966－9

Ⅰ.①探…　Ⅱ.①曾…　Ⅲ.①国家机构-政治体制改革-研究-
英国-1997～2007　Ⅳ.①D756.123

中国版本图书馆 CIP 数据核字(2010)第 094622 号

探寻政府合作之路
TANXUN ZHENGFU HEZUO ZHILU
——英国布莱尔政府改革研究(1997—2007)

曾令发　著

人民出版社 出版发行
(100706　北京朝阳门内大街166号)

北京瑞古冠中印刷厂印刷　新华书店经销

2010年6月第1版　2010年6月北京第1次印刷
开本:880毫米×1230毫米 1/32　印张:12.375
字数:280千字

ISBN 978－7－01－008966－9　　定价:28.00元

邮购地址 100706　北京朝阳门内大街166号
人民东方图书销售中心　电话 (010)65250042　65289539

目　　录

导　论 …………………………………………………………… 1
　　第一节　选题的背景和意义 ………………………………… 1
　　第二节　相关研究的综述 …………………………………… 12
　　第三节　研究的方法和框架 ………………………………… 25
第一章　英国保守党政府时期新公共管理运动及其
　　　　　影响 …………………………………………………… 31
　　第一节　英国保守党政府新公共管理运动的背景 ……… 32
　　第二节　英国保守党政府的新公共管理运动 …………… 43
　　第三节　保守党政府新公共管理运动的遗产 …………… 54
　　小　结 ………………………………………………………… 62
第二章　第三条道路与合作政府 ……………………………… 64
　　第一节　主要概念析论 ……………………………………… 64
　　第二节　布莱尔政府的第三条道路理论 ………………… 73
　　第三节　第三条道路与合作政府的逻辑关联 …………… 91
　　小　结 ………………………………………………………… 99
第三章　英国合作政府的渊源：理论、政治与历史维度之
　　　　　考察 …………………………………………………… 100
　　第一节　英国合作政府的理论渊源 ……………………… 100

1

第二节　英国合作政府的政治渊源…………………… 111
　　第三节　英国合作政府的历史渊源…………………… 121
　　小　结……………………………………………………… 131
第四章　合作政府兴起的现实背景………………………… 133
　　第一节　风险社会的来临……………………………… 133
　　第二节　社会矛盾的凸显……………………………… 143
　　第三节　英国新公共管理运动存在的问题…………… 155
　　小　结……………………………………………………… 167
第五章　布莱尔新政析论之一：英国中央政府的合作
　　　　　治理之道………………………………………… 168
　　第一节　合作政府的核心执行部门…………………… 169
　　第二节　合作政府治理工具之公共服务协议………… 182
　　第三节　合作政府治理工具之任务型组织…………… 191
　　第四节　合作政府治理工具之电子政府……………… 202
　　小　结……………………………………………………… 210
第六章　布莱尔新政析论之二：英国区域合作
　　　　　治理之道………………………………………… 211
　　第一节　英国区域治理的概况………………………… 212
　　第二节　英国区域治理的组织发展…………………… 223
　　第三节　英国区域治理的机制………………………… 241
　　第四节　对英国区域治理发展的评论………………… 253
　　小　结……………………………………………………… 261
第七章　布莱尔新政析论之三：英国地方政府的合作
　　　　　治理之道………………………………………… 263
　　第一节　战后英国地方政府改革历程………………… 264
　　第二节　改进公共服务………………………………… 274

目 录

  第三节 发展地方民主 …………………………………… 292
  第四节 地方政府现代化：中央集权主义还是地方
      主义 ……………………………………………… 312
  小 结 ……………………………………………………… 320
第八章 对英国合作政府的评价 ………………………………… 323
  第一节 合作政府的成就及其与保守党政府改革模式的
      比较分析 ………………………………………… 323
  第二节 合作政府在全球的回应 ………………………… 333
  第三节 整体型治理：合作政府的发展趋势 …………… 344
  第四节 英国合作政府的实践对我国政府改革的
      启示 ……………………………………………… 353
  小 结 ……………………………………………………… 359
结束语 ……………………………………………………………… 360

参考文献 …………………………………………………………… 366
后 记 …………………………………………………………… 390

导　论

第一节　选题的背景和意义

一、选题的背景

20世纪对于公共管理来说是一个意义非同寻常的年代,它经历了管理范式的不断变革。在20世纪最后20年里,全球掀起了一股改革浪潮,它打破了沉寂半个多世纪的传统官僚制垄断公共管理范式的局面。在即将步入21世纪时,兴起于不列颠岛的第三条道路思潮在全球激烈回荡。当全球关注第三条道路思想在意识形态、公共政策和政党政治等领域所带来的影响时,英国正悄然进行着一场公共管理的改革。也许是第三条道路思潮吸引公众太多的目光,也许是世界还沉浸在新公共管理运动中意犹未尽,布莱尔政府所推行的合作政府改革并不像前面二者那样引人注目,"尽管这一改革趋势不仅在英国、澳大利亚和新西兰这些被称为新公共管理改革先锋的盎格鲁-撒克逊国家非常明显,而且在其他并没有致力于推行新公共管理改革的国家也日益显现"[①]。作为一个

[①] Tom Christensen,Per Lagreid:《后新公共管理改革——作为一种新趋势的整体政府》,《中国行政管理》,2006,(9):第83页。

如此有影响的公共管理改革，我们首先必须去了解这场改革的基本事实。因此，本书的首要目的就是研究布莱尔推行的合作政府改革所采取的措施，发现它有哪些创新之处。

当然，弄清事实绝不是研究者的唯一目的，研究者更为关注的是这些事实是如何发生的。本书研究的另一个目的就是研究这一次政府改革的背景、动因，它与上次改革的关联性。英国是20世纪70年代末兴起的新公共管理运动的发源地之一，在回顾这将近30年的公共管理改革浪潮时我们会发现，"铁娘子"撒切尔夫人大刀阔斧的改革仍然影响着当前的公共管理范式。在事隔近20年后，又一次意义深远的公共管理改革浪潮在英国发生。我们相信，历史两次选择英国作为政府创新的国度，绝不会是事出偶然。我们需要探究，究竟是哪些因素在政府创新中扮演重要角色？这些因素是结构上的还是功能性的？这些因素又是如何产生作用的？

本书研究的第三个目的，就是在学理上厘清20世纪公共管理发展的一个基本脉络，理解在公共管理领域中的一些基本矛盾及其张力是如何发展、转化，并最后能够形成一种动态的平衡。将英国政府改革置于20世纪整个公共管理发展变革的这一背景之中，我们会发现，它基本上是代表了20世纪公共管理改革的一个基本走向，因此从这个意义上来说，弄清了英国的政府改革对于把握公共管理改革的内在规律与发展脉络有着重要的意义，这也是研究英国政府改革的一个学术价值所在。同时我们会发现，布莱尔政府改革不仅仅回应了公共管理领域重视民主价值观、公民权和服务的需求，重新肯定公共管理领域的规范性基础，而且在对管理的自由化与市场化方面也作出了重大的调整。正如布莱尔所说，"我的方法是永恒的修正主义"①,这种折中与调和的基本走向是整体型治理。

作为一个中国人来研究英国布莱尔政府改革,其中有一个目的不言而喻,那就是希望研究他国政府改革能为中国政府体制改革提供借鉴意义。自改革开放以来,我国的政府体制改革基本上与西方新公共管理运动在时间上是同步的。虽然英国和中国不是处于同样的发展阶段,但是就宏观而言,在现代化的发展过程中它们总会有一些共性,我们不能对这些发达国家所出现的问题视而不见,前车之鉴总会为我们提供一些经验教训。就微观而言,英国政府和中国政府都面临这些相类似的问题,研究英国政府所采取的应对措施,也许会对我国政府体制改革带来观念上、方法上的有益启迪。

二、问题的提出

一般而言,一项研究往往来自于研究者的两种经历:一是对现实社会的感性经验,这是引起研究者兴趣的最为直观的材料;但是能够使研究更为深刻并有意义,则是来源于研究者对此的理性思考。关于布莱尔政府改革的研究正是源于以上的两种经历。

自改革开放以来,在政府的主导之下,中国的经济快速增长,人民生活得到普遍改善。但是在国内外对中国政府赞誉有加的同时,各种社会问题,如贫富差距日益扩大、教育机会不平等、医疗保障、住房、就业以及社会安全、环境保护等问题日益突出;并且一些政府官员的腐败、政府机构的资源浪费以及政府运行效率的低下等问题也成为政府管理现代化的障碍;各种危机事件,如 SARS 危

---

① Tony Blair. *The Third Way: New Politics for New Century*, London: Fabian Society,1998,p. 4.

机、重庆井喷事故、松花江水污染事件也在考量政府应对危机的能力。

当我们把视野拓展到全球范围内,尤其是关注20世纪70年代末兴起的新公共管理运动,看看英国推行的雷纳评审、"下一步"行动计划、公民宪章运动,美国的戈尔报告、企业化政府的再造运动,我们发现在20世纪的最后20年,西方国家在寻求管理主义与市场化的政府,在寻求一个低成本、高效率的政府,在寻求一个分权解制的政府。新公共管理运动提高了政府效率,降低了其运行成本,但同时也带来了一系列的问题。以英国为例,创纪录连续三任的"铁娘子"在位期间,英国的失业率不断攀升。此外,犯罪率上升,社区破裂和分化,贫富差距加剧,社会福利锐减,人民的生活质量下降。这些现象的出现出乎改革者的意料之外,也背离了改革的初衷。以推行从摇篮到坟墓为目的的福利国家会让政府效率降低,国家资源浪费;以降低政府开支提高政府运行效率的新公共管理运动却使得社会问题突出。政府改革的钟摆在效率与公平之间来回摆动,却找不到一个恰当的位置,那么下一次改革应该如何摆动?

政府应该在公平与效率之间如何摆动?公平如何实现?效率如何得到?公共事务的治理之道究竟是什么?对于这些问题,理论家曾有过精彩的探讨。公平的实现是与民主行政分不开的,在美国建国之初,汉密尔顿与麦迪逊等人在《联邦党人文集》中构建了一种民主行政模式。他们认为,政府的界限和条件源于人民,政府直接对人民负责。在政府的具体运行中应该实行分散决策、互相监督、交叠管辖,对特定的公民需求予以回应,实现自治原则。在联邦党人的努力之下,美国的建国体制在总体框架上采取了民主行政模式,对此,托克维尔深为赞赏,"在美国,各州行使的权力不如欧洲条理分明和富于教育指导作用,但却大于欧洲的百倍","因此不必到美国去找外观上的一致性和持久性,去找对细节的详尽安排以及行政手续的完善规定,我们在那里看到的,是一个确实有点粗犷,但却充满强大力量的权力机构,一幅时常发生意外,但却充满活力和进取精神的生活图景"。①

联邦党人与托克维尔在这个问题上达成共识,不过19世纪末20世纪初的公共行政经典理论对此的看法却是大相径庭。作为官僚制理论的奠基人,无论是威尔逊还是马克斯·韦伯都没有选择民主、公平作为官僚制理论的基调,他们不约而同地选择效率为官僚制的首要目标。在威尔逊看来,民主与公平是政治要解决的问题,行政只是执行,执行就需要效率,而效率就需要组织有一个占支配地位的权力中心,要有明确的等级制,权力越是分散就越不负责任。就官僚制需要强有力的支配中心这一点上,霍布斯与威尔逊的意见一致,霍布斯一再强调只有强大的利维坦才能保证公共利益。韦伯以效率作为官僚制行政的首要目标是源于他对社会以及文化发展趋势的理解。在他看来,社会与文化发展的趋势是"合理化"与"祛魅"的过程。"合理化"是指手段之于目标的可计算性、可操作性、可衡量性;"祛魅"则是指对目标客观价值的信念消失,前者指对物质世界,后者指对精神领域。官僚制是最符合政府管理的"合理化"与"祛魅","合理化"表现在它通过等级制、专业化、非人格化、契约以及档案管理来实现管理的可操作性和可计算性,"祛魅"则是通过采取法理性权威而不是个人魅力性权威。古立克在等级制基础上通过增加同质性原则来提升官僚制的行政效率,此时的官僚制理论中我们难以见到民主的身影。

---

① 托克维尔:《论美国的民主》,北京:商务印书馆,1997,第102页。

自官僚制理论提出以来,它罕见地受到了所有政治派别的诅咒。右派以自由市场的名义寻求对它的限制,中间派以开放和责任的名义改革它,左派以参与和自我管理的名义想要取而代之①,而第二次世界大战后首先对官僚制行政理论提出系统批评的是西蒙。受行为主义的影响,西蒙提出事实价值二分法,认为行政管理应该更多地对行政行为的"事实"进行实证性的解释,并把技术理性(即效率)作为衡量组织生活的主要标准,而不要对行政"谚语"进行学究式的探讨。事实上,西蒙虽然对传统官僚制理论进行了批判,但是他仍然将效率作为行政管理的核心价值,只是将其披上了科学化的外衣。

如果说西蒙对第二次世界大战前公共行政理论的批判更为尖锐的话,那么戴尔的批判在很多方面则更加激进,从长远看来也更加有效。② 戴尔虽然也认可西蒙的公共行政科学化的思想,但是他认为效率对公共行政领域来说也是一种价值观,因此不能仅仅将效率作为判定行政行为中立的唯一标准,还应该将个人责任和民主道德纳入其中,否则行政研究就难以正确评价在第二次世界大战中德国效率很高的战俘集中营。不过让人记忆更为深刻的将公平、民主与责任等价值引入公共行政的当数明诺布鲁克会议提出的新公共行政。新公共行政反对传统理论单纯地强调效率和经济,应该重视社会公正而不仅仅是价值中立,有效率的公共行政离不开公众的主动参与,政府的责任、伦理与诚信是公共行政必须考虑的方面,对于公共行政的研究应采取后逻辑实证主义的

---

① 戴维·毕瑟姆:《官僚制》,长春:吉林人民出版社,2005,第1页。
② 罗伯特·丹哈特:《公共组织理论教程》,北京:华夏出版社,2002,第57页。

方法。

不过,明诺布鲁克会议的声音很快在公共行政领域被边缘化了,一个很主要的原因是为社会形势所迫。在20世纪70年代后,西方发达国家纷纷背上沉重的财政赤字,经济处于滞胀状态,各国政府面临的主要压力就是如何摆脱负债和怎样推动经济的发展。此时沉寂多年的新自由主义逐渐为人所关注,哈耶克的《通往奴役之路》和《自由秩序原理》从故纸堆中被翻了出来,1974年,他成为获得诺贝尔经济学奖的第一位自由市场经济学家。此后的几年里,是自由市场经济学家的春天,弗里德曼和乔治·斯蒂格勒纷纷获得诺贝尔经济学奖,尤其是弗里德曼,他对撒切尔夫人和里根的改革有着深远的影响。1979年,撒切尔夫人上台,随即刮起了一股私有化的旋风,并且成为新公共管理运动的倡导者与推动者之一,这场运动对官僚制改革而言影响深远。随即,公共选择学派借用经济学的理论假设与分析工具对政府行为进行分析,认为在人们批评市场失灵的同时其实也存在着政府失灵的问题。无论是布坎南还是尼斯坎南都认为,作为"经济人"的官僚事实上是在追逐个人效用最大化而不是公共利益最大化,在居于垄断地位而缺乏排他性竞争的体制中,政府提供公共产品与服务注定是缺乏动力,成本高昂,效率低下和缺少对公民需求的回应。因此只有用竞争来改造官僚体制,减少国家权力,降低社会福利,推崇市场的作用。公共选择学派的这些想法与戴维·奥斯本和特德·盖布勒的企业家政府思想不谋而合。

就在新公共管理运动余音未了之时,登哈特夫妇在《公共行政评论》上发表了《新公共服务:服务而不是掌舵》一文,对新公共管理运动予以当头棒喝。他们运用民主公民权、社区与公民社会以及组织人本主义理论,阐释"公务员(通常)不是提供顾客服务,而是提供民主"①,批评新公共管理的企业家政府是一个狭隘的政府观念,政府更应该向公民负责而不仅仅是顾客,公共管理应该关注民主价值和公共利益。

从以上的分析我们可以看出,公共管理无论在思想还是行动上,都在民主与效率之间摆动,而且似乎民主与效率总是处于一种二元对立之中,要么以民主作为公共管理的基本价值,要么以效率作为首要目标。并且在寻求组织效率时要么是通过组织的中心集权、等级化或者管理的自由化,要么是通过缩小公共管理的权限,运用市场以及将市场的竞争机制引入公共组织,而新公共管理运动的管理主义与市场化将公共管理对效率的追求推到了顶峰。

其实公共管理的民主——效率二元对立模式与工业社会的线性思维方式不无相关,同时也与长期以来政治思想的"左""右"对峙密切联系。随着社会的不断发展、人们认识的不断改变,在思维模式上已经从传统的线性模式走向非线性模式,从还原论思维向整体性转变,从静态思维转向动态思维,人们对世界的认识在不断深入,更能对真实世界有一个准确的把握。随着冷战的结束,政治上"左"与"右"的分野在战略上不再显得那么重要。重要的是在一个科技迅速发展、沟通日益便利的全球化消费世界里,在一个公民权逐步突出、环境日渐恶化的风险社会里,政府应该如何满足公民的需要,应对社会的变化。在超越"左"与"右"的基础上,英国学者吉登斯提出了第三条道路,试图通过平衡国家、市场与社会三者之间的力量来建立起责任与权力相平衡的新的社会契约。那么,第三条道路究竟为公共管理提供一个怎样的理论依据与方法

---

① 珍妮特·V.登哈特、罗伯特·B.登哈特:《新公共服务:服务而不是掌舵》,北京:中国人民大学出版社,2004,前言第18页。

启迪？走"第三条道路"的新工党在英国的政府改革又是如何来平衡效率与民主之间的张力？他们是怎样站在前人的肩膀上向前迈进的？对这些问题的思考有助于延承公共管理理论的脉络，解决当前存在的问题。

三、研究的意义

关于第三条道路，国内外学者有过深入的研究，不过将其与英国布莱尔的政府管理改革联系起来研究的不多。而且单就英国布莱尔政府改革的研究，在国内外的研究也不系统，在国外仅仅出版了专门研究的论文集，专门的论著还难以寻找。而国内学者就布莱尔政府改革的研究就更少，而且很多国内学者将其与英国保守党的政府管理改革等同起来，认为这仅仅只是保守党改革的继续。因此有必要从公共管理改革的背景出发，通过经验分析与规范研究，将布莱尔政府管理改革同第三条道路联系起来，将其与保守党改革区分开来，在对其进行系统分析的基础之上，找到公共管理发展的一个基本走向。这样既能够使我们真正了解英国布莱尔政府改革，丰富公共管理学的研究内容，同时也对我国的政府管理改革提供借鉴。具体来说，这一选题具有以下几个方面的意义：

首先，通过研究布莱尔政府改革，我们可以清楚地了解第二次世界大战以来，英国政府管理变革的一个基本脉络，有助于丰富国内对英国政府管理体制的研究。英国是一个老牌的资本主义国家、议会之母、现代文官制的源头，新公共管理运动的发源地之一，但是国内对英国政府管理的研究较少。国内学者对英国更为关注的是其政治体制，当然也有对最近英国的新公共管理运动予以论说的，不过都不够系统，研究也仅仅是停留在新公共管理运动本身,并没有将其置身于整个英国的社会、政治背景之中,因此只是对英国新公共管理运动的一张快照,难以全面把握英国政府管理本身,尤其是难以把握住英国政府管理的一个动态变化过程。事实上,英国的政府管理体制是与其宪法传统、议会结构、贵族体制、政党模式、意识形态的流变紧密相连,同时也与国际社会的时政变化息息相关。因此正是联系以上一系列的因素来分析英国政府管理体制及其变革,探讨英国首相与白厅、中央集权与地方自治、政策制定与执行之间的关系,把握英国公共服务提供的一个基本框架,理解英国文官制度的发展变化,这些对于丰富英国政府管理体制的研究视角,拓展其研究范围,推动国内对英国政府管理体制的研究是十分必要的。

其次,在研究布莱尔政府改革的基础上,将其与前期保守党推行的新公共管理运动进行比较研究,并将其放在全球政府改革基本趋势的背景之下,这有助于我们掌握公共管理发展的未来方向。保守党推行的新公共管理运动重视企业管理与市场化模式,通过分权、引入竞争以及外包、竞标、公司化、全面质量管理、流程再造等手段,极力提升政府效率,这事实上是对传统行政管理理论价值的一个继承,是工具理性在公共行政领域的体现达到一个新的高度。虽然它也强调在公共管理过程中注重对公民需求的回应,不过公民在整个政府行为中更多的是一个被动的选择者,而不是主动的参与者,新公共管理并没有给公民参与管理提供多少空间,而市场化的管理也使得管理日益碎片化和缺乏对公平、平等的关注。随着当前公民权利日益凸显,公民社会的成熟,这种管理模式显然无法满足公民的参与意识和社会自治的要求。因此,布莱尔政府提出的合作政府适应了这一要求,他们谋求中央政府内部在组织上的联合与合作,在公共服务的提供上的公私部门以及社会自治组织的合作以及中央与地方的合作,在政策制定过程中公民参与、执行以及监督中的各方协作。这种管理方法糅合了管理主义的、市场化的以及民主行政的特点,同时注重管理的整体性效应,可以说合作政府正在向整体型治理方向迈进。

再次,对布莱尔政府改革的研究有助于加深对公共管理变革的认识。自从20世纪70年代末兴起新公共管理运动以来,公共管理领域的改革在全球范围内是一波未平一波又起。英国政府的改革因其改革的幅度之大、持续的时间之久可以称为典范。欧洲大陆国家如法国和德国,虽然也在推行新公共管理运动,但是其改革的力度难以与英国相比。而与英国同处于盎格鲁-撒克逊传统的美国,由于国会与政府之间的互相掣肘,政府改革纲领的落实往往会打上折扣。而英国政府与国会控制权的高度合一,在很大程度上让英国在公共管理领域的改革脉络更为清晰。同时,保守党前期18年执政与布莱尔10年的掌权都让他们的改革具有很强的延续性,因此也更容易把握住其发展变化的规律。

最后,研究布莱尔政府改革,把握公共管理改革的变化发展趋势,有利于公共管理理论的创新和推动我国政府改革实践的进一步深入发展。布莱尔政府改革与历次改革的理论与实践不同之处在于,它并没有在理论和实践上偏向于效率或者民主的任何一端,而是试图通过利用最新的管理技术、科技手段以及民主参与的方式来提高效率,因此,研究此次英国政府改革能够拓展公共管理理论的发展。同时,在我国改革开放30多年来,在取得巨大发展的情况下也面临的一系列问题需要我们继续思考政府管理的方式、方法以及手段的有效性与合理性,需要我们继续学习借鉴西方发达国家在治理方式上的经验教训。

正是因为以上的问题以及对于这项研究意义的认识,国内外学者对此进行了卓有成效的探索,形成了不同的研究方法和理论。在作者展开自己的研究之前,让我们先来回顾先行者们留下的丰硕研究成果,毕竟只有踏着他们的足迹、站在前人的肩膀上我们才能看得更远。

第二节 相关研究的综述

就本书所涉及范围而言,应该考察的文献应包括两个方面:首先是关于第三条道路理论研究方面的文献;其次是关于英国布莱尔政府改革方面的研究文献。下面我们将对国内外方面的研究情况进行分而述之。

一、国外的相关研究

1. 国外关于第三条道路理论的研究综述

20世纪90年代兴起的第三条道路理论虽然是克林顿在1992年美国总统竞选中提出的,但是使这一理论逐步完善并影响全球的却是被称为布莱尔政府改革的精神导师、伦敦经济学院院长安东尼·吉登斯。

1994年他出版了《超越左与右——激进政治的未来》一书,在这本书中他对社会主义(包括苏联的共产主义和西欧的社会民主主义)、保守主义和新自由主义进行了批判。他认为左派与右派的区别不像以前那么明显,为了获得选举的胜利,各国政党(无论是左派还是右派)事实上都在向中间靠拢,而这种超越了左与右的中间道路,事实上是融合了新自由主义与社会民主主义的主张。同时为了克服这两者的弊端,他提出"激进政治"的框架:修复被破坏的团结,重塑传统;摈弃解放政治,建立生活政治;用能动性政治协调国家、市场与社会的关系;用对话民主推进民主制的民主化;从传统福利转向积极福利;减少暴力。① 在《超越左与右——激进政治的未来》出版四年后,他推出了《第三条道路——社会民主主义的复兴》一书。在《超越左与右——激进政治的未来》中他对第三条道路的认识还是比较模糊,更多的是对左与右的一个梳理与批判,而在《第三条道路——社会民主主义的复兴》一书中,则系统地提出第三条道路的行动纲领。他提出作为一种新型的民主国家(即没有敌人的国家)应该有以下特点:积极的公民社会、民主的家庭、新型的混合经济、作为包容的平等、积极的福利政策、社会投资型国家、世界性的国家与世界性的民主。② 在这本书出版后,一股研究第三条道路的热潮很快兴起,但是更为引人注目的是多国领导人对第三条道路的热情。就在《第三条道路——社会民主主义的复兴》出版后,欧元区 11 个社会民主党人执政的国家共同签署了名为《欧洲新道路》的文件,这一文件的签署意味着在欧洲范围内对"第三条道路"的广泛认同。2001 年,美国、英国、德国、意大利以及荷兰等国首脑在北约华盛顿峰会后就"第三条道路"进行了一次特别对话。

与政坛的广泛赞誉不同,"第三条道路"在学术界遭到了许多质疑与批判。社会学家拉尔夫·达伦道夫在《第三条道路与自由:欧洲新中派的威权主义色彩》一文中揭示了第三条道路既不是关于开放社会也不是关于自由的学说,这使得"今天的第三

---

① 参见安东尼·吉登斯:《超越左与右——激进政治的未来》,北京:社会科学文献出版社,2000,第 12—19 页。
② 参见安东尼·吉登斯:《第三条道路——社会民主主义的复兴》,北京:北京大学出版社,三联书店,2000,第 74 页。

道路面对着太多的威权主义诱惑"①。爱德华·S.赫曼更是指责第三条道路是一种"背叛的政治",在第三条道路所提倡的人道主义背后掩盖了对市场霸权的默许,它事实上继续削弱福利,破坏了人们的安全感。保罗·坎马克直指第三条道路只不过是把新自由主义宣扬为社会民主主义,他认为吉登斯所论证的"个人主义是团结,责任是社会正义,危险是安全,企业是共同体,包容是平等,风险是自由,自助是福利"②。更有学者认为,第三条道路其实是空洞无物,根本无法把握,它只是一个否定的定义,并没有一个明确肯定指定的对象。

面对以上的种种指责,吉登斯于1999年出版了《第三条道路及其批评》,在书中他对前面的问题予以回应。他首先强调"第三条道路政治学不是新自由主义的继续,而是它的替代性的政治哲学",并且再次重申"许多议题和问题无法再用左和右的立场加以阐明"。③ 在超越左与右思维的基础上他指出,第三条道路并不是一套昙花一现的思想,它致力于对平等与正义,权力与责任,发展与生态,国家、市场与社会,民族主义与世界主义等困境的协调,它必定会成为未来政治话语的一个核心。

2. 国外关于英国布莱尔政府改革的研究综述

自20世纪70年代末撒切尔夫人上台后,在公共管理领域掀起一股新公共管理运动的浪潮以来,英国不仅是世界各国政府所

---

① 杨雪冬、薛晓源:《"第三条道路"与新的理论》,北京:社会科学文献出版社,2000,第103页。

② 欧阳景根:《背叛的政治——第三条道路理论研究》,上海:上海三联书店,2002,第200页。

③ 安东尼·吉登斯:《第三条道路及其批评》,北京:中共中央党校出版社,2002,第33、51页。

关注的焦点,而且也是各国公共管理学界所关注的焦点。而布莱尔上台后又刮起第三条道路的旋风以及推行合作政府的新举措也引起政坛与学界的广泛关注,推动了对公共管理研究新的热潮。在前期研究公共管理的市场化与管理化趋势的同时,研究公共管理社会化、合作化、整体化趋势的成果也开始逐步增加,丰富了对公共管理的组织模式、组织文化、运行机制以及组织绩效的研究。

在刚提出建立合作政府之初,1998年在公共管理基金会报纸第一期发表了由格雷格·帕斯顿(Greg Parston)与尼古拉斯·蒂明斯(Nicholas Timmins)合著的文章《合作管理》(*Joined-Up Management*)。他们认为,布莱尔政府为了解决连接在一起的问题就必须用合作管理的方式。为什么很多问题会缠绕在一起呢?一个很重要的原因是我们所处的这个世界发生了变化。首先,自第二次世界大战后整个世界在意识形态上发生了变化,从摇篮到坟墓的福利政策受到批评,新自由主义成为一种新的共识政治。其次,不可阻挡的全球化趋势与强烈的地方自治渴望这双重压力迫使国家必须在增加国际联系与地方自主之间寻求平衡。再次,社会结构发生变化,人们的生活方式也在变迁,消费主义对当前社会产生着重大影响,而公民意识增强与公民权的提升使得政府必须尽最大努力去满足公民不同层次的需求。最后,各种科技与知识的增长改变了消费模式、组织模式以及人们对政府的期待。所有这一切都意味着政府在提供公共服务上必须有所改革,以适应变化了的世界,将各种互相纠缠在一起的问题采取一种合作的治理方式才能得到妥善解决,而传统垂直、单一的官僚组织结构以及碎片化的市场化组织模式都难以完成这一使命。合作管理首先需要的就是在政策制定过程中的跨领域、跨组织边界的合作,打破官僚组织与市场化组织模式。其次政策应该关注结果,而不是投入、行动以及产出。再次既要有从政府到执行机构也要有从执行机构到政府的真诚反馈,对于追求相似目标结果的执行机构之间进行跨部门的交流是必需的。在追寻合作管理时,责任与义务必须是明确的,作为公共服务者要具有足够的能力去完成,同时社区咨询在政策过程中非常重要。最后需要突出成功,并从中得到经验,总结失败的教训。

《合作管理》一文是对合作政府管理模式的一个初步的探究,强调了合作管理的重要性,尤其是在一个变化了的世界中要满足公民对服务的要求。1999年,英国公布了政府白皮书《政府现代化》,合作政府的建设步入实施化阶段。此后学者们开始从不同的角度研究合作政府。Perri 6、Charles Raab 以及 Christine Bellamy 在《行政管理》(Public Administration)上发表的《合作政府与英国个人隐私:在数据保护与社会政策之间的管理张力》,Christine Bellamy 在《澳大利亚行政管理杂志》(Australian Journal of Public Administration)上发表的《英国合作政府:为了信息时代朝向公共服务》从 IT 发展的角度分析了电子信息技术在合作政府中所扮演的角色。Simon Lee 与 Richard Woodward 在《公共货币与管理》杂志上发表的《执行第三条道路:布莱尔政府的公共服务提供》一文中,提出英国政策执行的三个阶段,而作为第三条道路的合作政府之道在提供公共服务功能上另辟蹊径。它通过制度设计产生新的权力中心,如财政部、内阁办公室、首相办公室等加强中央政府的政策制定与控制能力,以此来避免前期公共管理运动所导致的部门碎片化的问题。Martin Smith 在《政策制定与合作政府》一文中从公共政策制定的角度来分析合作政府。他认为在中央政府层面,由于权力比较单一,建立合作组织比较容易,也比较容易制定跨部门的政策,但是在地方则因为权力机构多元,难以形成一个有效的合作组织，因此要有一定的措施来满足地方合作治理的条件。而所有这些措施最为根本的就包括地方自治能力的提升、根据政策项目，而不是服务提供者来进行预算、减少对专业的依赖、增加政策偏好与政策产出上的多样性。Helen Sullivan 在 2005 年提交给国际政治学会研究委员会的文章《英国地方政府改革》中专门研究了布莱尔政府时期的地方政府改革。在文章中他指出，布莱尔政府的地方改革相对于保守党时期而言，它试图平衡民主与效率，强调需要为地方政府发展领导能力，确保将地方各方力量整合起来增进社区福利。在地方政府改革过程中管理主义的色彩仍然很浓，但是却融合了明显的中央目标，这可能会削弱地方政府的合法性。

随着合作政府改革的不断深入，一些关于合作政府的综合性研究也出现了。比较有代表性的是 David Richards 与 Dennis Kavanagh 在 2000 年提交给澳大利亚政治研究协会的会议论文《合作政府能够成为现实吗？英国工党政府 1997—2000 年的个案研究》，Tom Ling 在《公共行政》杂志上发表的《英国合作政府的建立：维度、议程与问题》，以及 Christopher Pollit 于 2003 年在《政治研究评论》上发表的《合作政府概观》。此外，由 Vernon Bogdanor 编辑的论文集《合作政府》由牛津大学 2005 年出版。作为一种综合性研究，这些文章主要讨论了以下一些问题：首先，是合作政府出现的原因。英国合作政府出现的一个重要的原因就是前期保守党政府改革所遗留的问题：部门碎片化。当然社会风险的加剧、各种社会问题的日益凸显也需要合作治理。其次，是合作政府的渊源。事实上作为一种跨部门的合作组织，在英国历史上曾多次出现，只是因为各种原因这些跨部门组织并没有在英国政府管理史中留下更深刻的痕迹。再次，是关于合作政府的维度。Tom Ling

分析了作为合作政府应该从四个维度来建立：新的组织类型，新的跨组织的工作方式，新的责任与激励机制，新的服务提供方式。然后，对英国合作政府所采取的措施进行分析。合作政府的建立是由中央政府推动的，是一个自上而下的过程。因此，在建立合作政府初期主要是加强中央政府的政策制定与控制能力。最后，是关于对合作政府的评价。Christopher Pollit 认为，采取合作政府有风险与代价，而且并不适应所用的政府事务。对于合作政府的支持者而言，将它看做是一个长期的项目、一个可以选择的项目、一个协作的项目，而不是由中央政府决定去做，这样才是明智之举。①而且合作政府更多的是依赖于特定的人而不是制度来完成，因此容易导致人存政举、人亡政息的后果。

二、国内的相关研究

1. 国内关于第三条道路理论的研究综述

在欧美风行的第三条道路思潮也引起我国学者的广泛关注，在短短几年的时间里，一批关于第三条道路的成果相继产生。在这些成果中，有分析不同国家第三条道路的发展情况的，如关于英国的论文，有李文政在《人民日报》（国际版）发表的《布莱尔与"第三条道路"》，张鸣在《光明日报》第3版发表的《布莱尔与"第三条道路"思想》；专著有阮宗泽著的《第三条道路与新英国》，胡峰著的《英国工党第三条道路研究》。关于俄罗斯的有李兴耕在《当代世界社会主义问题》1999年第4期发表的《俄罗斯与"第三条道路"思潮评析》，程伟礼、石冬旭在《当代广西》2005年第3期

---

① Christopher Pollit. *Joined-up Government: a Survey*, "Political Studies Review", 2003(1), p.46.

上发表的《普京式的"第三条道路"俄罗斯的执政新理念》。也有很多是进行综合分析的,比较有代表性的是杨雪冬在《马克思主义与现实》1999年第1期发表的《第三条道路:新路还是旧途》,秦宣在《科学社会主义》2005年第4期中发表的《历史比较中的"第三条道路"思潮》,殷叙彝等在《当代世界与社会主义》1999年第5期发表的《关于转型中的社会民主主义的对话》,陈乐民在《方法》1999年第1期发表的《从伯恩施坦到布莱尔》,郑伟著有《全球化与"第三条道路"》等等,对第三条道路的渊源、兴起的原因、目前的状况以及未来的趋势进行了整体分析,此外还有对不同国家第三条道路进行的比较分析。

在这些成果中,主要研究集中在以下一些问题。首先,就是关于第三条道路的历史渊源分析。从目前的研究成果来看,20世纪90年代出现的第三条道路思想浪潮可以追溯到19世纪中叶以来,世界社会主义运动中改良派别理论的历史继承者,特别是拉萨尔、费边社、伯恩施坦和福尔马尔社会主义思想的历史继承者。如中国人民大学秦宣教授认为,第三条道路理论的萌芽可以追溯到19世纪欧洲思想家对计划经济进行改造的"中间道路思想"。前述的郑伟也认为,第三条道路理论可以追溯到19世纪的拉萨尔派以及伯恩斯坦等人。其次,是关于第三条道路的本质内涵的认定。在这一点上,我国学者认为,第三条道路是一种新的折中主义,是传统社会民主主义与新自由主义的折中,是在左派与右派之间寻求妥协。如李青在《马克思主义研究》1999年第4期中发表的《第三条道路:历史、现状与发展前景》一文中就持此种观点。当然这种折中表明左派正在集体向右转,陈乐民将第三条道路理论看做社会民主主义自由主义化的必然逻辑;殷叙彝也持该观点,认为第三条道路理论实际上就是有组织的自由主义,只是他仍然是处于中间偏左的位置。再次,我国学者的研究集中讨论了第三条道路所提倡的政治主张。杨雪冬在《"第三条道路"与新的理论》一书中将其归纳为四项内容:建立合作包容型的新社会关系,确立能够团结各种政治力量的新政治中心,由政府管理型向治理型转变以及改革福利制度,重新定位国家。最后,是关于第三条道路的前景的分析。国内学者认为,第三条道路理论迎合了冷战结束以后关于意识形态之间的斗争趋于缓和的局势,在短时间内会得到许多国家尤其是从冷战中心走出来的欧洲国家的欢迎。但是由于第三条道路在理论上并不完善,而且在操作性上难以把握,更因为目前世界霸权主义仍然存在,第三条道路理论是否能够在更长的时间里在更为广泛的区域得到响应,还有赖于理论本身的自我完善以及世界政治格局的变化。

2. 国内关于英国布莱尔政府改革的研究综述

自布莱尔上台以来,国内对英国政府的研究出现一个新的热潮,不过国内的研究主要是关于新工党第三条道路的研究,如前文所述。关于英国政府管理变革的研究并不多见,也没有一个系统的研究专著出现,现在的研究都比较零碎。大致而言,目前国内的研究可以分为三类,一种是对布莱尔政府改革的某个方面的研究,另一类是对布莱尔政府改革的一个简单的综述,第三类是对布莱尔政府改革的比较研究。

就单个方面的研究而言,主要有在《中国行政管理》上发表的王庆兵的《英国地方政府公共服务改革:最佳价值模式的评析》、罗之芹的《英国"灯塔地方政府计划"及其启示》以及《外国教育研究》上发表的王艳玲的《社区共建:英国改造薄弱学校的新举措》,等等。保守党在英国执政时期,在地方政府绩效评估中主要采取的是强制性竞标(Compulsory Competitive Tendering,CCT),新工党政府上台后继承了保守党的绩效评估,推出了最佳价值(Best Value)模式。最佳价值模式是在强制性竞标中增添了挑战、协商与比较的因素,而不仅仅是竞争,更多地强调在绩效评估中让顾客介入,同时在激励上让绩效水平高的地方政府享有更多的税收自主权。同时最佳价值模式摈弃了强制性竞标模式中的单纯的经济理性因素,更多地考虑社会后果,以结果为导向而不仅仅是产出为导向,增强了地方政府在公共服务中的自主性与主体性地位。灯塔地方政府计划中的"灯塔"是一种荣誉称号,由中央部门颁发,以表彰那些通过评审产生的,在某一方面为公众提供了最优质服务的地方政府。通过这种评比可以树立良好的榜样,为其他地方政府部门提供学习的模板和赶超的目标,从而提升地方政府公共服务的质量。罗之芹关于教育的研究从公共管理的视角来看,主要是分析了英国对于教育这样的公共产品所采取的两种完全不同的提供方式。保守党时期主要是采取市场的模式,希望通过自由竞争来提升教育的质量,但是这样做的结果使好的学校成为人们趋之若鹜的目标,而差的学校则是门可罗雀。为了改变这一现象,布莱尔政府采取的措施就是实行"教育行动区"计划,积极引进校外力量,以公立私营、学校与社区共建的方式,引入社会力量来改造薄弱学校的有效尝试。

就综合研究而言,有孙迎春在《国家行政学院学报》2001 年第 5 期上发表的《英国行政制度的现代化改革》、陈琤在《东南学术》2002 年第 5 期上发表的《"合作政府":英国行政改革的新走向》。在这些综合研究之中,首先是对英国布莱尔政府改革的背景分析。它主要是为了应对保守党政府改革所造成的政府部门碎片化,同时合作政府强调,在公共管理过程中社会这一极的进入也是受到第三条道路思想的影响。当然,作为一个现代化的政府也应该对信息时代与日益革新的信息技术有所回应。其次是关于政府改革所采取的措施,它主要体现在政策制定、提供公共服务、公务员队伍建设以及建立电子政府方面。最后是合作政府改革所面临的问题。合作政府也会出现碎片化的问题,在中央地方关系上还面临着一些难题,并且相对于保守党政府而言,跨部门组织还存在着责任不清的问题。

就比较研究而言,目前主要有陈振明主编的《政府再造:西方"新公共管理运动"述评》,程样国、韩艺合著的《国际新公共管理浪潮与行政改革》,以及王佃利在《中国行政管理》2004年第2期上的文章《美英澳三国新公共管理改革的新进展》等。在这些研究中,他们主要分析了英国布莱尔政府改革实施的原因、采取的措施以及相对于前期政府这些改革的创新。[①] 这些文章认为,布莱尔政府改革主要是为了处理英国保守党政府改革所遗留下来的机构之间互相产生的问题、在提供公共服务上的重复、社会冲突以及公共需要上的狭隘。因此,英国布莱尔政府在公共政策制定上、在公共服务输出上、在对公务员体系上的改革以及为了应对信息时代采取的措施。这些措施提供了新型的责任机制,扩大了合作的空间并且将信息技术引入到政策制定过程中来,提升了政策制定能力。

三、综合评析

从以上文献综述中我们可以看出,国内外学者对此问题已经有了一定的研究,他们从不同的视角,运用不同的理论,采用不同的研究方法,极大地丰富了对布莱尔政府改革的研究,也为本书提

---

① 程样国、韩艺:《国际新公共管理浪潮与行政改革》,北京:人民出版社,2005,第144—147页。

供了充分的参考资料与写作上的启迪。这些研究更多的是对布莱尔政府改革的某个具体政策进行分析,它能够给我们一些布莱尔政府改革的零星认识。但是总体看来,目前关于布莱尔政府改革的研究,国内还缺乏一个综合性、系统性与整体性的研究。主要表现在以下几个方面:

首先,需要加强对布莱尔政府改革的生态环境进行研究。在研究布莱尔政府改革时,更多的学者将注意力放在政府改革本身,而缺乏对布莱尔政府所处的时代背景、历史延革、政治体制等的关注,这样难以把握住布莱尔政府改革的目标、创新以及在公共管理领域的价值。布莱尔政府改革是嵌入英国政治体制之中进行的,改革的提出、深入以及最终的结果都与英国的两党政治、内阁政治以及单一体制的政府结构密不可分。并且布莱尔政府推行的改革,也与前期的保守党政府改革具有一定的承接关系。如果不厘清它们之间的这些关系,我们就很难理解布莱尔政府为什么会提出改革,它改革的目的是什么,方向在哪里,它对于保守党时期的新公共管理运动在哪些地方具备创新,又在什么地方继承了保守党的做法,它的这些改革对于公共管理而言又有哪些贡献。正是出于这个原因,我们必须将布莱尔政府改革放在英国特定的政治环境之中进行分析,才能把握它的实质。

其次,缺乏将第三条道路理论与布莱尔政府管理改革联系起来研究,而仅仅是从政党政治、意识形态、政策科学的角度来研究。不可否认的是第三条道路的提出的确是具有浓厚的意识形态的色彩,而且在很长一段时间里,它与西方左派政党关系密切,因此在研究英国第三条道路时难免带有政党政治的特色。这些研究更多地聚焦在作为走第三条道路的英国新工党究竟会有一些什么样的政策,它究竟新在什么地方。但是这些研究更多地停留在政策本身,而没有研究这些政策究竟是怎样来执行,通过一些什么方法来保证这些政策最后能够显现出它的效果。事实上,布莱尔提出建立合作政府的构思是深受第三条道路思想的影响,第三条道路绝不仅仅只是在意识形态和政策主张上的第三条道路,它更是想在公共管理中另辟蹊径,让公共管理在效率与民主的张力中寻求第三条道路,并且将政府、市场与社会三方面的合作作为公共服务提供的一个主导方式。在这个问题上,不仅国内学者研究比较少,而且在国外的研究中也仅仅只有几篇学术论文对此进行了探讨。从公共管理的角度来看,这个问题不仅仅具有重要的实践价值,同样具备重要的理论价值。

最后,作为互相竞争的两个政党,新工党在等待了18年后终于上台执政。重新执掌政权的工党也如保守党一样进行了一系列的改革,尤其是在公共管理模式上的改革。对于有着不同理念、不同历史,不同价值偏好与政党基础的两党改革,国内学者更多的是将他们等同起来,鲜有将其进行比较研究的。这也使得笔者在研究布莱尔政府改革时有意识地将两者进行一个比较的研究。新公共管理运动进行了将近30年,它的成就与缺憾同样地明显。布莱尔政府改革就是要弥补保守党新公共管理运动中的不足。尽管布莱尔政府改革在很大程度上继承了撒切尔主义的一些主张,但它是对新公共管理运动的一个转向。这个转向不仅仅是在英国国内,而且是在世界范围内对新公共管理的转向。公共管理领域在大规模采用市场化和管理主义的措施后,开始寻求通过合作而不是竞争来强化在公共领域内的治理色彩。

总而言之,对于20世纪末期布莱尔政府改革的很多方面还需要进一步探讨,它不仅仅能够丰富公共管理理论,而且对于公共管理实践也有着重要的帮助。随着我国市场经济的进一步发展和政治体制改革的深入,尤其是我国提出可持续发展观,建设和谐社会,构建服务型政府,了解和借鉴西方发达国家在公共管理中的经验对于我国行政体制改革的进一步深入有着重要意义。基于这些认识,笔者选择"布莱尔政府改革研究"作为本书选题,希望能够为此贡献一点绵薄之力。

第三节 研究的方法和框架

一、研究的方法

任何一种严谨的学术研究,都必须要有科学的研究方法,正如马克思所说,"不仅探讨的结果应当是合乎真理的,而且引向结果的途径也应当是合乎真理的"①,而"研究方法的选择与研究的对象以及研究者本身的学术目的直接相关"。② 从研究的对象看,本书是对布莱尔政府所推行的合作政府改革进行研究,而布莱尔政府的改革是在英国这种特定的政治、历史环境中展开的。从研究类型上看,本书主要进行的是描述性研究,也包含有规范性研究部分。正是基于以上的研究对象以及研究目的,本书在马克思主义唯物史观和辩证法的指导下,主要采用三种研究方法。

第一,采取规范研究与实证分析相结合的方法。规范研究是研究事物"应当怎样",实证分析则是说明事物"是什么",两者是分析事物的两个方面,缺一不可。没有实证分析我们不能够了解事实究竟是怎样的,缺乏规范研究我们无法把握事物研究的方向。

---

① 《马克思恩格斯全集》,北京:人民出版社,1956,第8页。
② 林尚立:《当代中国政治形态研究》,天津:天津人民出版社,2000,第54页。

因此实证分析是研究的基础,没有对事实的了解,所作的研究都是无源之水、无本之木。但是以科学精神的名义来否定规范研究则是不可取的。著名的瑞典经济学家冈纳·缪尔达尔认为,研究的客观性问题不能仅仅通过试图排除价值观念来解决;相反,社会问题的每项研究,无论范围多么有限,都是而且一定是由价值观念决定的。"无偏见的社会科学"从来就不存在,将来也不会有。努力逃避价值观念是错误的,并且注定是徒劳和破坏性的,价值观念是和我们在一起,即使我们把它们打入地下,它们仍然知道我们的工作。[①] 通过实证分析了解英国布莱尔政府改革的具体步骤、措施以及政府改革的效果。在规范研究的基础上,分析撒切尔夫人等保守党与新工党政府两种治理模式并对此进行评析,运用二者的成功失败的经验教训指导我国政府改革的实践。

　　第二,采用了历史制度主义的方法。从制度研究的角度,西方政治学的发展经历了旧制度主义、行为主义和新制度主义三个发展阶段。根据彼得·豪尔罗斯与玛丽·泰勒的分析,他们认为在过去十多年时间里,新制度主义以三种思想流派出现,那就是历史制度主义、理性选择制度主义和社会学制度主义。[②] 历史制度主义是处于理性选择制度主义和社会学制度主义之间的一种研究方法。简而言之,历史制度主义的研究方法就是强调政治行为是在特定的制度背景之下展开的,并且这种政治行为受到制度的影响。具体而言,之所以称为历史制度主义,一是因为这一学派认为历史

[①] 冈纳·缪尔达尔:《亚洲的戏剧:对一些国家贫困问题的研究》,北京:北京经济学院出版社,1992,第13页。
[②] 彼得·豪尔罗斯、玛丽·泰勒:《政治科学与三个新制度主义》,载薛晓源、陈家刚:《全球化与新制度主义》,北京:社会科学文献出版社,2004,第195页。

是克服人类理性局限性的一个主要途径,他们以历史为手段,从各国历史发展和比较中去探求制度变迁的不同过程,寻求在稳定的制度安排下政策变化的根源,以及政治制度与政治观念的互动作用,以解释在特定制度局限下观念变革如何能导致政策变化。如斯文·史泰墨的研究就体现了这一特点;二是因为这一学派注重以制度为核心来考察历史,各国政治制度、政府具体操作程序、官僚标准的执行程序等都是其分析的核心内容。[①] 本书在分析的过程之中,一方面分析了合作政府在特定的内阁政治与共识政治的制度背景之下,另一方面关注了布莱尔政府改革之所以不同于保守党政府新公共管理运动的根源。当然本书主要的还是关注合作政府的具体操作、执行方式,并将其放在世界行政改革转向的大背景之下进行探讨。

第三,本书采取文献研究法,并辅之以个案研究。在文献使用时,争取采用更多的第一手资料,尤其是英国政府官方发布的文件、统计报告等等。当然在使用文献时也需要经验的、实证的分析。本书的实证分析主要是个案研究,将规范性理论与典型案例结合起来。一个好的案例必须是一个开放的体系,它所提供的是真实的问题、矛盾和困境,存在着从各个侧面进行研究、分析和解释的可能性。[②] 正因为如此,运用案例可以从多个角度进行更为深入的分析。

二、研究的框架

自 20 世纪 70 年代末以来,英国一直是站在公共管理改革的

[①] 杨福禄:《关于历史制度主义》,《山东师范大学学报》,2006(4):第 9 页。
[②] 张曙光:《中国制度变迁的案例研究》(第一集),上海:上海人民出版社,1996,第 6 页。

前沿，并且改革的力度很大，在全球起到了很好的示范作用。新工党政府上台后又掀起了一股"第三条道路"的浪潮，在政府管理模式上推出合作政府与整体型治理。而这一改革趋势不仅在英国，而且在世界其他国家也出现合作政府改革措施。因此本书以英国布莱尔政府改革作为研究目标，就是力图分析作为新一轮的政府改革。英国政府究竟对前期公共管理运动中有何继承？在哪些方面有新的突破？它与第三条道路有什么关联？它是否是公共管理领域内一个新的趋势？它对我国政府改革有哪些启示？对这些问题的研究不仅有助于拓展公共管理理论研究的内容，而且对于公共管理的实践而言也有着积极的意义。

  导论。本章在分析选题背景、选题意义、述评国内关于合作政府与第三条道路研究成果的基础上，提出本书的研究思路、方法、框架。

  第一章　英国保守党政府时期的新公共管理运动及其影响。作为新工党政府改革的背景，本章首先从保守党推行的新公共管理运动开始。保守党推行的新公共管理运动，在理论上是源自于对官僚制理论的批评以及新自由主义思潮的兴起；从实践上看是"英国病"让英国政府遭受到前所未有的财政危机、管理危机和信任危机。为此，新公共管理运动对英国政府的职能进行优化、政府机构进行变革，同时改进政府的公共服务提供的方式，新公共管理运动给英国政府留下来丰富的遗产。

  第二章　第三条道路与合作政府。布莱尔推行的合作政府是以第三条道路理论作为核心思想的。本章在追溯第三条道路理论的基础上，重点评析了吉登斯提出的第三条理论。第三条理论是合作政府改革启动的思想先导，为合作政府的运行结构提供方法的启迪，同时也为合作政府的政策主张提供了理论基础。

第三章 英国合作政府的渊源:理论、政治与历史维度之考察。建立在第三条道路理论基础上的合作政府,在理论上还吸收了公民社会理论、治理理论、网络组织理论的成分。同时,合作政府得以提出并能够实行,还源自于英国的共识政治和内阁政治的发展。当然,合作政府并不只是布莱尔政府时期才存在,早在第二次世界大战后,丘吉尔政府就建立了部上之部。此后,威尔逊与希思以及梅杰政府都有过建立合作政府的尝试,这些给布莱尔的合作政府提供了宝贵的经验。

第四章 合作政府的现实背景。布莱尔推行合作政府同时也是迫于英国现实状况的压力。疯牛病在英国乃至于世界的肆虐宣告了风险社会的来临,而英国此时的各种社会矛盾逐步激化,英国政府却因为部门主义、碎片化以及空心化无力解决上述问题,因此要进行改革,建立合作政府。

第五章 布莱尔新政析论之一:英国中央政府的合作治理之道。合作政府首先是要建立一个强有力的政府核心,本章首先分析了合作政府的核心执行部门的组织变革、功能发展以及它的财政计划。为了防止政府治理的碎片化,合作政府运用的治理工具是公共服务协议、任务型组织以及电子政府,以此来提升政府的整体型治理能力。

第六章 布莱尔新政析论之二:英国区域合作治理之道。区域治理是推动合作政府的一个重要步骤。本章首先对英国区域治理的基本情况进行了一个简单的分析,在此基础上,重点对英格兰地区的区域治理情况进行研究。合作政府是在强化中央的政策控制能力基础上对区域进行分权,为此先后成立了区域办公室、区域发展处以及区域议事厅,通过发展这些机构的战略与规划能力、监督审查能力以及协商治理能力来促进区域的自我发展。

第七章　布莱尔新政析论之三：英国地方政府的合作治理之道。对地方政府进行改革是第二次世界大战后，英国政府治道变革的重要环节，本章首先就对这一历程进行了回溯，并总结了地方政府改革所导致的后果。布莱尔政府在地方政府改革中的作为首先是要提高地方政府公共产品和公共服务的供给能力，为此他们推出了最佳价值、灯塔地方政府计划、地方公共服务协议以及全面绩效评估等方式方法。作为合作政府的一个重要组成部分就是要发挥地方政府以及社会的力量，因此，中央政府着手振兴地方代议制民主，强化协商民主与参与民主，并推进公民社会的民主治理。当然，布莱尔政府对英国地方政府分权是一个渐进的过程。

第八章　对英国合作政府的评价。布莱尔政府改革与保守党推行的新公共管理既有着共同性，同时也存在着许多的差异。总体而言，合作政府满足了英国公众对政府的期待，取得了一定的成就，但是也遭到了各种批评。英国的合作政府从全球范围来看，并不是一个孤立的个案，它得到了来自于新西兰、澳大利亚、加拿大等西方国家的呼应。

第一章　英国保守党政府时期新公共管理运动及其影响

在马克斯·韦伯看来,现代文明是一个祛魅和理性化的过程,尤其是工业革命以来,这一过程进展迅速,主要是因为19世纪后期科学、工具理性和技术发展的有力融合。在这一时期,世俗化,对工具理性的普遍呼唤,现世生活各个领域的分化,经济、政治和军事实践的官僚化,以及价值的日益货币化逐渐成为其显著的特征。① 正是在以工具理性为特征的现代性宏大叙事背景之下,官僚制组织以其法理性权威,非人格化管理,对效率的终极性追求迎合了工业社会的要求,成为无论是私人组织还是公共组织的一种普适性范式。从规范的视角分析,官僚制组织是一种"由天才设计而由白痴管理"的组织制度,是一个牢不可破的铁的"利维坦"。从实践的角度看,作为有别于配置资源的另一种方式市场而言,官僚化的组织能够有效地实现市场外部效应内部化,并以线性理性为人们提供一个稳定的预期。在日益组织化的现代社会里,官僚制组织不仅支配着人们的行为,更影响到人们的思维。它一方面服从于可算计操纵的正式结构,另一方面又不可避免地嵌入在制

---

① Turner B S, *Theories of Modernity and Postmodernity*, London: Sage, 1990, p.6.

度矩阵中的社会结构。① 然而,随着后工业社会的来临,官僚制组织的种种困境逐渐凸显出来。一场对官僚制组织的革命——新公共管理运动——于20世纪70年代末首先在英国展开。

保守党推行的新公共管理运动颠覆了传统官僚制的运行模式,它通过私有化、外包等方式不断削减政府职能范围,同时引入竞争机制,重视绩效管理,所有这些对此后布莱尔政府改革产生了重要影响。

第一节 英国保守党政府新公共管理运动的背景

1979年,撒切尔夫人执掌的保守党在选举中一举击败工党,从而开始了保守党长达18年的执政历程。在保守党执政期间,他们推行了大刀阔斧的被称之为"新公共管理运动"的行政改革,颠覆了传统公共行政的运行模式,开创了政府治理新的范式。英国新公共管理运动的兴起既有其理论渊源,也是在英国一定现实背景下的产物。

一、保守党政府新公共管理运动的理论渊源

英国现代官僚体系的确立源自于1854年《诺斯科特—杜威廉报告》(*Northcote-Trevelyan Report*)的提出和实施。该报告提出了英国现代文官制度的基本原则:文官要通过公开考试来进行选拔;文官必须保持政治中立;文官的晋升依赖业绩而不是资历,而且高

---

① W. R. 斯科特:《对组织社会学50年来发展的反思》,http://www.studa.net/shehuiqita/060530/14430587.html,10-09-2007.

级文官要从文官内部中产生;文官按照统一的标准进行工作;文官工作性质分为智力类和惯例类。① 此后 1968 年的富尔顿报告进一步完善了英国现代官僚体系。该报告的一个重要内容,就是打破"通才"在官僚体系中"通吃"的局面,转而寻求按照职能进行组织的设计,实现"专才"的治理。经过一个多世纪的发展,英国官僚体系的特点是"中立"、"匿名"和"永久"②,即文官必须保持中立,按照规则而不是文官个人想法进行管理,并且文官总是处于幕后,并终身任职。可以说,英国现代管理体系同韦伯和威尔逊的传统官僚制理论基本一致,并且成为推动英国经济社会发展的重要制度保证。但是,随着英国福利国家的进一步发展以及英国从工业社会向后工业社会的转变,这一制度遭到了前所未有的信任危机。

新公共管理运动的兴起,就是源自于对官僚制组织在理论和实践上的种种诘难。官僚制组织陷入合法性危机,一方面是因为工业社会在向后工业社会转变过程中,对工具理性的反思以及价值理性的回归,使得人们对官僚制组织的角色期待产生偏移;另一方面是因为官僚制组织自身暴露出来的众多问题削弱了对效率追求的有效性,这一点尤为重要,因为它使官僚制组织失去了关乎其存亡的唯一利剑。官僚制组织曾被认为是最具有目的—手段合理性的结构方式,但是现在却遭到前所未有的价值性颠覆。

---

① H. Northcote and C. E. Trevelyan, *Report on the Organisation on the Permanent Civil Service*, http://www.civilservant.org.uk/northcotetrevelyan.pdf, 10-12-2007.
② David Marsh, David Richard and Martin J. Smith, *Changing Patterns of Governance in the United Kingdom Reinventing Whitehall*? Hampshire: Palgrave, 2001, p.31.

首先意识到官僚制组织弊病的正是韦伯本人,他认识到因为设计精细的官僚制组织对工具理性的过度偏爱,而忽视了价值理性。在官僚制组织中存在着一种专制,这种专制不是来自于任何人,而是来自于知识,即专业知识与公务知识,同时也来自于组织的规则,官僚个人被绑上了组织知识与规则的战车丝毫动弹不得。因此官僚制组织的工具理性导致了人的异化。因为在工具理性现象的背后掩盖的是对人自我的严重限制,它限制了人对自由的追求和对责任的承担,从而在根本上否认了人的价值。官僚制组织设计之初是人们为达到目的的最为有效的工具,而现在工具成为主宰,人反而沦落成为工具。目的与手段地位的置换是官僚制组织的第一个危机。

作为一种公共组织机构的官僚制面临的另一个危机,就是来自理论与实践对其公共性的质疑。传统公共组织理论的前提为官僚制组织代表的是公意与公共利益,但事实并非如此。正如美国行政学家沃尔多断言,在追求管理效率和效益过程中,不断壮大的国家官僚机制完全有可能会侵蚀民主,成为不受欢迎的权力机构。人们可能会生活在一个高效能的社会中,但自主权、选择权都会被一个高能量的、强大的社会官僚机制所剥夺。① 正是基于以上的理解,认为官僚制组织必然会实现公共利益的假设只能是理论假设,并不必然成为现实。相反,在很多情况下,它会是公共利益最为强大的侵蚀者。

官僚制组织最初被韦伯认为是最有效率的组织形式,如今却是缺乏效率组织形式的代名词,这是官僚制组织所面临的最为严重的一场危机,而导致这场危机的正是官僚制组织赖以生存的组

---

① 蓝志勇:《行政官僚与现代社会》,广州:中山大学出版社,2005,第23页。

织机制,社会学家默顿将这一现象称为官僚制组织的反功能。①首先,韦伯的官僚制组织只是一个理想状态,它的那些组织原则在实际中往往模糊不清,因此也就无法达到理想的最为有效的结果。其次,即便是能达到理想状态,官僚制组织的反功能之一是来自于规则和规范运用中的过分刚性,过分刚性导致官僚制无力回应外界发生的变化和组织的成长,因而无力满足完成达成任务的基本需要。② 此外,官僚制组织效率低下的另一个表现是组织自身具有自我膨胀的自然倾向,这就是著名的帕金森定律。官僚制组织的这种现象表明,组织在完成相同的任务时会不断地浪费资源。同时,在特定的条件下,组织的行为方式会随着组织规模的扩大而改变,我们称之为僵化周期或僵化综合征。③ 官僚制组织出现僵化综合征的一个原因是它的保守和对变革的抵制。因为官僚制组织通过法理性所获得的权威具有更强的合法性,一旦确立便难以撼动。而这种固定的权力结构体系往往会造就固定的利益结构,固定的利益结构就必然会反对组织的变革。面临着以上的种种困境和危机,官僚制组织理论的乌托邦开始分崩离析。

面对着官僚组织理论的种种问题,新公共管理运动以"新右派"、制度经济学、新泰勒主义以及新合同主义等理论为基础提出诊断良方。新右派并不是一个统一的运动或者理论体系,它的要旨就是要重新界定国家、市场与政治体制之间的关系,强调市场机

---

① 彼得·布劳、马歇尔·梅耶:《现代社会中的科层制》,南京:学林出版社,2001,第140页。
② 彼得·布劳、马歇尔·梅耶:《现代社会中的科层制》,南京:学林出版社,2001,第139页。
③ 安东尼·唐斯:《官僚制内幕》,北京:中国人民大学出版社,2006,第168页。

制,反对建立福利国家。新右派思想一般由四个部分组成,即货币主义、供给学派经济学、经济新自由主义以及公共选择学派。① 作为新右派思想主要组成部分的经济新自由主义,它的两位重要代表人物是冯·哈耶克和米尔顿·弗里德曼,他们都强烈反对国家干预而强调市场的力量。早在福利国家观在西方发达国家兴起之前的1944年,哈耶克就预见到通过国家干预的方式必将遭到失败。他甚至将社会主义(包括民主社会主义)、纳粹主义和法西斯主义相提并论,断言社会主义会破坏个人自由,必将是"通往奴役之路"②;那种认为国家可以掌握经济发展各种知识的想法不仅是可笑的,更是对理性的一种"致命的自负"③。而只有市场才能成为自由的源泉,因为没有哪个人或者组织能够完全知道人们需要什么样的知识,也不知道如何让人们获得这些知识,这些知识既多且杂,并无法集聚,只有通过市场的分散决策来满足;并且市场竞争能够让那些正确的实验获得推广,而不当的实验会被自然淘汰,社会秩序是一个自发的结果。对于市场而言,最为重要的意义在于它为各种无法预料结果的实验提供了空间(这些无法预料结果的实验也许对社会进步的作用意义重大),并且个人可以通过市场竞争来满足各自的偏好。国家干预不仅会限制个人选择的自由,而且还扼杀了这些未知结果的实验。更为可怕的是国家干预带来的后果是全局性的,而市场实验的结果是局部的;只要国家干

---

① Graham Thompson, The Political Economy of the New Right,转引自王皖强:《撒切尔研究中的几个问题》,《世界历史》,1997(3):第88页。
② 参见弗里德里希·奥古斯特·哈耶克:《通往奴役之路》,北京:社会科学文献出版社,1998,第159—172页。
③ 参见弗里德里希·奥古斯特·哈耶克:《致命的自负》,北京:社会科学文献出版社,1998,第73—100页。

预,失败将会成为让绝大多数人无法逃避失败的后果。因此哈耶克坚决反对国家干预,主张只有市场才能保证人的自由。作为撒切尔最为喜欢的经济学家,弗里德曼对哈耶克的见解深表赞同。他认为,"经济自由是政治自由的必要前提"①,因此,获得自由的途径就是实行市场经济,反对国家干预。

新自由主义经济学从宏观角度论证了市场的价值优先性,公共选择学派则是从微观出发分析了政府失灵的必然性。公共选择学派是20世纪六七十年代形成的一种学术思潮,它就是运用经济学的方法来分析政治科学,它以个人主义、经济理性和交易政治作为前提,对国家理论、投票、政党政治、官僚政治等内容进行经济学分析,代表人物有詹姆斯·M.布坎南、戈登·塔洛克、邓肯·布莱克、奥托·戴维斯、K.阿罗、威廉姆·A.尼斯坎南等等。在公共选择学派看来,人类社会存在着两个市场,即经济市场和政治市场,无论人们置身于哪个市场,都是在追求个人效用的最大化,并不存在着纯粹为追求公共利益的政治官僚。在尼斯坎南看来,官僚机构就是为了追求组织预算最大化。在政治市场与经济市场中的人一样都会遭遇决策信息的不完全性,而选民也会出现"理性的无知"与"短见效应"②,这些都会导致政府决策的失败。不仅如此,政府还因为缺乏竞争压力与降低成本的激励机制而导致效率低下和浪费负责。尽管如此,政府还是会与立法部门以及利益集团结成"铁三角"而扩大政府规模,增加财政预算,这必将导致政府的

---

① 米尔顿·弗里德曼、罗斯·弗里德曼:《自由选择》,北京:商务印书馆,1999,第9页。
② 参见唐兴霖:《公共行政学:历史与思想》,广州:中山大学出版社,2000,第470页。

进一步浪费和对市场干预的失败。因此，他们认为，采用市场有可能失败，但是采用政府干预则必然导致失败。为了尽可能地避免政府失灵，首先就是限制国家权力。不过，最为关键的还在于将市场的竞争机制引入到政府管理过程中，运用利润机制刺激政府节约开支。

  新公共管理运动在吸纳新右派思想的同时，也融入了新泰勒主义与新合同主义的合理成分来改造官僚制理论。新泰勒主义事实上是科学管理的一种回归，其"核心问题在于制定明确的目标，发展出用以测量目标实现情况的绩效指标，以及通过功绩奖励、职位升迁等奖励方式来突出那些取得成功的人"①。它进一步强调了在管理过程中对效率、效果与效能（3E）的重视。作为私营部门管理的基础，新泰勒主义打破了传统公共部门与私营部门之间的界限，认为公共部门一样也可以，而且应该采用私营部门管理的方法来追求"3E"。新合同主义认为，任何人们所能想象到的公共服务都可以通过合同提供，或者通过承包由外部的私营部门或志愿部门提供，或者通过承包由政府内部的其他部门来提供。② 传统公共行政强调，公共服务的购买者和提供者都必须由公共部门来承担，而新合同主义的实质就是将这二者分离开来：由购买者决定生产什么，由提供者来提供协议所确认的产品或者服务。签订合同的形式可以取代传统的官僚制度等级制，并可对松散地聚集在政府基金部门周围的供应商进行指挥，以提供那些过去由国家独

---

① 欧文·休斯：《公共管理导论》，北京：中国人民大学出版社，2002，第87页。

② 欧文·休斯：《公共管理导论》，北京：中国人民大学出版社，2002，第82页。

家供给的服务。① 同时,将供应商与购买者分离开来的好处在于它能够通过引入竞争机制来保证公共服务提供的效率,降低成本,提升其质量。

二、保守党政府新公共管理运动的现实背景

在全球工业化的过程中,作为工业革命的发源地,英国曾作为发展的火车头长达 200 年之久。但是自第二次世界大战后,其世界强国的光环逐步消退;尤其是到了 20 世纪 70 年代,在全球石油危机的影响之下,饱受"英国病"折磨的英国政府遭遇到前所未有的危机。

这些危机首先表现在财政危机上。第二次世界大战后,作为英国二战最高指挥官并被视为民族英雄的丘吉尔,在大选中出人意料地败给工党领袖艾德礼。艾德礼执政期间,他在社会、经济政策上采取了一系列不同于以往英国政府的重大改革,如实行铁路、采矿、通信、电力、钢铁等行业的国有化,将全国医院、英格兰银行收归国有,着手建立以养老、医疗、失业救济为核心的社会保障制度。此后 34 年的时间里,英国高举凯恩斯主义的大旗,大力建设福利国家。据官方统计资料,1951 年,英国社会福利支出为 20.74 亿英镑,1982 年时达到 685.1 亿英镑,按可比价格计算,增长了 2.7 倍,而同期国内生产总值的增幅不到 1 倍。大量福利开支主要来自于政府公共财政,不断走高的福利开支使得它在政府开支中的比重也不断增加,它从 1951 年的 36% 攀升到 1961 年的

---

① 欧文·休斯:《公共管理导论》,北京:中国人民大学出版社,2002,第 82 页。

42%,1978 年更高达 53%。①

通过国家干预来保证就业、建立福利国家的政策最初取得了骄人成就,但是它带来的问题也开始逐步显现出来。从 20 世纪 60 年代开始,英国就开始陷入一个恶性循环之中:福利费用增加就必然要提高税收,从而引起工资膨胀加速;于是必须继续增加福利开支,征税也随之增加,如此循环不已。1965 年中央政府和地方政府的开支占国内生产总值的 37%,到 1970 年已上升到 41%,1975 年达到 50%。增加国家税收意味着公民纳税的增加。在 20 世纪 50 年代,收入达到平均水平的公民基本不交所得税;1960 年他们每人所缴纳的税费占收入的 8%;到 1970 年则达到 20%;到 1972 年,一个有两个孩子的已婚男子挣得的平均工业工资,要缴付的各种税费占收入的 19%,到 1976 年则增至 26%。因此,时任财政部长的丹尼斯·希利在 1976 年时说,最低收入一级的英国人的纳税率是全世界最高的。在开支增加的同时,政府开始出现财政赤字。1965 年的税收可抵总支出的五分之四,到 1975 年便只能抵四分之三左右。② 为了弥补财政赤字,英国就只能举借外债。1970 年英国国债总额为 331 亿英镑,1975 年国债上升为 464 亿英镑,1979 年为 869 亿英镑,其中外债为 43 亿英镑,内债为 826 亿英镑。③

---

① J. E. Cronin, *The Politics of State Expansion: War, State and Society in Twentieth-Century Britain*, London: Routledge, 1991, p. 243; D. Kavanagh, *Thatcherism and the British Politics: The End of Consensus?* Oxford: Oxford University Press, 1987, p. 44.

② 参见彼得·詹金斯:《撒切尔夫人的革命》,北京:新华出版社,1990,第 8 页。

③ 高英彤:《帝国夕阳——日渐衰落的不列颠》,长春:吉林人民出版社,1998,第 54 页。

第一章　英国保守党政府时期新公共管理运动及其影响

20世纪70年代的危机还表现在经济管理的危机上。尽管英国政府不断增加财政预算,但是其管理效果却并不理想,到了20世纪70年代甚至是比较糟糕。首先是国内通货膨胀非常严重,经济发展缓慢。1949年,1英镑价值等同于2.8美元;到1963年,英镑开始缩水,变为1英镑折合2.4美元;到1968年英镑进一步贬值,这种趋势延伸到1975年时,1英镑与2.218美元价值相等[①],并且贬值的趋势并没有停止的迹象。其次,在货币贬值的同时,英国的经济发展速度明显低于其他西方国家,并且发展过程中陷入"走走停停"的怪圈。从二战后到20世纪70年代,日本经济增长了20倍以上,联邦德国和意大利增长了4倍,法国也增长了3倍,而英国1977年比1950年只增长了86%。早在艾登政府时期,英国经济就出现了第一次"走走停停"。[②] 此后,走走停停就成为经济发展的常态,并且走停的转换频率越来越快,停的时间越来越长。终于,在进入20世纪70年代后,英国工业基本停止增长。最后,失业问题一直以来是困扰英国政府的棘手问题之一。在1948年至1949年经济危机时期,英国的失业人数为52万人。此后失业人数不断攀升。1957年至1958年,失业人数达到61万人。到1971年,失业人数接近100万。四年之后,新增失业人数超过50%,达到164万人。[③]

在经济发展遭遇一系列问题时,国内政治也出现了信任危机。

---

① 高英彤:《帝国夕阳——日渐衰落的不列颠》,长春:吉林人民出版社,1998,第54页。

② P. Cosgrave, *The Strange Death of Socialist Britain: Post War Britain Politics*, London: Constable, 1992, p.60.

③ 高英彤:《帝国夕阳——日渐衰落的不列颠》,长春:吉林人民出版社,1998,第55页。

在经历两次世界大战之间的社会动荡之后,英国统治阶层就国内治理达成共识,即采取充分就业、混合经济和福利国家的政策,这就是所谓的"共识政治"。① 在共识政治的支持之下,充分就业让工人阶级队伍空前壮大,工会的势力和影响也大大超过战前。英国全国性的计划与协调、劳动力配置及物价、工资控制等工作必须由政府、工会以及企业界三方组成的机构共同负责。可以说,工会力量的增长让国家力量进行重组而形成了"三伙伴关系",这就是为我们所熟知的法团主义。② 不过三伙伴关系的"蜜月期"并不长,随着英国通货膨胀的加剧,失业人数的增加以及人们生活水平的下降,工会开始成为政府减少开支降低工资的坚决反对者。20世纪70年代后与工会关系紧密的工党只有沦入到保持工资的增长以及增加公共开支从而导致通货膨胀的"魔圈";而保守党政府则在与工会斗争的过程中不断失败,因为工会根本不相信它的政策能够改变这一现状。保守党政治家诺曼·圣约翰·斯梯瓦斯在1976年写道,"得不到工会的支持,目前任何英国政府也不能指望成功。"③尽管政府曾坚决打压工会力量,但是作为急先锋的希思政府的倒台极大地削弱了政府的权威,整个国家开始大踏步地迈入"不可治理"的状态。1978年底到1979年初,英国进入到"愤懑的冬天",通货膨胀直线上升,各地罢工高潮迭起,许多人在贫困线上挣扎。54岁的撒切尔夫人就是在这种情况之下入主唐宁街10号,开始了保守党战后最长的执政历程。

---

① 在二战后是否有"共识政治"这个问题有人持有异议,本书将再做进一步的阐述。

② 王皖强:《国家与市场——撒切尔主义研究》,长沙:湖南教育出版社,1999,第52—53页。

③ 彼得·詹金斯:《撒切尔夫人的革命》,北京:新华出版社,1990,第15页。

第二节　英国保守党政府的
新公共管理运动

　　撒切尔主义是保守党执政时期的指导思想,这也体现在撒切尔和梅杰执政期间的公共管理运动之中。撒切尔主义反对凯恩斯主义的国家过度干预,结束了二战后福利国家模式的"共识政治",坚持新右派的反国家主义观。他们认为过度的政府干预不仅扭曲了市场的信号,使得生产者不仅对消费者的需求不够敏感,无法提供多样化的公共服务,而且造成在公共服务提供过程中的浪费和效率低下。因此,改革的目标,正如1979年保守党政府竞选宣言所指出的那样,就是要减少"浪费、官僚主义和过度政府(overgovernment)"。① 那么保守党政府是如何来实现这个目标的呢? 简单来说就是市场化和管理主义。具体而言,他们主要是从四个方面来改革公共部门:第一,推崇市场机制,减少政府干预;第二,通过削减税收减少政府开支来推行廉洁小型的政府,通过激励私人投资带来经济繁荣;第三,认为政府官僚体系导致管理效率低下以及浪费,因此加强对高级文官的政治控制,大量裁汰公务员;第四,将私营部门的管理方法和手段引入公共部门的管理之中。② 下面我们将从政府职能、政府机构以及政府产出三个方面来分析分析保守党推行的新公共管理运动。

---

　　① 周志忍:《当代国外行政改革比较研究》,北京:国家行政学院出版社,1999,第50页。

　　② J. Greenwood and D. Wilson, *Public Administration in Britain Today*, London: Unwin Hyman, 1989, pp. 121–122.

一、政府职能的优化

作为新右派的信奉者,保守党认为政府面临的困境是政府职能扩张造成的结果。因此,在保守党执政以后,他们开始调整政府职能,重新确定国家、市场与社会的关系,压缩国家干预的边界,重归小政府模式。

保守党政府进行政府职能优化的首要措施就是私有化。① 在英国采取大规模的国有化是二战后艾德礼政府推出的政策,直到1979年保守党重新执政前,它已经建立福利国家和加强国家干预的重要举措。可以说在最初的20年里,国有企业的运营比较令人满意,"国有企业生产力的年平均增长率高于同期制造业的平均水平,国有工业成为英国国民经济发展的强有力的推动机制"。②不过工业的国有化在英国一直以来都是经济运行和政治争论的焦点,无论是政府还是公众对国有化的态度都几经转变。保守党在1979年后开始采取私有化固然与其指导思想有关,同时也与国有企业在进入20世纪70年代后经营状况不良密切相关。国有企业不仅仅是一个以追求商业利润为目标的市场主体,更是一个承担政府职能(如提供能为公众接受的公共服务、缓解就业压力)的公共部门,因此政府会对其进行过多的干预,这大大削弱了国有企业提高生产效率和提供优质服务的积极因素,企业更多是按照政府

---

① 撒切尔政府从未正式定义过私有化的概念,负责私有化工作的政府官员在谈及这一政策时多使用"自由化"、"非调控化"、"特别资产出售"、"将服务业承包给私营部门"以及"把国营公司恢复为私营"等等词句。不过国内外学者都用"私有化"来概括保守党政府所采取的上述改革,因此本书也采用这一提法。

② R. Pryke, *Public Enterprise in Practice*, London: MacGibbon and Kee, 1971, p. 122.

第一章　英国保守党政府时期新公共管理运动及其影响

的目标和管理方法来进行生产,而不是遵循市场规律。

保守党政府的私有化政策主要涉及两个方面,其一是企业产权,其二是企业管理。在企业产权上,保守党政府采取了非国有化政策,即将国有企业或者"混合企业"中政府所持有的产权出售;在企业管理上,政府放宽限制企业活动和竞争法规,将竞争机制引入企业的管理之中,当然保守党的私有化过程主要集中在前者。1979年11月,撒切尔政府出售了国家控股的英国石油公司5%的股票,使政府所持股份额下降至50%以下,并获得2.9亿英镑的收益,拉开了保守党政府大规模私有化的序幕。① 不过从1981年开始,私有化进入到一个较快的阶段,私有化的范围也开始由环卫、建筑服务、住宅修葺、学校和医院等公共服务部门拓展到如英国宇航公司、电缆和无线电公司、英国糖业公司、石油公司等生产性公司。与此同时,国有企业出售的金额也在不断增加,1981年国有企业的出售额较上一年相比增加了135%,达到49.3亿英镑。② 此后私有化的规模不断扩大,涉及的部门也越来越多。在1988年10月召开的保守党年会上,撒切尔政府第一次向公众明确表示,私有化"无禁区",决心把私有化扩展到所有可能的部门。在将国有资产向外出售的同时,强调竞争也是这一时期私有化的另一个重要特征。主管私有化事务的财政部大臣约翰·摩尔曾表示,"私有化的长期成就关键在于是在多大程度上增加了竞争。如果没有竞争,我们会失去历史性的机会。"③ 为了鼓励竞争,保守

---

① M. Pirie, *Privatization: Theory, Practice and Choice*, London: Wildwood House, 1998, p. 21.

② D. Whitfield, *The Welfare State*, London: Pluto Press, 1992, p. 142.

③ J. Kay, C. Mayer and D. Thompson, *Privatization and Regulation: The UK Experience*, Oxford: Clarendon Press, 1986, p. 92.

党政府打破由单独某个公司提供公共服务的模式,鼓励更多的国营企业参与竞争。比如在公共交通领域,政府在1980年开始下放长途客运服务的管理权,允许许多新成立的公司加入来带动竞争。为了进一步加强竞争,保守党政府取消了一些国有公司的经营垄断权,鼓励私营企业参与到公共服务领域,与国营公司进行竞争。

对国有企业进行大规模的私有化的目的是减少国家干预,缩小国家干预的边界。但是这并不意味着小政府就是完全的放任自流。事实上,保守党政府一方面通过私有化试图减少国家干预的范围;但是另一方面,保守党则是采取新的调控手段来保证国家对经济、市场与社会的控制。首先,虽然保守党政府采取出售或者鼓励竞争的方式来推动私有化,但是它仍然通过掌握一些企业的"金股份"的方式来防止该企业被其他企业特别是外国企业接管。① 如在罗尔斯—罗伊斯公司、美洲豹汽车公司、英国石油公司、企业石油公司以及英国电讯公司私有化的过程中,政府掌握了一定数量的"金股份"。其次,对垄断性企业进行价格管理,尽管这些企业不一定都是国有企业。对这些企业进行价格调控的原则是"PRI-X"公式,即产品或者服务的价格涨幅应等于零售物价指数(PRI)减去一个上下浮动的X值,这就要求垄断性企业的价格变化幅度必须低于通货膨胀率。再次,政府通过一定的财政政策来调整产业结构。从撒切尔夫人开始,保守党政府就对英格兰和威尔士两个地区增加财政开支以鼓励这些地区来发展第三产业以及"朝阳产业",而在传统的工业领域则是减少财政投入。此外,在环境领域,公共财政的支出大幅度增长,以此缓解日益严重的环

---

① 所谓"金股份"制是指在特定条件下,给予股东否决权,用于保护企业股权结构不发生重大变化,从而避免被外来资本收购。

境问题。最后,保守党政府还加强了金融管制,这是以往历届政府都不曾涉及的领域。总之,虽然采取了大量的私有化,但是"经济领域的国家干预仍然存在,只不过由以往直接的国家干预转变为间接的干预形式:调控化"。① 因此,保守党政府在政府职能的调整和优化上是将广泛性的直接国家干预(包括国有化)进行压缩,但同时它将干预的范围更为集中在一些领域,并且采取的是间接调控手段。

二、政府机构的变革

英国政府机构具有很深的韦伯主义的烙印,具有强烈的等级制特点。议会主权、部长负责制和政治中立是其行政文化的三大支柱。在撒切尔政府上台后,"该届政府总是以挑剔的眼光观察国家机器,认为国家机器是诸多罪恶的根源"②,因为传统的行政体系结构僵化,缺乏灵活性,办事效率低下,不利于管理创新。因此保守党政府在对政府职能进行优化的同时,对政府机构的运行模式也进行了大张旗鼓的改革,以追求政府机构的管理经济、效率与效益。

首先,保守党政府通过雷纳评审对政府机构的效率进行审查,为后续政府机构管理的改革奠定基础。撒切尔上台后就在内阁办公室设立了以雷纳勋爵为首的效率小组,负责对政府部门的工作进行调查、研究以及评审工作,"评审的目的并不是发现'最佳方

---

① G. Thompson. *The Political Economy of the New Right*,转引自王皖强:《国家与市场——撒切尔主义研究》,长沙:湖南教育出版社,1999,第237页。
② 文森特·怀特:《欧洲公共行政现代化:英国的个案分析》,载国家行政学院国际合作交流部:《西方国家行政改革述评》,国家行政学院出版社,1998,第233页。

案',而是要避免和终止那些不理想的东西,包括过时的不合时宜的工作任务、无效率的工作程序和方法等"①,一场轰轰烈烈的政府机构改革运动开始了。在雷纳评审最有影响和最有成效的 7 年时间里,它对数百个政府项目进行评审,涉及许多政府部门管理服务的众多环节。通过评审,效率小组发现传统的行政管理方式存在着众多的问题,具体包括以下几个方面:②第一,政府更多地关注投入而忽视成本,且政府浪费现象严重。作为韦伯式的行政管理体系,英国政府管理更多关注政府投入以及行政程序,而结果与成本往往不在管理者的视野之内,不计成本的管理必然导致浪费严重。导致浪费严重的还有政府部门行政支出所占比重过大,而真正用于提供公共服务的业务支出相比却较小,政府开支大部分都用在维护政府机构的正常运行之中。此外,工作失误所导致的浪费不仅在总数上惊人,而且非常普遍。第二,政府部门存在着很多过时的机构与工作内容,这些机构和工作内容在环境变化时已经不再需要,但是由于既得利益者的努力使得它们继续存在。第三,机构设置和工作程序的不合理,它们并不是以顾客为导向,而是以公共服务的提供者为中心,往往让客户像走迷宫一样来寻求公共服务。最后,公共部门工作效率低下,部门间的上下沟通不畅。保守党政府的新公共管理运动是一场行政管理的"范式"革命,开启政府管理新的时代,而雷纳评审则是从实务的角度对传统官僚体系进行最后的清算,为新公共管理运动在英国的开展铺开

---

① A. Bray, *The Clandestine Reformer:A Study of the Rayner Scrutinies*,转引自周志忍:《当代国外行政改革比较研究》,北京:国家行政学院出版社,1999,第 59 页。
② 周志忍:《当代国外行政改革比较研究》,北京:国家行政学院出版社,1999,第 69—74 页;刘炳香:《西方国家政府管理新变革》,北京:中共中央党校出版社,2003,第 113—116 页。

第一章　英国保守党政府时期新公共管理运动及其影响

了道路。

其次,在雷纳评审后发现传统行政体系存在着的众多问题,保守党政府开始运用部长管理信息系统和财务管理新方案来提高管理效率,降低管理成本。部长管理信息系统首先在环境部得到执行,后在中央部门以及地方政府机构中得到广泛运用,它所涉及的管理原则和技术为后来的财务管理新方案奠定了基础,是英国公共管理改革承前启后的管理变革。部长管理信息系统是通过各科室负责人的工作陈述、部长对其的审核以及审核后达成协议的执行等过程加强部长对政策执行领域的监控,同时建立起目标责任体系,规范部长与科室之间的直接沟通,压缩政府层级,提高效率。可以说,部长信息系统涵盖了绩效评估、目标管理等现代管理方法和技术,对信息收集和处理进行了有效的管理。在部长管理信息系统获得成功后,1982年,英国财政部推出了财务管理新方案,"可以说它是(20世纪)80年代英国政府部门管理改革的总蓝图"。[①] 财务管理新方案包括四个方面的内容,即高层管理系统、目标陈述、绩效评估以及分权和权力下放。[②] 高层管理系统事实上是管理信息系统向政府的上下层级两个方向的延伸,从而建立起全面的信息网络系统。绩效评估的标准是"3E",即经济、效率与效益,因此政府不仅要关注投入,更要注重产出、成本以及客观效果。在建立网络信息系统和评估标准后,主管部门要将权力下放,不再干涉下属部门的日常工作。在权力下放的过程中,它们吸

[①] 周志忍:《当代国外行政改革比较研究》,北京:国家行政学院出版社,1999,第85页。

[②] J. Greenwood and D. Wilson, *Public Administration in Britain Today*, London: Unwin Hyman, 1989, pp. 128–134.

纳了企业管理的新鲜方法,通过建立开支中心以及责任中心的方式强化预算约束的力量,同时也赋予这些中心更多的自主性。可以说雷纳评审将成本意识和资源意识引入公共管理部门中来,而部长管理信息系统和财务管理新方案则改善了财务信息的质量。

最后,也是最为引人注目的政府机构改革方案毫无疑问当属"下一步行动方案",它是英国公共服务改革的一个转折点。在英国大多数部门和领域,中央行政在决策上处于垄断地位,但在行政执行方面却很弱,可以说是一个没有执行者的行政。① 由伊布斯领衔的效率小组所作的报告《改善政府管理:下一步行动方案》对此进行了进一步说明。该报告对英国行政管理中存在的问题进行总结。首先,尽管绝大多数文官的工作是提供公共服务,但是管理体制却不是以顾客为中心设计;其次,高级文官擅长于政策分析和咨询,缺乏具体的管理经验和技能,但是他们却在具体操作上拥有决定权;再次,部长不仅要就部门的各项活动向议会负责,而且要向外提供各种信息,负荷太重而往往忽视了内部的管理;然后,尽管财务管理新方案中信息管理以及开支责任上有所进展,但总体而言部门的绩效还是没有受到足够的重视;最后,政府部门工作的多样性越来越显著,而采取统一的管理模式显然难以适应。针对这些问题,报告给出的建议是要建立执行机构,主要是对政策执行负责。与此同时,它还建议高级文官中要有来自低层的管理者,这样在决策中会有更专业的懂得管理技能的人员。保守党政府采纳了报告的建议开始设立执行局,尽管这一过程并不顺利。从1988

---

① 文森特·怀特:《欧洲公共行政现代化:英国的个案分析》,载国家行政学院国际合作交流部:《西方国家行政改革述评》,北京:国家行政学院出版社,1998,第235页。

年开始设立第一个执行局——车辆管理局,"到1997年,执行局的数量增加到110个,在执行局工作的人数占整个文官数量的77%"①。执行局对于直接影响到公众的一些领域提供服务,这些领域包括提供护照以及交通执照、管理养老金、运营监狱等等。②下一步行动方案的改革是对传统英国行政管理体系的一次重大挑战,它首先动摇了部长负责制的管理原则。部长只是就政策制定向议会负责,而执行局负责人则是就政策的执行承担个人责任。它也改变了传统官僚体系职位永久性、等级制度管理模式,代之以合同制、临时性的聘用等方式,更为重要的是,执行局是以任务为导向而不是以规则为导向的组织,这无论在实践上还是理论上都具有重大意义。

三、政府产出的改进

前期保守党政府的改革主要集中在提高政府效率、效应与经济的目标上,因为撒切尔政府所面临的最为严峻的问题是财政危机,因此减少政府开支是其最为紧迫的任务。随着公共部门改革的推进,这个危机得到缓解,而另一个问题开始显露出来,就是在追求效率的同时对公共服务质量的忽视。在梅杰开始执掌英国政府后,推进公共服务质量成为其改革的主要环节,为此,保守党政府推动了公民宪章运动和竞争求质量运动。

公民宪章运动被梅杰首相称之为整个20世纪90年代政府政

---

① R. A. W. Rhodes, *Transforming British Government* (Volume 1: Changing Institutions), New York: Martins' Press, 2000, p. 196.

② National Audit Office. *Improving Service Delivery: the Role of Executive Agencies*, London: National Audit Office, 2003, p. 11.

策的核心,它就是要改变公共服务提供过程中提供者居于主导地位,通过将公共服务的内容、标准、责任等公之于众,给服务对象提供一个审视公共服务的机会。公民宪章包括两个方面的内容,即服务承诺和实现机制,而服务承诺由四个部分组成。服务承诺首先要向公众说明该公共部门的服务内容与工作目标承诺,帮助公众克服组织机构的结构迷宫,使公共服务便利化,同时也有利于公众的监督。其次公民宪章要求服务标准承诺,标准的明确化、具体化和公开化是公民宪章发挥作用的重要基础,因此也是公民宪章的核心部分。再次公民宪章具有明确的服务程序和时限承诺,它不仅对公共部门服务提供的程序进行合理化的改进,同时也对服务对象提出了具体细致的要求。同时为了提高办事效率,避免推搪拖拉,公民宪章对服务的时限也有明确规定。最后是违诺责任,对于不能实现公共服务承诺必须要承担相应的责任,这可以通过各种方式对服务对象作出补偿。为了确保公民宪章能够得到实行,政府还确立了内部管理机制和外部监督机制,内部管理机制主要是建立专门的领导组织,外部监督机制则是通过顾客以及舆论进行监督。公民宪章运动涉及英国公共服务的多个领域,包括自然垄断和半垄断的服务行业,如铁路、邮政等,也有非营利性公共服务行业,如环卫、城市公共交通等,甚至还包括管制性服务领域,如户籍管理、公共安全等。截至 1996 年,发布的全国性公共宪章达 42 个,地方性公共宪章就更多。[①] 公民宪章运动提高了公共服务的质量,提升了公民的满意度,因此得到世界各国的追捧与

---

① 参见周志忍:《当代国外行政改革比较研究》,北京:国家行政学院出版社,1999,第 114—134 页;陈振明:《政府再造——西方"新公共管理运动"述评》,北京:中国人民大学出版社,2003,第 55—57 页。

第一章　英国保守党政府时期新公共管理运动及其影响

仿效。

为了进一步提高公共服务质量和公民满意度,在公民宪章运动四个月后,梅杰政府又发表了《为质量而竞争》的白皮书,试图将保守党政府前期引入到公共服务中的竞争观念和机制制度化。为质量而竞争除了要求在公共服务提供中使用前期改革所提出的私有化、合同外包、顾客导向等原则外,它还引入了"市场检验"的机制。所谓市场检验,是对内部和外部服务承担着进行比较以检验资金的价值过程。[①] 通过市场检验,政府要确保公共服务是以公共资金的最大价值来提供,从而有效地节约成本。事实上,市场检验与其说是一个管理的工具,不如说是公共服务提供过程中的原则,确保公共服务中的公私进行竞争,打破公共服务只能由公共部门提供的传统,并进一步形成制度。

毫无疑问,这场持续的新公共管理运动深深地影响了英国行政体制的结构、运作以及精神特质,从根本上动摇了传统公共行政模式。保守党的这场改革在一定程度上达到了它的目标,它不仅降低了行政成本,同时也提高了公共管理的效率,"新公共管理使一些高级文官更加富有创新和企业家精神"[②]。不过英国的新公共管理运动也产生了一系列的问题,如机构林立的执行局不仅让原本部门化的政府组织间协调更为困难,而且也削弱了政府部门对它们的控制。新公共管理运动大量采用绩效评估的方法,但是事实上政府目标的多元性、模糊性以及冲突性有时会让绩效评估

---

① 周志忍:《当代国外行政改革比较研究》,北京:国家行政学院出版社,1999,第 141 页。
② 森特·怀特:《欧洲公共行政现代化:英国的个案分析》,载国家行政学院国际合作交流部:《西方国家行政改革述评》,北京:国家行政学院出版社,1998,第 246 页。

无所适从。大量采用市场化和管理主义的方法带来的另一个重要的问题是,它削弱了公共管理主体的公共责任,因此各种社会问题成为英国政府最为头疼的难题之一。不过无论人们对保守党的改革怎样评价,有一点共识是它通过系统而又激进的变革改变了传统英国政府的管理模式,并在世界范围内掀起了新公共管理的热潮。

第三节 保守党政府新公共管理运动的遗产

保守党政府推行的新公共管理运动以其持续性、系统性和革命性奠定了英国在"当代政府改革中的领袖地位"[①],它是当代西方公共管理运动的一个典型的样本,"巨大的改革工程已经产生了浩繁的文献,并且形成了一个模式——或者被作为典范而效仿,或者被视为反面教材而竭力防止"。[②] 尽管人们对这场运动褒贬不一,这可以从撒切尔夫人下台时各方的表现中看出来,但是有一点毋庸置疑,那就是它改变了人们对政府的期待,转变了政府治理的模式。在保守党执政的 18 年里,各种新的治理理念、方式和手段不断挑战传统官僚制治理模式,也为此后的政府治理留下宝贵的遗产。

---

① 这是《泰晤士报》的提法,转引自周志忍:《当代国外行政改革比较研究》,北京:国家行政学院出版社,1999,第 53 页。
② 文森特·怀特:《欧洲公共行政现代化:英国的个案分析》,载国家行政学院国际合作交流部:《西方国家行政改革述评》,北京:国家行政学院出版社,1998,第 233 页。

第一章　英国保守党政府时期新公共管理运动及其影响

一、保守党政府新公共管理运动的思想遗产

英国的新公共管理运动不仅仅是政府管理方式与手段的变革,更是对国家、市场与社会功能的一种重新认识以及三者权力的重新分配,而英国的这场新公共管理运动显然是为撒切尔首相所导演,梅杰政府的改革也是撒切尔主义延伸的产物。

新公共管理运动首先强调了市场的价值。在二战后英国形成的共识强调国家在社会福利和经济领域的作用,它不应是自由资本主义时期的那个"守夜人"式的国家。对此,撒切尔夫人表示,"左翼相信,国家所有权再加上中央政府的控制,能够使政府对彼此相关的每一种产品的生产作出计划……保守党人则持不同的态度。我们不喜欢垄断,并且致力于打破垄断。我们相信竞争是效率最佳的、唯一的试金石,相信应当在有经验和知识可资借鉴的情况下作出各种决策,相信市场是检验它们正确与否的试金石,相信错误决策的后果不应当由纳税人来承担。"[①]因此我们可以看到,在英国整个新公共管理运动过程中出现大规模的私有化。为什么保守党要致力于相信市场而不是国家在社会与经济发展中的作用呢? 在他们看来,"市场不是一种理论,它是社会的一个自然的组成部分,市场能够使人们自助自立,市场自然地满足了人们天然的野心,它使人民去运用他们的才智和仁慈"。[②] 当然,强调市场的作用并不是保守党的独创,而且这也不是新鲜事物;关键在于它在

[①] 王皖强:《国家与市场——撒切尔主义研究》,长沙:湖南教育出版社,1999,第101页。

[②] 王皖强:《国家与市场——撒切尔主义研究》,长沙:湖南教育出版社,1999,第102页。

世界各国推行国家干预计划的背景下又被重新翻找出来,在政府治理中被运用于实践,而且很快被各国所采纳。可以说新公共管理运动是战后人们在实践和理论上关于认识市场作用的一个分水岭,市场又被重新寄予厚望。

其次,新公共管理运动更新了我们对于国家的认识。随着新公共管理运动的进一步推进,我们发现它强调减少国家对社会公共生活的干预,强调有限政府,国家的目的就在于保护私有财产,维护社会秩序的稳定,而不是去追求社会正义、平等等目标。这种观点与撒切尔夫人提倡的"维多利亚价值观"息息相关,这种价值观"是我们的国家变得强盛的时代价值体系"。① 在撒切尔夫人看来,国家的作用就在于建立一个能够让所有人各尽所能的框架,社会道德的基础是维多利亚式的:自尊、自立、诚实、勤俭以及富有同情心,各种国家控制的社会主义、法团主义以及凯恩斯主义的思想不仅是错误的,而且是危险的。不过减少国家干预并不意味着不要国家干预,小政府并不是一个弱政府。在新公共管理运动中,政府的作用发生了偏移,由直接的干预变成间接的调节,由积极性管制向社会性管制转移。国家的能力并没有被完全削弱,相反其对社会与经济发展的控制能力在一定程度上得到了加强。

二、保守党政府新公共管理运动的政治遗产

保守党政府推行的新公共管理运动一方面极力推崇市场在国家经济与公共产品和服务提供中的作用,实现经济自由化的目标;但是另一方面,国家对社会生活的控制能力正如前所述,得

---

① E. M. Sigsworth, *In Search of Victorian Values: Aspects of Nineteenth Century Thought and Society*, Manchester: Manchester University Press, 1988, p.1.

第一章　英国保守党政府时期新公共管理运动及其影响

到了加强。英国马克思主义学者霍尔曾说过，"要理解目前保守党政府的宗旨，很重要的一点就在于，不应被政府削减国家权力的言辞引入歧途：减少干预只是在某些特定的领域。另一个更重要的宗旨是对中央政府权威的强调，任何其他的政治权威都被视作对这一权威的挑战，因而必须加以约束和压制"。① 在我们看到保守党政府新公共管理运动中大量市场化和管理主义措施推行的同时，我们忽视了它对政府权威，尤其是中央政府权威的重建。

为了重建政府权威，保守党政府对工会势力进行了强力打压，严重削弱了工会在国家政治、经济与社会生活中的影响。自二战以来，英国工会势力增长迅猛，并成为国家决策中举足轻重的力量。撒切尔上台后，先后出台了两个《就业法》和一个《工会法》对工会原有的权力进行了限制，使工会斗争的法律基础受到削弱。此后，在与工会所组织的全国罢工进行斗争的过程中，政府采取了强硬立场。如1984年的煤矿工人举行的大罢工中，撒切尔夫人称罢工工人为"国内的敌人"②，采取了以金钱诱惑和军警镇压的两面政策，最后取得了胜利。此后，工会在国家政治生活中的影响仍然存在，但是他们的黄金时代已经一去不复返了。

除了对工会进行打压外，保守党政府还进一步限制地方政府的权限，尤其是在20世纪80年代。如格林伍德的文章中所说的，20世纪80年代初期，中央与地方的关系的特点是："剑拔弩张"和

---

① S. Hall, *The Hard Road to Renewal: Thatcherism and Crisis of British Left*, London: Verso, 1990, pp. 8-9.
② 王振华：《撒切尔主义——80年代英国内外政策》，北京：中国社会科学出版社，1992，第136—137页。

"咬牙切齿"。① 在撒切尔夫人上台后,她先后颁布了《地方政府、计划与土地条例》(1980年)、《地方政府财政条例》(1982年)、《地方税:限制收税与改革水质的计划》(1983年)以及《地方税法案》(1984年)。这些措施首先就是要限制地方政府的开支,建立标准开支限额,对于开始超标的地方政府,中央不仅是逐步减少对它的拨款,而且要对其实施惩罚。其次是对地方税收进行控制,防止通过其他途径来增加政府开支。从1983年开始,保守党政府开始实行税收额封顶的政策,如果地方开支总额连续超标,政府有权给所有地方政府的税收额封顶。尽管实行税收封顶措施对削减地方开支的比重并不是很高,但是它削弱了地方政府的决策权,并且影响了地方公共服务提供的能力,因此也降低了公众对地方选举的热情。因为,"除非中央政府对地方拨款支持水平再次稳定下来,否则,地方选民将很难区分地方税的变动在多大程度上来自于地方政府自身的政策"。②

保守党政府不仅在加强中央政府的权威,更是将权力日益集中于首相。英国行政权力的最高层是内阁,它不仅控制政府决策,而且对政府进行监督,但是保守党政府削弱了内阁的作用。撒切尔夫人曾直言不讳自己"是内阁的叛逆者","作为一个首相,我不能把时间浪费在任何内部的争论上"。③ 首先,保守党政府通过内阁委员会来架空内阁。在撒切尔夫人任职期间,由于内阁中很多

---

① 约翰·格林伍德、戴维·威尔逊:《英国行政管理》,北京:商务印书馆,1991年,第177页。

② M. Stallworthy, *Central Government and Local Government: The Uses and Abuses of a Constitutional Hegemony*, "Political Quarterly", 60 (1):28.

③ 彼得·詹金斯:《撒切尔夫人的革命》,北京:新华出版社,1990,第183页。

大臣并不支持其货币主义政策,因此她往往是通过内阁委员会来讨论与此相关的重大决策。而在内阁委员会中,首相的支持者占据多数,她的政策提议得到通过。其次,通过建立政策小组来加强首相的政策能力。政策小组是首相私人的智囊团,只对首相负责。这个非官方的政策小组由文官、大臣以及政治顾问等人员组成,尽管它没有任何的官方身份,但是权限很大,主要对中短期的政策问题给首相提供咨询,这大大削弱了内阁监督责任和监督的权限。很多重要的决策都来自于政策小组,在政府宣布很多重要的决策时,内阁的大多数成员几乎是第一次听到。因此,前外交大臣皮姆甚至嘲讽这是"这个时代的专制主义精神"。①

三、保守党政府新公共管理运动的行政文化遗产

在保守党新公共管理运动中,最为显著的遗产当然属于行政文化领域,它改变了传统公共行政的范式,为政府管理带来了新鲜的气息。

首先,新公共管理运动让公共机构的运行由以规则为本转变为以结果为本。传统的官僚体制是被韦伯称为"由天才来设计可以由白痴来操作"的机器,它所依赖的就是非人格化的管理规则。因此长期以来,管理人员对于规则的重视胜于对结果的重视,公共部门评价工作人员的主要标准不是根据他们的业绩和对组织目标所作出的贡献,而是看他们能否严格遵守规则。只要是按规则办事,即便是工作中出现失误,也不会对其追究责任。而新公共管理运动改变了这一状况,对工作人员而言,重要的不是规则而是结

---

① 彼得·詹金斯:《撒切尔夫人的革命》,北京:新华出版社,1990,第183页。

果,结果成为衡量组织或者工作人员的最为重要的标准。为了达到这个结果,规则可以更为灵活,我们可以在财务管理新方案、下一步行动计划中都可以发现这一变化。在下一步行动计划中建立起来的各种执行局事实上就是一个责任中心或者说是一个结果中心,它们被要求对某项事务的结果负全责,同时在机构编制、人员录用标准和程序、工资待遇、内部管理等方面拥有充分的自主权,部长和主管官员要避免对执行机构运行实施的直接干预。而且这种对结果负责而不是规则负责的行政文化很快蔓延到政府的其他部门,并成为公共部门运行的重要原则。

其次,新公共管理运动让公共部门在公共产品提供中引入市场化的途径成为一种普遍接受并认为是有效的方法。传统的政府管理认为公共产品和服务只能由政府提供才能既保证公平又保证效率,新公共管理运动给出了不同的答案。在新公共管理运动过程中,政府采取了私有化、使用者付费、招标投标、合同外包、委托代理、内部市场等市场化的方式方法来提供公共服务,将竞争机制引入到公共产品和公共服务提供领域,主张由顾客用脚来投票选择。如在公共医疗领域,从 1992 年开始就形成了内部市场,由家庭医生和病人协商选择医院,迫使医院提高服务质量,降低价格。再如从撒切尔政府开始,他们在地方公共服务提供中介绍了强制性竞争投标,到 1988 年中央要求所有地方政府必须运用竞争投标的方式来确定公共服务的提供者,从而打破政府的垄断地位,通过竞争来降低成本,提高公共服务和产品的质量。此外,英国在政府采购、车辆维护、饮食服务、会计、财务管理、建筑设计等方面普遍运用招投标方式。

再次,公共产品和服务的提供要以顾客为中心而不是以提供者为中心。英国传统的官僚体系具有浓厚的韦伯主义色彩,因此

第一章 英国保守党政府时期新公共管理运动及其影响

政府主要是根据自身的规则运行,缺乏对公众的回应性,在公共产品和服务的提供中主要是以提供者为中心。但是新公共管理运动改变了这一思想,尤其是公民宪章运动,它的目标直指建立以顾客为中心的公共产品和服务的提供模式。它们不仅要求政府要给出明确的服务标准,包括服务效率、质量方面的具体要求;而且还要在尽可能的情况下与顾客进行协商,向公众提供选择服务机构的机会;同时在提供公共服务的过程中,公共人员必须礼貌地对待顾客,尊重其隐私权、文化和宗教信仰以及人格尊严,所有的服务必须围绕着顾客而展开。尽管公共服务以顾客为中心的做法被国内外很多学者所指责[1],但是毫无疑问的是,相对于公共服务以提供者为中心,这已经是一个非常大的进步。

最后,在政府管理过程中引入企业管理的绩效评估方法,将公共管理对效率的追求推进到一个新的水平。英国新公共管理运动"创造一个'评估性国家',以经济、效率、效益为标准,监督执法政策与管理";在医疗、科学、教育、技术、环境监狱等各个服务领域发生了"审计爆炸"的现象。[2] 重视政府绩效评估与审计是从雷纳评审开始,并于1984年创立了国家审计办公室。此后对政府的绩

---

[1] 张成福教授认为,将顾客为中心作为政府施政的目标是一种不恰当的"隐喻"。英国学者Pollit认为公共服务的消费者绝不仅仅是消费者,他们还是公民,而这对交易而言具有特殊的意义。美国学者登哈特夫妇认为,应该服务于公民而不是服务于顾客。具体参见张成福:《公共行政的管理主义:反思与批判》,中国人民大学学报,2001(1):第18—19页;欧文·休斯:《公共管理导论》,北京:中国人民大学出版社,2002,第85页;以及珍妮特·V.登哈特、罗伯特·B.登哈特:《新公共服务:服务而不是掌舵》,北京:中国人民大学出版社,2004,第42—61页。

[2] 文森特·怀特:《欧洲公共行政现代化:英国的个案分析》,载国家行政学院国际合作交流部:《西方国家行政改革述评》,北京:国家行政学院出版社,1998,第242页。

效评估和审计成为公共管理的一个常用工具,并被视为公共管理必不可少的一个环节。各种量化的、外部的事后的评估体制取代了传统的由自我规制实体进行以信任为基础的评估体制。在这种体制中,财政部起着越来越大的作用。[①] 绩效评估的总的目的是在实现目标的过程中对员工和机构进行监控并改善其工作。

小　结

为了诊治日渐严重的"英国病",重拾公众对政府的信心,在20世纪70年代末上台的保守党进行了被胡德称之为新公共管理运动的政府改革。新公共管理运动不仅是战后英国最为重要的政府改革运动,而且对世界各国也产生了深远的影响。它以新自由主义为指导思想,终结了韦伯官僚制的神话,开创了公共管理新纪元。无论是大规模的私有化和管理中引入市场管理手段还是在管理中以顾客为中心,以结果为导向,这些大胆而又富有冒险精神的管理模式成为公共管理新的范式。

当然在大力推行经济自由化、管理市场化的同时,保守党政府并没有放松对政府权威的重建。无论是对工会的强力打压还是缩小、限制地方政府的公共开支的水平,以及将地方政府的决策能力向中央转移,都透露出保守党对政府权威的一种向往。尤其是在撒切尔执政期间,她对首相权力的扩张达到前所未有的水平。

总体而言,保守党的新公共管理在改善公共机构的效率、降低

---

① 文森特·怀特:《欧洲公共行政现代化:英国的个案分析》,载国家行政学院国际合作交流部:《西方国家行政改革述评》,北京:国家行政学院出版社,1998,第242页。

第一章　英国保守党政府时期新公共管理运动及其影响

政府开支上富有成效,它使一些高级文官更加富有创新和企业家精神,为此后的新工党的政府改革留下了宝贵的遗产。不过保守党政府的新公共管理运动也带来了一系列的问题,尤其是导致了各种严重的社会问题,而新公共管理运动所塑造的管理模式却对此无能为力。与此同时,在英国乃至世界范围内,一股新的思潮——第三条道路——正在悄然兴起,为治道变革注入了新的活力。

第二章　第三条道路与合作政府

1979年英国大选工党败给保守党,此后的三次大选工党均以败北而告终,这迫使工党启动以执政为目标的"现代化"工程,对自身进行改革。工党在吸纳了老左派(古典社会民主主义)和新右派(新自由主义或撒切尔主义)理念的基础上提出"要超越左右对立、兼顾发展与正义以及均衡权利与义务"的国家治理总体思想①,最终凭借第三条道路思想的吸引力于1997年重新获得执政地位,布莱尔开始将第三条道路系统地体现在政治实践之中,并进一步改革新公共管理运动以来英国的治理模式,着力打造他所称的"合作政府"。那么英国的第三条道路究竟从何而来?它与老左派和新右派有什么不同?它与布莱尔的"合作政府"之间有什么关联?本章将从这几个方面来展开论述。

第一节　主要概念析论

布莱尔政府改革试图在老左派和新右派之间寻求一种新的治

---

① 陶正付:《评布莱尔的"第三条道路"》,《现代国际关系》,1998(12):第14页。

理途径,这条路径就是第三条道路,第三条道路思想是布莱尔政府改革的理论支柱。根据第三条道路理论,布莱尔政府希望通过建立"合作政府"来实现第三条道路的政策主张。可以说第三条道路和合作政府是布莱尔政府改革的重要概念,下面将对这两个概念进行探讨,从而能对布莱尔改革有一个初步的认识。

一、第三条道路

20世纪90年代中期以来,第三条道路思潮在西欧国家悄然兴起。它最初由美国民主党在90年代提出,后由英国工党大力提倡,紧接着德国社会民主党、荷兰工党、意大利左翼民主党等纷纷响应。在第三条道路思潮的影响下,20世纪末,欧洲政坛几乎成了左翼政党的天下:欧盟15个成员国中,除西班牙和爱尔兰两国外,其余13个国家都是由左翼政党单独或与其他政党联合执政。"粉红色"欧洲给全世界带来巨大影响,一时间,"第三条道路"成为政坛学界的新宠。其实,就"第三条道路"这个概念而言并不是一个新名词。在历史上,它曾以"第三条道路"、"中间道路"、"中间立场"、"第三种力量"、"世界第三理论"等面目多次出现。

早在19世纪末,欧洲的经济学家曾提出过"中间道路"的主张,它是介于自由放任的资主义经济和由空想社会主义者提出、被马克思主义改造的计划经济思想之间,这可以说是第三条道路的最早萌芽。

20世纪初,社会民主主义思想的"教父"伯恩斯坦提出在马克思主义的科学社会主义与资本主义之间走一条和平的"中间道路",和平进入社会主义。俄国十月革命胜利以后,第二国际著名修正主义代表人物鲁·希法亭提出了"有组织的资本主义"思想,主张走出一条既改变资本主义,又非十月革命模式的发展道路。① 抱有这种看法的不仅仅只是鲁·希法亭,英国工党领袖、民主社会主义重要代表人物之一的拉斯基认为,未来社会既不属于资本主义,也不属于共产主义,而属于"统一的工业社会",在资本主义现有制度和十月革命建立的共产主义革命道路之间,可以有一条通过和平方式对资本主义加以革命的道路,即通过议会斗争实现社会改造。② 鲁·希法亭和拉斯基的观点也是当时早期社会民主主义思潮中的主流思想,他们更多的是主张在资本主义与科学社会主义或者共产主义之间走中间道路,不过这个第三条道路更多地靠近资本主义。

但是1929年爆发的经济危机给资本主义国家特别是一些西方列强以沉重打击,反而是刚刚建立起来的苏联没有受到多大影响,并且逐步强大起来。西欧社会党立即调整步伐,又一次打出走"中间道路"的旗号,主张在欧洲建立一种既不同于以美国为代表的资本主义又不同于以苏联为代表的社会主义的民主社会主义。不过此时的"第三条道路"则更多的是强调吸取社会主义的长处,向苏联学习。而北欧则在"第三条道路"上走得更远,瑞典社会党的"第三条道路"竞选纲领直接将其送上了执政党的位置。1936年,美国记者马奎尔·查尔斯根据瑞典社会民主党的执政情况,写了《瑞典:中间道路》一书,对瑞典的社会、经济、政治情况作了详细介绍,积极赞赏"中间道路"的实践。1938年,英国工党经济学家、后担任英国首相的哈罗德·麦克米兰发表了《中间道路:对自

---

① 尼基金:《民主社会主义思想体系批判》,北京:中国人民大学出版社,1985,第11页。
② 郑忆石:《民主社会主义思潮评析》,郑州:河南人民出版社,1999,第39页。

第二章 第三条道路与合作政府

由民主社会中经济与社会进步问题的研究》。① 他认为资本主义不仅仅要推进经济增长,同时也要增进人们的福利。由于"第三条道路"成为这一时期的时髦词汇,法西斯主义分子也打出这一旗号,宣称"法西斯主义就是资本主义无政府状态和共产主义专政之间的第三条道路"。②

第二次世界大战后,"第三条道路"不仅仅是社会民主党的指导思想,也成为新兴民族国家的建国纲领。阿根廷总统胡安·庇隆提出"第三立场学说",认为无论资本主义还是共产主义都已过时;印度总理尼赫鲁希望建立一种新型的社会主义,即在共产主义和资本主义国家的正统实践之间的中间道路;塞内加尔总统桑戈尔则提出"在资本主义体系的山坡和社会主义的山坡所形成的这个山谷中开辟出一条道路来";利比亚总统卡扎菲提出了在伊斯兰教义指导下的"世界第三理论"。③ 这些思想反映了新兴的民族国家不愿依附于任何一个世界超级大国,坚持走独立自主的建国道路。

二战结束,冷战开始后,在反思苏联建设模式的基础上,"第三条道路"思想在东欧和西欧继续发展。从 20 世纪 50 年代中后期开始,苏联、东欧社会主义国家围绕经济体制改革问题探索了一条计划与市场相结合的"第三条道路"模式,其中最为引人注目的学者是波兰经济学家布鲁斯和捷克经济学家奥塔·希克。奥塔·

---

① 秦宣:《历史比较中的"第三条道路"思潮》,《科学社会主义》,2005(4):第 74 页。
② 托尼·于特:《第三条道路不是通往天堂之路》,转引自秦宣:《历史比较中的"第三条道路"思潮》,科学社会主义,2005(4):第 74 页。
③ 参见王霁:《马克思主义与当代社会思潮》,北京:中国人民大学出版社,1994,第 286—288 页。

希克在《第三条道路》《一种可行的经济体制》《关于第三条道路的论ության》等著作中对"第三条道路"作了专门论述,认为无论是市场还是计划都无法避免经济危机,只有在宏观上采取计划而微观上以市场为主的"第三条道路"才是可取的。1989年波兰团结工会领导人瓦文萨公开主张走一条既不同于现实社会主义又不同于当代资本主义的"第三条道路"。在东欧剧变过程中,在俄罗斯还出现了"第三条道路党"。

1951年,社会党国际成立,它以"中间势力"或"第三种势力"的姿态对资本主义和共产主义持批判态度。到20世纪60至70年代后,西欧社会党决心走一条既不是早先社会民主党的"和平进入"社会主义的道路,又不是苏联和其他社会主义国家以暴力夺取政权并实行无产阶级专政的道路,而是必须采用一种既符合民族特点和当代条件,又符合像西欧这样一些建立在民主议会制度之上的工业发达国家所共有的特征和基本要求的解决办法。①

此外,随着20世纪80年代绿色运动的开展,"第三条道路"还被指称绿色运动派,它既不是站在"左派"即红色一边,也不站在"右派"即白色一边。

从以上的分析我们可以看到,所谓的"第三条道路"主要是指既不同于"右派"的资本主义又不同于"左派"的社会主义或者共产主义,而是一条中间道路。在不同的时期不同的国家,这条中间道路不仅同"左"和"右"之间的距离并不等距,而且其实质也并不同:它曾被指是无产阶级取得革命胜利的一种道路,也曾被指是一种社会发展模式,尤其是经济发展模式,同时它也曾被指称为一种

---

① 《当代世界社会主义文献选编》,北京:中国人民大学出版社,1990,第433—435页。

第二章 第三条道路与合作政府

外交模式,既不倒向东方,也不迷恋西方。

本书所要论述的"第三条道路"是指处于老左派与新右派之间的政治思潮,它既反对老左派所提倡的由国家为全体国民提供普遍福利的做法,也不认同新自由主义将劳动力简单地推向市场自行寻求就业和生活保障的倾向,而是主张在国家、市场和社会之间建立一种平衡。因为"只要以上三者中有一者居于支配地位,社会秩序、民主和正义就不可能发展起来"。① 第三条道路摒弃了传统国家—市场二元对立的思维模式,引入了多元共存、合作共治的理念,这让第三条道路淡化了意识形态色彩,强化了治理途径。这里的第三条道路理论是在20世纪90年代兴起,由克林顿首先提出、布莱尔接棒并发扬光大,在整个西欧乃至世界产生巨大影响。1992年,在克林顿的竞选演说中他提出在他的政策主张中,将既不是自由主义式的,也不是保守主义式的,它是两者的结合,而且与两者截然不同,他号召人们采用超越左右论争的思想主张。同年,托尼·布莱尔出任英国工党领袖,也逐步提出"第三条道路"的主张。作为布莱尔的精神导师、伦敦经济学院院长的安东尼·吉登斯于1994年出版了《超越左与右——激进政治的未来》一书,布莱尔也于此后在公开场合使用"第三条道路"这一词语来阐述工党的政治主张。1998年5月,吉登斯发表著作《第三条道路——社会民主主义的复兴》,在书中他系统阐述了第三条道路的政治思想。同年9月,布莱尔出版了《第三条道路:新世纪的新政治》,详细阐发了工党的执政理念与政策主张。几乎就在这本书出版的同时,施罗德打着"新中派政策"的旗号使德国社会民主

---

① 安东尼·吉登斯:《第三条道路及其批评》,北京:中共中央党校出版社,2002,第57页。

党获得执政地位。

二、合作政府

"Joined-Up Government"（JUG）是布莱尔政府改革的一个核心词汇，国内学者普遍将其译为"合作政府"，本书也采用这一译法，因为译为"联合政府"容易产生两方面的误解：首先它容易使人联想到两党或者多党的联合执政而组建的联合政府，其次它容易使人误解为仅仅是组织上的联合。事实上 JUG 并不仅仅意味着政府组织间的联合，更为主要的是一种合作，这种合作包括政府不同组织间的合作，也包括政府、市场与社会的合作。合作政府这一词汇是由英国首相布莱尔在 1997 年创建社会排斥小组时第一次使用，很快成为英国政府的一个重要理念。[1] 它影响到组织结构、预算安排、政府目标的设定以及地方政府部门的日常工作。

那么什么是合作政府呢？英国国家审计办公室 2001 年提交的一个报告中明确指出：合作政府是指将一些公共的、私人以及自愿组织联合起来，实现跨越组织边界进行工作以达到一个共同的目标。[2] 合作政府作为一种组织方式应该重新调整组织边界，在不同部门间建立正式以及非正式的伙伴关系。在英国白厅，合作政府源于两个轴心，其一是为了解决一些尖锐社会问题的各种特别工作小组如社会排斥小组以及刚成立不久的绩效与创新小组（Performance and Innovation Unit, PIU）；其二是指渗透到公共服务

---

[1] Geoff Mulgan. *Joined up Government：Past, Present and Future*, http://www.youngfoundation.org.uk/index.php? p =37, 2006 - 11 - 21.

[2] The National Audit Office. *Joining up to Improve Public Service*, London：The Stationery Office. 2001, p. 1.

第二章 第三条道路与合作政府

主体中的合作文化。Tom Ling 认为合作政府是用来描述为了追求政府日常工作目标而将不同的组织进行调整并结成一个整体的各种行为的总称。① 在 Tom Ling 看来,合作政府更多的是表现在不同的政府部门尽管由于功能不同,但却在努力寻求协调一致。因此他更多的是将合作政府看做是一种合作行为,而不仅仅是联合在一起的组织。意大利学者 Andrea Di Maio 则是从构建合作政府的不同途径来定义的,他认为合作政府首先是在政府内部层的合作,如在社会安全与国家税收部门之间的,或者是在国家税收部门与海关之间的合作;其次,合作政府是发生在跨越不同层级的合作,如有着类似事务责任的不同层级政府(中央与地方)间的合作;再次,合作政府是跨越办事程序层级的一种合作,如为了增强它们对有关事情的回应能力以及洞察事务变化能力,在操作、管理以及领导层之间加强合作;最后是在公私部门间的合作。② 从以上的定义我们可以看出,合作政府首先是一种组织机构的联合,这些联合包括以下几个层次:第一是政府、市场与社会组织间的联合,在这一点不同于保守党的新公共管理运动,因为它忽略了社会组织的力量;第二是不同层级的政府组织间的联合;第三是同一层政府组织间不同职能部门之间的联合。合作政府不仅仅是组织机构的联合,同时也是运行机制的联合。因为合作政府更多地关注结果,组织的运行必须围绕着结果而展开。

Christopher Pollit 在分析了英国政府白皮书《政府现代化》以

---

① Tom Ling. *Delivering Joined-Up Government In The UK: Dimensions, Issues and Problems*, "Public Administration", 80(4): p.616.

② 参见 Andrea Di Maio. *Move Joined-Up Government from Theory to Reality*, http://www.gartner.com/Display Document? doc_cd=123844, 2006-11-21。

及《连接起来：白厅对跨领域的政策与服务的管理》后总结出合作政府的概念。合作政府是用来描述渴望获得垂直与水平的协调一致思想与行动的短语。通过这种协作可以达到以下几个目的：首先是可以减少政策之间互相拆台的情形，其次是可以更好地利用短缺资源，再次是通过将某一特定政策领域的利益相关者聚合在一起可能会产生合作，最后是它可能向公民提供无缝隙的而不是碎片化的公共服务。[1] 从上面的定义可以看出他是从合作政府的功能来定义的，这与前几位学者的定义不同，他们都是从建立合作政府的途径来理解的。

提出整体型治理理论的英国学者 Perri 6 从比较的途径来定义合作政府。Perri 6 主张下一个世纪的政府应该是整体型政府、预防性政府、改变文化的政府及结果取向的政府。[2] 在经历了传统的官僚体制以及新公共管理以后，未来的治理模式应该是整体型治理。整体型治理是指在管理理念上强调中央地方结合以及公私合伙，以整体型组织模式，重点解决人们生活问题，采取网络式组织模式，在具体的管理中注重授权与结果，从而实现政府管理与公众价值、科技以及资源的高度整合。而英国布莱尔政府提出的合作政府正是从新公共管理模式向整体型治理模式迈进的一个过渡阶段。合作政府指的是基于各种项目、政策以及部门间组织安排的联合，这样可能有助于合作；而整体型治理更需要清晰的、互相强化的目标以及一套方法，目标是基于一定的结果来规定的，一

---

[1] Christopher Pollit. *Joined-Up Government*: *a Survey*, "Political Studies Review", 2003(1):35.

[2] 彭锦鹏：《全观型治理：理论与制度化策略》，《政治科学论坛》，2005(23)：第62页。

套方法则是能够获得这些结果的保证。① 在 Perri 6 看来,合作政府只是整体型治理的一个初级阶段,更多的是强调联合,而整体型治理则是在各种手段与目标之间的关系上考虑更多。

合作政府是英国布莱尔政府改革的关键词,它是在第三条道路思想指引下,超越传统的官僚体制与新公共管理模式,寻求政府管理的第三条道路,它试图通过建立一个跨组织的、将整个社会治理机构联合起来的治理结构,包括中央与地方政府、公共组织、私人组织以及志愿者团体,通过将这些机构联合起来实施整体战略,最后建成一个无缝隙的、以公民为中心的政府。

第二节 布莱尔政府的第三条道路理论

1998 年 2 月,西方发达国家首脑在华盛顿举行了一次政策性讨论,布莱尔表达了要让国际社会达成一种中间偏左共识的雄心壮志。他强调,"老左派抵制这一变迁,新右派则任其发展。而我们应该驾驭这一变迁,使其达到社会的团结和繁荣"。② 这个中间偏左道路的核心思想就是第三条道路。在吉登斯看来,第三条道路就是要弥补社会民主主义和新自由主义给人类带来的破坏,弥合这两种思想,将社会公正和资本主义市场结合起来,从而既让经济富有活力,又让社会团结一致。从《超越左与右——激进政治的未来》到《第三条道路——社会民主主义的复兴》,再到《第三条

---

① Perri 6. *Joined-Up Government in the Western World in Comparative Perspective: A Preliminary Literature Review and Exploration*, "Journal Public Administration Research and Theory", 14(1):p.106.

② 安东尼·吉登斯:《第三条道路:社会民主主义的复兴》,北京:北京大学出版社、三联书店,2000.

道路及其批评》,吉登斯逐步完善了他的第三条道路思想。作为国家领导人的布莱尔也在《第三条道路:新世纪的新政治》一书中集中阐述了他对第三条道路的理解,以新的思维模式探讨跨世纪经济、社会发展与国家治理的道路。

一、第三条道路理论的背景

第三条道路理论是工党对当前所发生的社会变化作出的反应。随着全球化对社会经济、政治的影响进一步拓展,政治生活所关注的主题也在发生变化,工党所依赖的阶级基础也不同于从前,工党要想夺回失去将近20年的执政地位,就必须改弦易辙,重新思考其执政的理论基础,对当前的变化作出回应。

1. 全球化

从20世纪80年代开始,世界范围内兴起了一股全球化的浪潮。全球化是新自由主义的产物,它极大地推动了世界经济的发展。不仅如此,它更带来了我们生活中的时空变化,发生在世界任何角落的种种事件,都比过去任何时候更为迅速、直接地对我们的生活产生影响。在全球化给世界经济发展注入活力的同时,它也带来了种种问题和挑战,这些问题是单靠民族国家本身以及冷战时期以西方国家为核心的世界结构化机制都难以解决。首先,经济全球化导致国家间贫富差距拉大,加剧了国际间发展的不平衡。联合国开发计划署发表的1999年度《人类发展报告》指出:"由于市场主宰了全球化的进程,因而全球化的利益和机会都不是均等的,一部分国家和人口得益,而更多的则被边际化,从而形成了危险的两极分化。"[①] 其次,在导致国际间发展不平衡的同时,全球

---

① 胡淑惠等:《英国"第三条道路"成因探析》,《国际观察》,2003(5):第76页。

化还使得西方国家无法控制本国的资本与人员的流动。这一方面由于资金的大量流失让经济增长放慢,就业率降低;另一方面大量外来移民的流入也让国内民族矛盾突出,社会排斥问题严重。最后,随着东欧剧变之后,尽管西方国家缺乏共同的敌人,但是他们必须面对一些无法避免的问题,如打击恐怖主义、国际犯罪、环境保护、消除贫困、全球金融危机、能源危机等等。这些问题"不仅需要建立新的全球治理机制,调动民族国家、国际组织、民间组织等各方面的积极性和主动性,协调各种利益要求,而且要培养维护全球利益的全球价值,以推动全球各种利益主体的合作"。①

全球化带来的这些问题给国家治理带来了新的挑战。第一,它要求各国政府对各自的国家利益和国际关系重新审视定位,从而确定各自的战略目标和实施方式。第二,国际竞争加剧与对话合作的紧迫性和可能性并存的新格局,对各国公共管理的效率和效能提出了全新的挑战,各国政府和以政府为主导的公共管理如若不能对此作出有效的回应,就必然会使其国家在政治经济各方面的竞争中处于劣势。第三,全球化推动公民社会和全球结社革命的兴起,导致政府权力部分上移和下移——向上是向国际组织转移,向下则是向社区组织或第三部门转移。第四,公民社会的兴起和民主化进程的发展,又必然推动政府管理改革进一步向民主和法治的方向发展。第五,由于全球化以科技和知识信息为主要依托,对于科技和知识信息的掌握程度就成为政府管理社会的

---

① 杨雪冬、薛晓源:《第三条道路:"第三条道路"与新的理论》,北京:社会科学文献出版社,2000,第3页。

一个重要基础。① 可以说,第三条道路理论从不同的角度回答了全球化对政府管理的这些挑战,为政府在全球化背景下的治理提供了新的视角。

2. 生活政治的到来

在吉登斯看来,近代以来的西方政治思潮和运动的主流是解放政治。所谓解放政治,包括两个方面因素:一是力图打破过去的枷锁,因而也是一种面向未来的改造态度;另一个是力图克服某些个人或群体支配另一个个人或群体的非合法性统治。② 解放政治就是要摆脱物质上的匮乏,摆脱传统和过去的束缚获得自由,摆脱压迫和经济上的不平等从而获得社会正义,它是工业社会中政治生活的主题,并取得了相当的胜利。解放政治在将人从自然(物质)、传统和压迫中解放出来的同时却带来了新的问题。首先,我们在从物质匮乏中解脱出来的同时,由于生产的标准化、统一化和机械化,人被异化,成为生产过程中的零部件,我们自认为可以控制自然,但事实上我们控制的反而是人本身。其次,人们在从传统和过去中解放出来后反而更加迷茫,关于堕胎的争论,对于家庭的理解都表明人们并没有找到后传统时代该向哪个方向前进。正是在这种背景下,回归生活世界成为西方社会理论与实践中的重要话题,生活政治也就应运而生。

吉登斯认为生活政治也许不是一个好的术语,但是能够反映当前政治主题话语的一个转型。生活政治关涉的是来自于后传统背景下,在自我实现的过程中引发的政治问题,在那里全球化的影

---

① 黄健荣等:《公共管理新论》,北京:社会科学文献出版社,2005,第10—11页。
② 安东尼·吉登斯:《现代性与自我认同》,北京:三联书店,1998,第248页。

响深深地侵入到自我的反思性投射中,反过来自我实现的过程又会影响到全球化的策略。① 相对于解放政治关注的是生活机会而言,生活政治关注的是生活决定,这是一种如何选择身份及相互关系的政治。② 解放政治只是关注个体的自由与自主行为的能力和权利,而生活政治则是要求人们在得到自由的同时更多关注人们的责任和义务,关注他们彼此间的相互依存和社会团结。

近代以来的政治思潮,无论是保守主义、自由主义还是激进主义,事实上"都共同受解放政治的支配"③,因此它们都无法解决解放政治所带来的诸多问题。这就需要一种新的理论来引导生活政治的展开,这就是第三条道路理论,它将为生活政治确定核心的价值体系与政策主张。

3. 阶级结构的变化

英国工党成立于 20 世纪初,在二战后成为英国的主要政党之一。它是代表英国无产阶级利益的政党,并与工会紧密合作,因此,无产阶级是工党最为坚实的选民基础,它们对于工党获得执政地位发挥着举足轻重的作用,并且对工党的政策制定有着重要的影响,因为他们是战后福利国家的主要推动者和受益者。但是随着科技革命的进一步发展与知识经济的到来,英国国内的阶级结构开始发生变化。据统计,1971—1996 年,在英国就业结构中制造业的从业人员比重从 30.6% 下降到 18.2%;矿产、能源和供水

---

① 安东尼·吉登斯:《现代性与自我认同》,北京:三联书店,1998,第 252 页。
② 安东尼·吉登斯:《第三条道路:社会民主主义的复兴》,北京:北京大学出版社、三联书店,2000,第 47 页。
③ 安东尼·吉登斯:《现代性与自我认同》,北京:三联书店,1998,第 247 页。

业的从业人员所占的比重从 9.5% 降为 1.1%。1968—1997 年，在英国全部就业人口中从事体力劳动的蓝领工人所占的比重从 66.6% 降到 34.5%；如果用半技术和非技术工人来界定"蓝领工人"，那么到 1996 年蓝领工人所占的比重为 20% 左右，其中非技术工人只占 5%。① 无产阶级在数量上不断减少的同时，其组织力量也在不断下降。在保守党执政 18 年里，工会会员人数由 1200 万下降到 700 万②，并且工会在国家政治生活中的作用也在不断被削弱。传统意义上的无产阶级队伍的减少和工会力量的下降严重地削弱了工党的选民基础，这也是自 1979 年以来工党选举失败的重要原因之一。

　　在传统无产阶级队伍减少的同时，中产阶级队伍则不断壮大。如果把专业人员、职员、经理和主管等非体力劳动者定为中间阶级，那么这一阶层人数的比重，则从 1968 年的 33.5% 上升到 1997 年的 65% 左右。③ 在 20 世纪初的时候，只有 10% 的人拥有自己的住房，大部分租用房屋；而现在有 80% 的人拥有自己的住房。④ 这些受益于资本主义私有制，在市场经济中成长起来的中产阶层收入高，生活稳定，他们更多地关注个人自由、自我实现以及社会地位，与无产阶级的生活追求、价值观念和政治理念都不尽相同。为了尽可能地争取到更多选民的支持，尤其是这些新兴的中间力

---

① 李培林：《当今英国社会阶级阶层结构的变化》，《国际经济评论》，1998（6）：第 57 页。

② Ben Pimlott, *New Labour, New Era?* "The Political Quarterly", 68（4）：p.253.

③ 李培林：《当今英国社会阶级阶层结构的变化》，《国际经济评论》，1998（6）：第 57 页。

④ 何秉孟、姜辉：《阶级结构与第三条道路——与英国学者对话实录》，北京：社会科学文献出版社，2005，第 145 页。

量,工党就必须对原有的政策主张进行调整,以适应变化了的阶级结构。

二、第三条道路理论的内容

工党为了应对上述国内外的政治局势,重新获得执政地位,在不断反思古典社会民主主义理念和批判吸收新自由主义理论的基础上,提出了第三条道路理论,试图实现社会民主主义的复兴。下面我们将对第三条道路理论的价值观和内容进行阐释。

1. 第三条道路的价值观

无论是吉登斯还是布莱尔都非常重视价值在理论中的重要作用和意义,"没有第三条道路的价值,我们就会漫无目的",因为"政治的首要问题是关于思想方面的问题"[1],如果不解决价值和目标问题,政府就成为无舵之舟。吉登斯认为第三条道路的价值是平等、对弱者的保护、作为自主的自由、无责任即无权利、无民主即无权威、世界性的多元化和哲学上的保守主义。[2] 布莱尔将吉登斯对第三条道路的价值归纳为四项核心价值观念:机会均等、价值上的平等、责任和社区。

第一,强调机会均等。机会均等一直以来受到传统右翼的青睐,他们主张机会均等,尽可能避免国家干预,国家是对个人机会的把握最为重要的威胁。而左派则认为机会均等只是一纸空文,因为一个精英统治的社会在结果上可能存在严重的不平等,机会

---

[1] Tony Blair. *The Third Way: New Politics for New Century*, London: Fabian Society, 1998, p.1, p.4.

[2] 安东尼·吉登斯:《第三条道路:社会民主主义的复兴》,北京:北京大学出版社,2000,第70页。

均等只是对于强者有利,是强者对弱者进行压迫的道德逻辑。严重的不平等会继续代代相传,进步左翼必须坚定地除去对真正的机会平等的障碍。① 因此政府必须要对平等负责,为个人、家庭甚至是组织的发展提供平等的机会。但是政府往往只是追求抽象的平等而忽视了个人发展中的具体机会,最后导致平等不可求而机会不可得。因此第三条道路就是要矫正传统左翼以及右翼对机会均等的误解,使其成为政治生活中的重要价值。

第二,重视价值上的平等。仅有机会的均等是不够的,社会公正的基础还在于价值上的平等。罗尔斯认为,社会正义的首要原则是每个人都在最大限度上平等地享有和其他人相当的基本的自由权利。所以,"社会正义必须建立在每个人价值平等的基础上,不论他们的背景、能力、信仰或种族如何。应该鼓励人们在各个方面发挥才能作出努力,政府应该坚决地行动起来结束歧视和偏见。人们对歧视的意识随着时间在不断地提高"。② 因此第三条道路坚持文化多元主义,只有承认价值上的平等,才能让不同文化背景的人获得认同的基础,从而建立一个包容性的社会共同体。也只有承认价值上的平等,才能在全球化的今天和其他民族国家和平共处。

第三,无权利则无责任。无论是吉登斯还是布莱尔都认为传统的左派忽视责任,倾向于将权利作为不附带任何条件的种种要求,个人的责任只是撒切尔主义的专利,这种将权利与义务分离的

---

① Tony Blair. *The Third Way: New Politics for New Century*, London: Fabian Society, 1998, p. 3.

② Tony Blair. *The Third Way: New Politics for New Century*, London: Fabian Society, 1998, p. 3.

现象非常不正常。个人在接受救济的时候,往往认为这是社会机构应该作出的努力。这是一个错误的想法,事实上个人应该履行主动找工作的义务。我们享有的权利反映了我们应负担义务,没有责任的机会和权利是自私和贪婪的动力①,因此,吉登斯认为无权利就无责任。责任是健全社会的基石,它不仅仅承认个人,还建立了赋予权利的框架。② 因此必须建立一种全面的责任观,而不仅仅只是消极的责任意识(只是不侵犯他人的生命和权利)。

第四,重视社区的作用。在布莱尔看来,传统的社会民主主义通过强有力的国家福利政策挤压了社区活动的空间,社区的功能被逐步剥夺;而保守党奉行的新自由主义强调国家从社会中全身而退。在他们自己抽身而退的时候,他们也放弃了公民之间的相互支持,并因此取消了以前曾经有助于维持社区的公民素质的那些社会控制机制。③ 因此,第三条道路"最基本的信念是人并非完全独立于他人之外,每个人都是社区和社会的一员,他们对别人与对自己担负着同样多的责任,他们至少得相互依靠才能获得成功"。④

2. 第三条道路理论的内容

第三条道路是现代化的社会民主主义,是在变化了的国内外

---

① Tony Blair. *The Third Way*: *New Politics for New Century*, London: Fabian Society, 1998, p. 4.
② 托尼·布莱尔:《新英国:我对一个年轻国家的展望》,北京:世界知识出版社,1998,第276页。
③ 安东尼·吉登斯:《第三条道路:社会民主主义的复兴》,北京:北京大学出版社,2000,第90页。
④ 托尼·布莱尔:《新英国:我对一个年轻国家的展望》,北京:世界知识出版社,1998,第258页。

背景下根据机会均等、价值上的平等、责任和社区等原则基础上确定的新工党未来的执政理念和模式,它具体包括积极的公民社会、新型的混合经济、社会投资型的福利制度以及新型的民族国家等内容。

第一,第三条道路理论重视积极的公民社会的作用。二战后建立的福利国家是人类历史上的巨大进步,将国家能力发展到了一个新的水平,"它用一张其中织有详尽的、细微的、全面的和划一的规则的密网盖住社会"①,它在一个高度合法性外衣的遮掩之下剥夺了社会的功能。20世纪80年代后推行的撒切尔主义则走到了另一头,它尽可能地压缩国家在社会治理中的功能,强调个人、资本和市场的作用,这相对降低了社会共同体和国家的地位,破坏了社会的团结。在一个奉行自由主义的国家与社会里,"每个人自然是孤立无援的,他们既没有可以求援的世代相传的朋友,又没有确实能给予他们以同情的阶级。他们容易被人置之不理,受到无缘无故的轻视"。② 福利国家导致的后果是国家对社会功能的侵占,新自由主义则是市场对社会的忽略,最后形成了原子化的个人,因此第三条道路主张建立一个积极的公民社会,为漂泊无依的灵魂提供一个可以慰藉的家园。

积极的公民社会首先要求是一个包容性的社会,社会的包容性体现在三个层次上。第一个层次是公民个体间的包容,它要求尊重社会中每个人的价值,尊重他们的生活方式,积极参与社会生活。第二个层次在于劳资关系的包容,消解他们之间互相敌视的态度,通过沟通、利益共享、共同承担风险的方式推动新型的企业

---

① 托克维尔:《论美国的民主》,北京:商务印书馆,1993,第870页。
② 托克维尔:《论美国的民主》,北京:商务印书馆,1993,第875页。

文化模式。包容性社会第三个层次的包容在于国内居民与外来移民之间,要承认移民对国家和社会所作出的贡献,为建立共同的国家去努力。总之,包容性的社会就是要减少社会排斥,建立一个共同体的国家。积极的公民社会不仅仅是一个包容性的社会,还要求它参与国家的治理。国家和公民社会应当展开合作,每一方都应当同时充当另一方的协作者和监督者。① 布莱尔认为,"事实上,志愿部门通常能比公共私营部门更有效、更富有创造性地提供服务"。②

第二,第三条道路理论倡导新型的混合经济。第三条道路既反对古典社会民主主义者认为国家就是答案的解决方法,因为这种国家干预的混合经济模式不仅浪费资源,而且遏制了市场的创造性;它也不赞成新自由主义的市场原教旨主义,因为它导致了很多社会问题,第三条道路理论提出要建立新型的混合经济。新型的混合经济以市场为基础,要求继续推行保守党时期的私有化政策,扩大公共事业中私有化的范围,从而释放市场的能量。第三条道路拥护市场,但是反对市场社会。布莱尔强调:"我认为市场经济符合公众利益,但并不等同于公众利益。所以我认为在公众利益中应有干预和控制手段,但这些手段不可作为取消市场经济的企图,这一点很重要。我一贯认为只要你支持市场经济概念本身是可信的,在市场经济中进行干预很容易找到理由。工党的问题在于有时人们认为工党对市场经济的干预就是完全取

---

① 安东尼·吉登斯:《第三条道路:社会民主主义的复兴》,北京:北京大学出版社,2000,第83页。
② 托尼·布莱尔:《新英国:我对一个年轻国家的展望》,北京:世界知识出版社,1998,第257页。

消市场经济的代名词。"①老左派的混合经济是在所有制上的混合,既包括公有制经济成分,又包括私有制成分,重视国家干预,弱化市场的力量。而新型的混合经济重点不在于所有制上的混合,布莱尔表示,"21世纪不会是公有制和私有制之间相互拼杀的世纪"②。这里新型的混合经济在于对经济发展中所依赖力量的混合,既重视市场的作用,它是经济发展的基础;又强调国家的干预,国家干预的目的在于解决市场经济带来的负面效应。

新型的混合经济与传统经济发展的重点也不同,传统经济重视工业的推进,但是新型的混合经济更强调知识经济的发展。"新经济,像新政治一样,是根本不同的。服务业、知识、技能和小企业是基石。它的大多数产品是不能被称量、触摸和测量的。其最有价值的资产是知识和创造力。未来成功的经济将善于产生和传播知识以及对其进行商业利用。"③

第三,第三条道路理论提出建立社会投资型的福利制度。老左派将建立从摇篮到坟墓的福利国家作为目标,而新右派则视福利国家是对个人自由最为危险的侵害,第三条道路主张建立一个社会投资型的福利制度。社会投资型的福利制度首先要求从领取型的福利转向就业。传统的福利制度的主要动机是保护和照顾,依赖自上而下的福利分配。这导致的第一个问题就是财政压力过大,它成为福利国家面临的重要困难之一;它导致的第二个问题就

---

① 托尼·布莱尔:《新英国:我对一个年轻国家的展望》,北京:世界知识出版社,1998,第132页。
② 托尼·布莱尔:《新英国:我对一个年轻国家的展望》,北京:世界知识出版社,1998,第68页。
③ Tony Blair. *The Third Way: New Politics for New Century*, London: Fabian Society, 1998, p. 7.

第二章 第三条道路与合作政府

是道德公害,这与其说是福利供给创造了一个依赖性的文化,倒不如说是人们理性地利用了福利制度为他们提供的机会。因此,"国家提供的福利救济越多,发生道德公害和欺诈的可能性就越大"。① 所以第三条道路认为福利制度不应该只是发放各种救济金,而应该增加对劳动力的需求,创造更公平的劳动分配,提高劳动报酬。只有提供更多的就业机会,才能从根本上解决福利问题,让每个人真正对自己负责。

其次,社会投资型的福利制度离不开对教育的投资,它要求把国家福利制度的重点放在社会人力资本的投资上,因为授之以鱼不如授之以渔。我们必须使每所学校都达到高标准,来保证每个儿童的天赋之权得以实现……进一步普及高等教育已经成为工党的政策。② 当然在知识经济时代到来的今天,第三条道路还强调终身教育的重要性,使人们获得就业所必需的特殊技能。

最后,社会投资型福利制度的建立不能仅仅依赖政府,尤其是不能仅仅依赖于中央政府,它需要整个国家的不同层级、不同性质的组织共同来承担。所以吉登斯认为,被理解为积极福利的福利开支将不再是完全由政府来创造和分配,而是由政府与其他机构(包括企业)一起通过合作来提供。这里的福利社会不仅是国家,它还延伸到国家之上和国家之下。③ 总之,社会投资型的福利制度"是要给人扶持,而不仅仅是施舍,它意味着多种服务,而不仅

---

① 安东尼·吉登斯:《第三条道路:社会民主主义的复兴》,北京:北京大学出版社,2000,第119页。
② 托尼·布莱尔:《新英国:我对一个年轻国家的展望》,北京:世界知识出版社,1998,第175—176页。
③ 安东尼·吉登斯:《第三条道路:社会民主主义的复兴》,北京:北京大学出版社,2000,第132页。

仅是现金",它"鼓励公共和私人的合作,鼓励地方人民的革新创造",其目的是"消除英国中等收入阶层的不安全感和低收入者的贫困"。①

第四,第三条理论要求建立新型的民族国家。第三条道路认为,民族国家必须对全球化作出回应,全球化推动权力向上和向下移动的动力与逻辑。进入 20 世纪末,庞大中央集权政府的时代已经一去不复返,大多数人对于高高在上的中央政府解决问题的能力丧失了信心。因此中央政府应该分散政府职能,赋予地方政府更多的权力,从而保证公共决策更接近于公众。与此同时,当前的国际社会是一个没有敌人的国家,意识形态正趋于终结,当前我们正面临着风险社会的来临。因此,我们应该以一种世界主义的眼光来建立与其他国家的伙伴关系,融入世界体系之中,与全球伙伴通力合作,力图在民族国家和超国家的邦联之间寻求一条中间道路。

三、对第三条道路的批评

第三条道路理论提出后不仅在英国、欧洲,而且在世界范围内引起强烈的反响,溢美之词与批判之声不绝于耳。美国、英国、德国、意大利与荷兰等国领导者都以第三条道路作为国家治理的核心理念,试图走一条不同于以往的中间偏左的道路;但是它同时也遭到了来自左派与右派的双重夹击,左派与右派历史上罕见地找到了共同批判的对象。

在第三条道路思想正如日中天的时候,英国激进左翼杂志

---

① 托尼·布莱尔:《新英国:我对一个年轻国家的展望》,北京:世界知识出版社,1998,第 168—169 页。

第二章　第三条道路与合作政府

《今日马克思主义》特设一期专刊,对第三条道路进行了集中火力的批评。杂志主编马丁·雅克认为:"尽管布莱尔在装饰其外表,但是他仍然滞留在过去。"① 在他看来,布莱尔只是新瓶装旧酒而已,并没有什么新鲜的理论以及政策,他对现代性只是接受而不是扭转这种趋势,因此并没有实质性的救治措施。对此,著名学者埃里克·霍布斯鲍姆深表认同。他在《新自由主义的死亡》一文中指出,第三条道路对于全球化问题的根源并没有深刻的认识,新工党事实上根本没有超出新自由主义的理念。另一位学者斯迪特·赫尔认为,撒切尔有着自己的改革工程,并且能够一以贯之,而布莱尔除了夸夸其谈的言辞之外,只是对撒切尔主义的延续而已;对于全球化问题,他只是听之任之,全然没有对其进行控制的意图,更不用说有什么举措。因此,虽然第三条道路宣传自己是激进派的中心,事实上它避开了激进主义,而是在每件事情上都选择了中庸的态度,在第三条道路的字里行间透出来的是接受现状而不是对其进行改造。

在大多数学者批评第三条道路只是对撒切尔主义的继承的同时,也有学者认为它甚至是空无一物,杰夫·福克斯就是持这种观点。他认为第三条道路在理论上是"虚无缥缈的东西",它"变得太宽泛,更像一个政治的停车场而不是一条通向某个特定目的地的道路"。② 在福克斯看来,尽管第三条道路强调超越左与右,但实际上它是对左与右的妥协,最后是左派倒向右派的怀抱。

---

① Martin Jacques, *Good to Be Back*? 转引自谢峰:《英国工党第三条道路研究》,贵阳:贵州人民出版社,2003,第 124 页。
② 安东尼·吉登斯:《第三条道路及其批评》,北京:中共中央党校出版社,2002,第 8 页。

在批评第三条道路并无新颖之处时,英国学者阿兰·瑞安认为,它事实上是一个世纪前英国政治中心新自由主义的翻版。真相是,第三条道路不像它的崇拜者所说的那样是新工党主义,也不像它的批评者所说的是回炉的撒切尔主义,而只是一种悠久观念的复原。① 瑞典社会民主党的理论刊物《时代》也发表文章对英国第三条道路进行评析,他们认为,第三条道路提出的许多政策并非创新,如鼓励就业,提供教育机会等,在瑞典已经实施了近半个世纪。

四、对第三条道路的评价

以上众多学者从各自不同的立场和角度对第三条道路进行了批评,我们可以把这些批评总结为几个方面。首先,这些批评者认为,第三条道路似乎是无所不包,为国家的治理提供了一个全新的图式,但实际上却又是空洞无物。人们不清楚第三条道路的政治家们反对谁,反对什么,所以也不知道他们支持什么。英国学者查尔斯·里德比特指出,第三条道路"要成为一个有号召力的政治共识,必须回答四个关键问题:第三条道路确实与众不同吗?它能够鼓舞人民吗?它除了是一个政府计划,由其倡导者在公民社会中颁布以外,还有别的内涵吗?它能够释放经济潜能以改善福利吗?""如果他不这样做的话,那对第三条道路将是致命的"。② 遗憾的是,第三条道路并没有完全回答上述四个关键问题。

---

① Alan Ryan, Britain, *Recycling the Third Way*,转引自安东尼·吉登斯:《第三条道路及其批评》,北京:中共中央党校出版社,2002,第14页。
② 查尔斯·里德比特:《第三条道路的致命之处》,载杨雪冬、薛晓源:《"第三条道路"与新的理论》,北京:社会科学文献出版社,2000,第199、204页。

第二章 第三条道路与合作政府

其次,第三条道路宣传自己是中左派,但事实上它背叛了社会民主党的核心价值,最后归入到了右派。第三条道路的核心价值定义为价值的平等,而不是一个公平的社会;充分就业被给每个人提供均等的工作机会所代替;社会主义被定义为缺乏操作方法的社会合作。它缺乏传统激进左派的批判立场,而是采取对现状全盘接纳的态度。因此,爱德华·S.赫曼称之为"背叛的政治","在英国,托尼·布莱尔几乎企图沿袭撒切尔的路线,但是,任何暧昧或矛盾无不选择了资本,而非人民"[①]。第三条道路理论纯粹只是为了获得选举的胜利,给正在变质的工党披上了"人民"的外衣。

再次,第三条道路被指责缺乏自己系统的经济理论,只是对撒切尔主义的经济理论采取了拿来主义的策略。任何一个想要长久占据政治舞台的思想必不可少的核心部分是其经济理论,如战后共识政治的凯恩斯主义和撒切尔主义中新自由主义经济学,但是第三条道路却没有自己的经济理论。第三条道路毫无保留地采纳了市场经济的运行模式,但是却冠以第三条道路的名义,这让新右派愤愤不平。虽然第三条道路意识到当前知识经济的到来对未来经济发展有着重要的影响,而且也重视对人力资本的培训,但它要成为知识经济的接生婆,还必须建立一套自己的经济理论才能堪当此任。

最后,第三条道路对于全球化的接受也是其被批评的焦点之一。第三条道路对全球化的接受是其容纳新自由主义的一个必然结果,更为严重的是,它并没有对收入、财富和权力的不平等表示异议。第三条道路理论因此被认为是胜利者的观点,缺乏对失败

[①] 爱德华·S.赫曼:《背叛的政治》,载欧阳景根:《背叛的政治——第三条道路研究》,上海:上海三联书店,2002,第177页。

者以及弱者的同情。

面对来自各方的批评,吉登斯在回应这些批评的基础上,进一步深化对第三条道路的阐述,推出了《第三条道路及其批评》一书。在书中,他对第三条道路的原则集中为以下六条:①第一,超越左与右,因为很多问题难以用左或者右的立场来加以阐释;第二,政府、市场与社会必须有效制约与平衡,因为任何一极过于强大都必然是灾难性的结果;第三,第三条道路是责任与权力相结合的新的社会契约;第四,发展一套内容广泛的供给经济学政策,以期使经济增长机制与福利国家的结构性改革协调一致;第五,第三条道路寻求在平等原则的基础上促进社会的多样性;第六,重视全球化。

不管第三条道路在理论和实践上有着怎样的缺陷,但是它仍然代表了20世纪90年代西方社会变革的一种趋势和方向;同时它也成为英国新工党政府改革的指导思想。无论是古典社会民主主义还是新自由主义,以及超越这二者的第三条道路,事实上都是在追求一种社会正义,只是由于时代的不断发展,善于反思的社会在不断寻求着各种途径和方法来实现永恒的正义。当历史进入到20世纪90年代之后,古典社会民主主义与新自由主义给人类社会带来的破坏已经一览无余地呈现在我们眼前,尤其是紧随在新自由主义之后的第三条道路看到了新自由主义所造成的社会的异化、排斥与不平等时,试图弥补老左派和新右派之间的缺憾,它给出的方法是,"试图在抛弃这两种传统模式弊端的同时,将两者的积极方面结合起来,即试图在继承传统社会民主主义的社会公正、

---

① 参见安东尼·吉登斯:《第三条道路及其批评》,北京:中共中央党校出版社,2002,第51—55页。

自由和机会平等、相互责任和国际主义等基本价值观念的基础上,吸收自由主义市场原则的积极成分,既让经济富有活力,又让社会以团结一致为基础"。① 毫无疑问,第三条道路走的是一条折中主义的道路,因此它势必会遭到左右两派的夹击。不过处于夹缝中的第三条道路不仅没有销声匿迹,反而在西方世界里掀起一股"粉红色欧洲"的浪潮,这说明它的确顺应了社会的需求,人们不仅要满足对自由的需求,同时也要满足社会正义。尽管第三条道路被很多人斥责为缺乏新意,没有自己独立的经济政策,不过这种调和、折中的路径也许并不亚于新思想给社会带来的贡献。现在对于第三条道路而言,关键是如何来走这条折中的道路,公共治理能否实现在经济自由主义和政治保守主义之间寻求平衡,这也正是本书所要探索的目标。

第三节　第三条道路与合作政府的逻辑关联

布莱尔进入白厅后,很快就提出要建立合作政府,推动政府改革。一个系统的、完整的政府改革要想获得成功,就必须要有科学的理论作为指导。倡导第三条道路理论的布莱尔正是以此作为政府改革的理论基础,将第三条道路的理念、主张充分体现到合作政府的政府结构和政策运行中,试图将合作政府打造成既不同于福利国家中所采取的官僚科层制,也不同于保守党政府所推行的新公共管理中倡导的企业家政府,而是要走一条政府治理的第三条

---

① 陈林、林德山:《第三条道路:世纪之交的西方政治与变革》,北京:当代世界出版社,2000,第4页。

道路。

一、第三条道路理论是合作政府改革启动的思想先导

政府改革首先要在思想上厘清政府作用的有效半径有多大和政府作用的力度有多强等问题，这也是第三条道路集中说明的焦点。这些问题事实上就是要考察国家、市场和社会三者之间在力量上的分布，如何让它们形成一个合力推动整个治理向前发展。

根据国家力量在资源配置中作用的不同，我们可以将其分为无政府社会（自然社会与乌托邦）、最低限度国家（古典自由主义以及诺齐克提倡的守夜人政府）、普通混合政治经济国家（战后美国）、福利国家（北欧）以及全能主义国家。① 这些不同政府体系所体现的理论分别是无政府主义、古典自由主义与新自由主义、凯恩斯主义、社会民主主义以及社会主义理论。在这些政府体系与思潮中，要么是过于强调政府在社会资源配置中的重要作用，如普通混合政治经济国家（战后美国）、福利国家（北欧）以及全能主义国家和凯恩斯主义、社会民主主义和社会主义理论；要么是强调市场的力量，政府只能采取一个最小国家模式，如古典自由主义与新自由主义；要么干脆就不要国家，如无政府主义。这些都体现出国家、市场与社会的三元分立与对抗的局面，三者之间的博弈是一种零和博弈，结局体现了赢者通吃的原则。而无论是大政府小社会、大社会小政府、强市场弱国家抑或是弱国家强市场的模式事实上都是有失偏颇，这些模式的提出体现了人们在思考这些问题时的思维方式是一种传统的线性思维，强调二元对立。但是随着后工业社会的来临，人们的思维方式也从传统的线性思维向非线性思

---

① 曹沛霖:《政府与市场》,杭州:浙江人民出版社,1998,第135页。

第二章 第三条道路与合作政府

维、从还原论思维向整体性思维、从实体思维向关系思维方式转变,对于国家、市场与社会的关系的理解也开始精细、深刻,因此这种二元对立的模式也开始转变为多元共赢的模式。无论是国家、市场还是社会,在资源配置上都有着各自的优越性和弊端,需要将这三者的力量组合起来,为它们力量的成长与发挥提供合适的土壤、恰当的温度,只有这样才能将这三者进行有效的嫁接。

第三条道路理论就是摒弃了传统左派对国家过度干预的依赖以及新右派对市场力量的过分褒奖,采取了结构多元主义的方法来提供新的设计方案。与传统左派相比,第三条道路强调的并不是只有市场才对暴露在它面前的人们产生不合理的和破坏性的后果,政府和国家也同样如此。同时像市场一样,它也能引发积极的反应。① 第三条道路尤其重视市场的力量,强调市场在利用信息与知识上具有优越性;但是它所产出的众多社会问题,如不平等问题、环境保护问题、社会排斥问题都是市场本身难以解决的,需要国家与社会共同行动来弥补市场的缺陷。在第三条道路中,自二战以来一直受到忽视的社会力量开始复活,它将在治理过程中扮演重要的角色,尤其是在公共产品和公共服务的提供中,社会有着优越于市场和国家之处,那就是更能接近普通公众。

在国家、市场和社会力量协调发展、共同作用的情形下,第三条道路认为还必须对国家进行重构,因为当前自由民主制度所遇到的危机并不是因为它遭遇到满怀敌意的竞争对手的威胁,而是因为它没有与之匹敌的敌人。因此要想重新寻求政治合法化的方法是将民主制度进行民主化。具体而言,国家要向上和向下进行

---

① 安东尼·吉登斯:《第三条道路及其批评》,北京:中共中央党校出版社,2002,第58页。

双向的民主化,防止全球化的冲击挫败国家本身。与此同时,国家应当扩展公共领域的作用,这意味着国家要进行迈向更大的透明度和开放性的宪法改革,并建立防治腐败的新措施。① 因为在全球化的背景之下,政府相对于公民并没有处于信息占有上的优先性,它们同处于一体化的信息环境之中。此外,政府要想获得合法性,就必须提高公共管理的效率与效益,摒弃官僚制度,从工商管理的实践中吸取经验教训,因为,"缺乏市场机制的约束,国家机构变得非常懒惰,它们提供的服务也十分低劣"②。

二、第三条道路理论对合作政府的治理结构提供方法启迪

第三条道路相对于新自由主义而言,更强调国家在公共领域的作用,因此政府,尤其是中央政府成为合作政府治理结构的中心与重心。布莱尔政府的确首先从加强中央政府在解决各种社会问题的过程中设置社会排斥小组,从而拉开了合作政府建立的序幕。此后,为了进一步强化核心执行部门的能力,他几乎将首相办公室变成一个独立的部门,抛开传统文官,重视外聘参谋人员。同时,他还专门设置了绩效评估小组,加强中央政府的政策制定能力。在经过将近四年的机构调整,首相办公室和内阁办公室联合起来,中央政府对政策的控制大大增强。此外,作为另一个核心执行部门的财政部也积极利用财政手段,主要是通过公共服务协议、全面开支评论等方法来支持国家在公共服务领域中优先发展的对象,

---

① 安东尼·吉登斯:《第三条道路:社会民主主义的复兴》,北京:北京大学出版社,2000,第77页。
② 安东尼·吉登斯:《第三条道路:社会民主主义的复兴》,北京:北京大学出版社,2000,第79页。

第二章 第三条道路与合作政府

从而保证国家在公共服务提供中不至于迷失方向。作为处于当前科学技术日新月异的时代,合作政府还充分利用现代电子信息科技成果,建立电子政府来提升政府运行的效率,增强其公共服务的提供能力,并最大可能地减少成本。

在强化中央政府能力的同时,第三条道路提出要将国家权力向上和向下移动,推动民主制度的进一步发展。因此,合作政府必须通过分权来实现民主制度的民主化。合作政府的向下分权分两个层级来完成。第一,合作政府在区域层级进行分权。保守党执政期间,他们反对任何形式的权力下放,尤其是对于苏格兰、威尔士和北爱尔兰。但是在全球化的今天,新工党支持通过"社会联邦主义"的方式来重构英国区域治理结构。因此北爱尔兰议会、苏格兰议会以及威尔士国民公会分别于1998年和1999年成立,现代英国出现了区域层级的政府。尽管在英格兰地区(伦敦地区除外)的区域政府最后没有能够建立起来,但是在英格兰的其他八个地区都分别建立了区域政府办公室、区域发展处和区域议事厅,它们在地区事务的决策中拥有相对的自主权。第二,合作政府的分权体现在地方政府层级。在保守党执政期间,尤其是撒切尔政府时期,中央加强了对地方的财政控制,地方政府在与中央进行博弈的过程中权力受到很大的削弱。在布莱尔上台后,他放松了对地方的控制,并采取了"赢得的自治"①原则,适当地给予地方自主权。在2004年以后,由于布莱尔政府在英格兰地区建立区域政

---

① 所谓"赢得的自治"指的是在布莱尔执政期间,如果哪个地方政府能够在最佳价值、地方政府灯塔计划以及其他一些地方公共服务模式中能够更为有效、更能体现中央对公共服务的要求,哪个地方政府在财政支出以及地方事务上就具有更多的自主性,具体分析参见后文。

府目标上的失败,他进一步加大对地方政府的放权,并且重点强调社区在公共服务提供中的作用。

最后,在合作政府治理过程中,一个非常重要的词汇是"伙伴关系",事实上它是第三条道路强调政府、市场与社会三者合作理念在合作政府中的体现,在此尤其要强调的是社会一极在公共治理中的作用。因为从二战后到保守党执政前,国家在公共治理中地位的重要性不言而喻;而保守党强调市场在公共服务提供中的效率;而到新工党执政后,他们试图恢复社会在公共服务中提供的作用,这集中体现在对地方公共产品和公共服务的提供上。中央政府提供资金重点培育志愿者与社区组织的发展,重建邻里关系。志愿者与社区组织在地方公共事务和公共服务中发挥着重要的作用,它们在信息咨询、公共决策和政策执行等各个环节都有不错的表现。当然"伙伴关系"不仅仅只是体现在社会组织的复兴上,还体现在公共决策过程中,无论是在中央还是地方,它们都强调决策不仅仅是一个部门实行关门主义独自作出决策,而是吸纳政府内部不同层级以及同一层级不同部门的成员,吸纳私营组织成员以及社会志愿与社区组织成员进行协商,通过这种战略伙伴关系的构建,能够在互信、合作与协商的基础上共同治理国家。

三、第三条道路理论对合作政府的政策主张提供理论依据

第三条道路理论在经济领域里被指责是毫无建树,并没有形成自己独立的经济理论。尽管如此,我们依然可以看到第三条道路在经济领域中对市场的借重,重视市场作用的发挥,因此,它继续沿用了保守党政府的私有化和市场化的理念。布莱尔政府灵活运用民间资金,积极整合社会资本,还让民营企业部分参与公共事业。1998年1月6日,英国政府提出私人公司出资并接管在"教

第二章 第三条道路与合作政府

育行动试验区"计划中失败的学校,从而为国家教育体制的部分私有化铺平了道路。① 在进行私有化的同时,布莱尔政府也秉承了保守党政府的货币主义政策,破天荒地宣布英格兰银行可以自行调整利率。此外,为了鼓励中小企业的发展,布莱尔政府还对资本收益和中小型信息技术企业实行减免税收的优惠政策。不过第三条道路是介于新自由主义和凯恩斯主义之间,因此布莱尔政府在重视市场的同时,依然成立了一些独立机构来强化对市场的监管。首先它成立了金融管理局,这是一个将银行、证券、保险等金融机构的监督权集于一身的部门。不仅如此,它还被授权查处洗钱和幕后交易以及审查公司内部股票交易。其次布莱尔政府改组了竞争委员会,专门负责审查企业间的合并与收购,以此来促进市场的公平竞争。在吸取梅杰政府对待"疯牛病"问题的教训之后,布莱尔政府还加强了对食品方面的风险管理,设立了独立的食品标准局。食品标准局严格审查牛肉的流通渠道,要求能够追查到每一块牛肉的具体源头。

第三条道路的福利政策可以说是独具特色,它提出由投资政策取代福利政策,改变原来的"从摇篮到坟墓"的福利,实现"从福利到工作"的转变,因为在布莱尔看来,过去的福利政策鼓励受益者的依赖性,降低了他们的自尊感,同时剥夺了他们的机会和责任。英国有5800万人口,其中有100万成年人从未工作过。② 为了鼓励人们,尤其是年轻人就业而不是等待福利,布莱尔政府推出

---

① 高英彤:《帝国夕阳——日渐衰微的不列颠》,长春:吉林人民出版社,1998,第129—130页。
② 王振华等:《重塑英国——布莱尔主义与"第三条道路"》,北京:中国社会科学出版社,2000,第100页。

了"青年新政"。新政规定,凡是年龄在18—24岁,领取失业金长达6个月者,必须参加政府给他们提供的培训机会或者工作岗位,否则将会削减给他们的补助,直到最后认为是自动失去享受失业福利资格。与此同时,对于接受这些失业人员就业的雇主,政府不仅给予他们一定的工资补贴,还给他们提供培训费用。此外布莱尔政府还推行工作税额抵免和国家最低工资标准政策。工作税额抵免的内容就是为低收入家庭和有孩子的家庭提供退税扶持,其中包括儿童退税和工作退税两种方案。通过这两个政策对低收入者提供税收减免或补贴,确保他们的就业收入水平,提高他们工作的积极性。

  作为第三条道路中社会投资型福利和推动知识经济的一个重要部分是发展教育,因此布莱尔政府将教育作为政府工作的重要任务之一,通过"引导英国教育体制的改良运动,使综合教育体系现代化,实现所有人接受高水准教育的目标"[①]。首先,布莱尔政府推行"教育行动实验区"计划,通过鼓励私营企业和学校、家长以及地方教育机构联合办学,旨在帮助那些教学质量低劣的地区提高教育水平。每个行动区设置一个协调会负责进行管理,协调会由家长、商家、社区、学校和地方教育当局共同组成,通过建立伙伴关系来对教育行动试验区进行管理。其次,扩大特种学校的规模。特种学校除提供完整的全国课程之外,还侧重技术、科学、现代外语、运动以及艺术的教学。最后,重视对教学质量的管理,并将管理的触角伸到学前教育和课外教育。如从1998年9月起,政府将为英格兰和威尔士的所有4岁儿童提供免费幼儿教育。与此

---

① 托尼·布莱尔:《新英国:我对一个年轻国家的展望》,北京:世界知识出版社,1998,第199—189页。

同时，还专门拨款建立学习支持中心，帮助在家学习有困难的学生完成学习任务。

小　　结

　　冷战的结束给西方世界带来了短暂的欣喜，西方学者宣称这将是"历史的终结"。但是欣喜之后，他们发现自身也面临着重重困难，被新自由主义奉为圭臬的市场经济不仅不能解决传统福利国家和凯恩斯主义所带来的问题，而且被指它应为经济全球化所带来的众多问题负责。沉寂多年的西方左派在新自由主义逐渐被清算的背景之下重装上阵，凭借着第三条道路理论卷土重来。高举第三条道路大旗的布莱尔正是在此背景之下开始了他为期十年的改革历程。布莱尔政府改革的核心词汇是建立合作政府，它既不同于传统官僚体系过于依赖国家公权力，也不同于新公共管理运动对市场化和管理主义的极力推崇，而是在这两者折中的基础上加入社会的力量来提供公共产品和服务，试图探索出在公共领域里的第三条道路。

第三章 英国合作政府的渊源:理论、政治与历史维度之考察

布莱尔推行的合作政府就是要打破官僚体系中按照功能进行组织建构的原则,试图以任务为中心进行组织重构。同时合作政府也不同于新公共管理运动中主要通过引入市场化和管理主义的方式革新公共管理的范式,而是在此基础上,积极引入社会力量,构建国家、市场和社会的三角力量平衡模式来提供公共产品和服务。因此,合作政府虽然是以第三条道路作为其改革的主要理论背景,它同时也吸取了其他一些理论成分。而且,合作政府在英国历史上也不是第一次出现,二战以来英国政府改革中多次出现过合作政府的一些因素,对此进行分析有助于我们了解布莱尔所推行的政府改革。

第一节 英国合作政府的理论渊源

基于第三条道路理论,布莱尔提出建立合作政府。但是,合作政府的理念不仅仅只是来源于第三条道路理论,它事实上也受到当时国际其他理论的影响,我们可以在合作政府中看到公民社会理论、治理理论、组织间网络理论以及任务型组织理论的一些

痕迹。

一、公民社会理论

公民社会理论在20世纪80年代成为西方学术研究的一个热门话题,它占据了绝大多数西方思想家的文本文献,并且,"公民社会思想在任何关于民主化的讨论中都处于中心地位,因为它提出了社会力量在限定、控制国家权力并使之合法化方面所发挥的作用这一主要的问题"①。主张社会独立于国家而存在的思想在西方有着悠久的历史,其传统可以上溯到古希腊罗马时期,不过公民社会概念及其理论的形成并流行则是17至19世纪。那个时期正是资本主义开始发展的时期,新兴的资产阶级为了摆脱重商主义和封建专制主义的双重压迫而期待社会和个人的解放,获得社会的独立与个人的权利与自由。

那什么是公民社会?戈登·怀特指出,"当代使用这个术语的大多数人所公认的公民社会的主要思想是:它是国家和家庭之间的一个中介性的社团领域,这一领域由同国家相分离的组织所占据,这些组织在同国家的关系上享有自主权并由社会成员自愿结合而形成以保护或增进他们的利益或价值"②。公民社会作为一个中介性的社团领域,它与国家究竟是一种什么关系呢?洛克认为,国家是起源于社会,不过自从国家产生之后,国家就成为有政府的公民社会。无论是政府还是公民社会都要遵守宪法,这是

---

① 戈登·怀特:《公民社会、民主化和发展:廓清分析的范围》,《马克思主义与现实》,2000(1):第34页。
② 戈登·怀特:《公民社会、民主化和发展:廓清分析的范围》,《马克思主义与现实》,2000(1):第33—34页。

自由民主的基础。如果政府违反宪法侵害公民权利,则社会可以解散政府,因此洛克的观点可以称为社会自由观。和洛克相比,托马斯·潘恩所论述的公民社会具有很强的反国家主义的色彩。在他看来,当国家扩张到发布命令来减少冲突时,他就有可能对促进公民社会繁荣的自由造成威胁。为公民社会的形成提供机会的是市场而不是国家,因为个人满足自然欲望的能力受到限制时只能通过商品交换来超越。①

到19世纪,源于英语世界的公民社会概念经过弗格森的介绍传到了德国,公民社会被黑格尔和马克思赋予了新的内涵。第一个真正将市民社会作为政治社会相对概念进而与国家做出学理区分的是黑格尔。② 在黑格尔看来,市民社会是人们追求个人私欲、凭借契约性规则进行活动的私域,人们的身份是市民;而国家关注的是公共普遍利益,是通过法律和政策进行活动的公域,人们的身份是公民,而前者是低级的形式,后者是高级的形式。而马克思吸取了黑格尔关于市民社会在经济领域的内涵,将其界定为物质生活关系的总和,并将市民社会等同于资产阶级。

对当代公民社会理论最具影响力的应属法国思想家托克维尔。托克维尔在考察美国的民主以及对法国大革命进行反思的基础上对强大的国家以及多数人的暴政始终保持着警惕。为了阻止多数人非理性的公意所带来的专政,必须建立一种由自我管理的社团组成的活跃的公民社会。这种公民社会不仅有利于权力分

---

① 戈兰·海登:《公民社会、社会资本和发展》,《马克思主义与现实》,2000(1):第40页。

② J.C.亚历山大:《国家与市民社会———一种社会理论的研究路径》,邓正来译,北京:中央编译局,1999,第87页。

配，并且能为公民直接参与公共事务管理提供机会，更为重要的是这种强有力的、活跃的公民社会能够监督国家，防止暴政。

不过托克维尔的思想在当时并没有引起人们的注意。公民社会理论沉寂百年之后，在 20 世纪 70 年代开始逐步成为政治话语中的重要内容。公民社会理论的复兴首先是东欧各国对斯大林国家万能主义进行斗争和反思的结果。20 世纪 70 年代，东欧国家出现了一些政治反对派组织，他们发起了声势浩大的争取民主的斗争运动。其中，波兰团结工会以"公民社会"作为斗争的口号和纲领，直接反抗国家集权体制。人们在分析这段时期的斗争运动时称其为公民社会对抗国家的兴起，或者说是公民社会的再生。其次，公民社会在西方的兴起还在于这一时期西方国家正经历一场前所未有的治理危机。在 20 世纪 70 年代，西方国家经历了经济发展的滞胀状态，国家对此束手无策。随后兴起的新自由主义在经济领域虽有建树，但是国家在治理新的问题，如生态问题、妇女问题和种族问题上效果甚微。人们对国家产生怀疑、失望甚至不满，因此将目光转向公民社会。他们认为，这些自治的、扎根于共同体的组织比臃肿、官僚化的国家组织更为灵活和有效，因为独立于国家的志愿性团体孕育了大量的社会资本，它们不仅对于政治的自由民主具有重要意义，而且为国家治理另辟蹊径。

为什么他们对公民社会如此寄予厚望呢？公民社会究竟具有哪些功能？首先，公民社会为公民提供了一个免于受到公权力侵害的庇护所。结社自由是公民社会的基础，公民社会通过公民自愿参与各种社团组织，形成自治领域，为公民划定了一个自律而非官方的自由空间；个人也不必以个体的身份直接暴露于国家暴力面前，从而避免了公共权力的非法干预。其次，公民社会是制约公权力的重要力量。现代自由主义认为，国家是一种必要的"恶"，如果没有外力的制止,国家权力将会无限制地扩张下去,因此必须以公民社会来制衡国家。单个分散的公民经由各种社团、组织凝聚整合成为强大的力量,对公权力形成压力,他们将单个的观点、要求转化成团体的诉求,这样就能有效地防止国家滥用权力,并能够对公民需求作出积极回应。最后,公民社会也是国家治理的重要力量。公民社会参与国家治理有两种模式,一种是美国的多元主义,各种社团组织享有平等的权利参与国家公共事务;一种是以瑞典为代表的社团主义模式,国家认可某些大的社团组织,并为它们提供制度化的参与渠道。由于国家、市场和社会都有可能在公共治理中失灵,因此必须要互相补充,建立合作关系。

英国的合作政府就是要在公共管理的过程中引入公民社会的力量,尤其是在基层公共服务的提供中,将社区力量和志愿者部门作为一个重要的提供部门,真正将政府、市场和社会的力量协调起来,最终提升公共产品和服务的质量和效率。

二、治理理论

20世纪八九十年代以来,一种新的理论和实践逐步成为公共管理领域的焦点,这就是治理。治理很快成为一种强势话语,并对政治知识学中传统统治话语的霸权地位构成威胁,甚至有学者认为,"从统治政治到治理政治,是民主知识再生产中的哥白尼式转向"①。治理正对传统政治进行解构,实现政治的话语转向。

治理何以会成为政治学、经济学以及其他学科的流行话语?这首先是对当下政治现实反思的产物。在国家权力谱系中,一端是无政府主义,另一端是"利维坦"式的全能主义政府。现代政治

---

① 张凤阳等:《政治哲学关键词》,南京:江苏人民出版社,2006,第312页。

制度设计成功避开了无政府主义的泥沼,但是却滑向了极权主义的制度陷阱。因此,在两极格局消解,没有了敌人(吉登斯语)的情形之下,我们要向国家"开火",重构政治生活。当然,治理的兴起也与官僚制的危机紧密相连。作为与理性主义相匹配的组织形态官僚制曾风光一时,它是效率的代名词,在极权主义政治和福利国家的增长过程中扮演着举足轻重的角色。但是当理性精神化约成为非人格的制度时,它成为公共责任的背叛者。这不仅给它自己带来信任危机,也陷国家于批判的旋涡之中。要想给国家解套,只有借重治理的知识体系完成。

那么什么是治理?作为该领域的开山之作,《没有政府的治理》一书中是这样界定的:"治理是由共同的目标所支持的,这个目标未必出自合法的一级正式的职责,而且它也不一定需要依靠强制力量克服挑战而使别人服从。"[①]罗西瑙的这种界定是想将治理与统治区分开来,表明治理并不一定需要强力,也不一定需要政府,这种非正式的、非政府的机制也能够完成不同人、不同组织的需求和愿望,当然,对政府机制也不排斥。另一位学者从一个更为广泛的角度对治理进行了说明,罗茨认为治理应该包含六种不同的定义[②]:第一,作为最小国家的管理活动的治理,它指的是国家削减公共开支,以最小的成本取得最大的效益;第二,作为公司管理的治理,它指的是指导、控制和监督企业运行的组织体制;第三,作为新公共管理的治理,它指的是将市场的激励机制和私人部门

[①] 詹姆斯·罗西瑙:《没有政府的治理》,南昌:江西人民出版社,2001,第5页。

[②] 转引自俞可平:《治理与善治》,北京:社会科学文献出版社,2000,第86—90页。

的管理手段列入政府的公共服务;第四,作为善治的治理,它指的是强调效率、法治、责任的公共服务体系;第五,作为社会—控制体系的治理,它指的是政府与民间、公共部门与私人部门之间的合作互动;第六,作为自组织网络的治理,它指的是建立在信任与互利基础上的社会协调网络。不过对治理进行最富有权威的知识边界的勘定当属于全球治理委员会研究报告《我们的全球伙伴关系》,它认为,治理是各种公共的或私人的机构管理其公共事务的诸多方式的总和。它是使相互冲突的或不同的利益得以调和并且采取联合行动的持续过程。这既包括有权迫使人们服从的正式制度和规则,也包括各种人们同意或以为符合其利益的非正式的制度安排。[①] 尽管人们对治理的理解不一而足,但是达成共识的是将治理理解成为私人和公共组织、志愿者团体等各个部门以及个人管理事务的各种方式的总和。

综观上述诸种治理定义,可以发现,治理的内涵至少包括如下几个方面:

(1)在治理的主体上,治理超越国家权力中心说,政府不再是唯一合法的对公共事务进行治理的机构,各种公共和私人的组织只要获得公众的认可都可以在不同层次上成为治理的中心组织。国家需要将自己嵌入到治理网络之中。在治理的网络体系中,政府与各种部门既彼此独立,同时也互相依存,形成伙伴关系共同治理社会。

(2)在治理的方式上,治理排斥了传统过于依赖政府强制力的方式,而是采取既实行正式的强制管理,又有行为体之间的民主

---

① 转引自俞可平:《治理与善治》,北京:社会科学文献出版社,2000,第3页。

协商、谈判妥协;既采取正式的法规制度,也采取各方都自愿接受并享有共同利益的非正式的措施、约束。权力的流动既可以是自上而下,但更可自下而上地互动与沟通。

(3)在治理的思维上,治理更强调合作共赢,而不是你死我活的零和博弈,各行为主体在互信、互利、相互依存的基础上进行持续不断的协调谈判,参与合作,求同存异,化解冲突与矛盾,在满足各行动主体利益的同时,最终实现社会发展和公共利益的最大化。

三、网络组织理论

科斯在《企业的性质》中指出,企业的产生是因为企业运行所导致的组织成本低于市场的交易成本,因此,企业是对价格机制的一种替代,企业和市场是"两种可以成为相互替代的协调生产的手段"①。企业是运用科层制的方式通过企业内部的强制调节对生产进行管理,被小艾尔弗雷德·钱德勒称之为"看得见的手",而市场则是一只"看不见的手"(亚当·斯密语)。不过在企业与市场之间还存在着广阔的中间地带,那就是企业的合作。随着20世纪70年代日本企业间的向下承包制和美国企业跨边界合作的广泛流行,一种不同于企业与市场的生产组织方式开始引起学者们的广泛关注,这就是被称之为"握手"(理查德·拉尔森语)的网络组织。

那么什么是网络组织?对于这个问题,学者们给出了不同的答案。Miles 和 Snow 将网络组织定义为:在价值链的各个点上作出贡献的若干企业集体资源的结合。Thorelli 认为,网络组织既含

---

① 科斯:《企业、市场与法律》,上海:上海三联书店,1990,第5—6页。

有企业的协调因素也含有市场的交易因素,但它既不是企业也不是市场,而是介于市场与层级制企业之间的一种组织形式。Johanson 和 Mattson 则认为,网络组织是企业之间相互作用关系的复杂组合,是长期的、有目的的组织安排,它使企业获得长期的竞争优势。Baker 认为,网络组织是一个社会网络,它渗透了正式组织的边界,消除了正式群体和部门的限制因素,形成了不同类型的人际关系。Podolny 和 Pag 从跨组织的角度来界定网络组织,他们认为网络组织是组织之间以"互相依赖"为纽带紧密联结在一起,以提高组织的可依赖程度和满足大规模的生产需要(当组织基础相对较小的时候)。Dennis 和 Maillat 从四个维度对网络组织的概念进行了分析,即经济维度、历史维度、认知维度和规范维度。[①]这些学者从经济学、组织学和社会学的角度对网络组织进行了界定,我们从这些定义中可以看出网络组织具备以下一些特点:第一,是两个或者多个组织为了共同的目的而进行活动;第二,这些组织能够共享合作所带来的效益;第三,它们之间是一种持续的合作。综上所述,我们认为网络组织是两个或者多个组织通过各种方式进行资源交流、资源流动和资源联结,从而能够适应日益不确定性的环境。

  市场主要根据价格机制来调节生产,科层组织是根据行政命令来完成组织任务,而网络组织既不是根据价格机制,也不是按照行政命令来进行协调,而是运用契约、价格机制,并且在解决争端的过程中更多地依赖惯例、习俗和信任机制(三者之间协调方式的比较具体见表 3.1)。由于契约具有不完全性的特征,因此,对

[①] 沈运红、王恒山:《国内外网络组织研究及其新进展》,《科技进步与对策》,2007(3):第 198 页。

于网络组织而言,惯例、习俗和信任在网络组织中具有非常重要的作用,网络中信任机制是建立在组织间的人际关系基础上。由于网络组织成员长期持续的交易关系,它们通过人际关系的强纽带形成共同的价值观和责任观,以及关系互动中所塑造的集体身份的认同,促使各成员去履诺,减少机会主义行为,树立在网络的良好信誉,最终保证网络组织的有效协调和相互稳定。① 可以说,网络组织是一种建立以制度信任为基础的基于知识的信任,尤其是基于认同的信任,并体现在网络组织成员间的协议中,从而保证网络组织运行目标的实现。

表 3.1:生产活动协调方式的比较②

特征	科层组织	网络组织	市场
企业边界	企业内部	企业之间	企业之间
调节机制	行政协调	契约协调与价格机制	价格机制
协调成本	组织成本	组织成本与交易成本	交易成本
稳定性	稳定	相对稳定	不稳定
合作成本	合作	合作与竞争	激烈竞争

这种既不同于市场交易,又打破了组织间壁垒的网络组织究竟能够发挥哪些作用?对于组织内部而言,网络组织能够发挥下面一些重要作用。首先,它能够促进知识传播与共享。知识的使

---

① 叶祥松、喻卫斌:《网络组织研究的新进展》,《经济学动态》,2006(6):第86页。
② Richard Larrson,*International Studies of Management and Organization*,转引自闫二旺:《网络组织的机制、演化与形态研究》,《管理工程学报》,2006(4):第121页。

用不具有排他性,但是不同的组织却阻断了知识的传播和共享,而网络组织在基于共赢的基础之上打破了组织间的区隔,能有效提高知识与信息传递的效率。其次,网络组织能够优化权力结构,提升组织对不确定环境的适应性。在当前日益多变复杂的环境面前,科层组织由于单一的权力链接致使知识的传递较慢,而网络组织强化横向联系与协作,能够更有效地适应当前的环境。相对于不同的组织而言,网络组织更能体现其优势。第一,网络组织能够扩大信息来源。在知识经济时代,信息就是经济。网络组织打破了传统单个组织的封闭边界,建立起组织间的信息传递渠道,因此也就拓展了信息的来源。第二,网络组织有利于实现不同组织间能力的互补。任何一个组织不可能长期保持其竞争优势地位,也不可能在所有的领域都保持这种优势,而网络组织则能够有效地利用各自的优势实现互补,从而适应各种环境,解决面临的复杂问题。第三,网络组织能够降低成本。正是因为科层组织实现了交易成本的内部化,所以企业能够取代市场,但是它也存在着组织成本。而建立在信任基础上的网络组织更多依赖的是社会资本,这有利于降低生产组织的成本。

正是由于网络组织具有以上优势,它逐渐在公共管理领域中受到重视。随着人们对新公共管理运动反思的不断推进,如何解决日益复杂的社会问题成为公共管理者们不得不面临的难题。对此有学者认为关键不是要对组织章程进行重新设计,而是要熔化组织间僵化的界限。当前公共部门、私营部门以及非政府组织在很多问题上开始合作,网络组织在公共管理领域的重要性日益呈现出来。对此,奥图勒将其归结为:(1)公共行政中许多问题不能完全分割成小块分别交给不同的部门去处理,必须涉及跨机构之间的协作;(2)处理复杂事务的政策可能必须网络化的结构才能

第三章 英国合作政府的渊源:理论、政治与历史维度之考察

执行;(3)政治性压力使得网络可能是实现政策目标所必需的;(4)必须努力使各种联系制度化;(5)跨部门和不同层次管理的需要,如交通管理者面临着残疾人权利保护、濒危物种保护和能源保护问题,而不仅仅是交通效率、有效性和土地使用问题。①

网络组织对于英国合作政府而言有着不同寻常的意义。网络组织为布莱尔政府的组织变革带来了新的活力,提出了既不同于科层官僚制也不同于市场的新的组织方式。传统福利国家对于科层组织的依赖和新公共管理运动对市场的倚重事实上都面临着困境,网络组织提供了新的出路。

第二节 英国合作政府的政治渊源

合作政府的推行既包含有福利国家运行中对中央政府的依赖,也包含有运用市场手段,这是新工党面临新自由主义思潮所采取的应对措施。为什么布莱尔能够在上台后立即推行合作政府?它为什么会被称为带有浓厚的撒切尔主义色彩?这些都与英国的政治结构和政治发展传统有着密切的联系。

一、共识政治

第二次世界大战后,英国政治一个重要的特点是,从艾德礼政府到20世纪70年代中期的30多年里,英国无论是保守党还是工党上台执政,都执行大体一致的内外政策,在一系列重大国内外政

---

① 张紧跟:《组织间网络理论:公共行政学的新视野》,《武汉大学学报》,2003(7):第482页。

策上都达成一致,这种现象被人称为"共识政治"①。

其实共识政治在英国不仅仅只是二战后才出现,英国两大党因共识而采取重大的政治行动可以追溯到 1688 年的"光荣革命"。现代英国史研究所的创始人之一安东尼·塞尔登认为:"在某种意义上,17 世纪 80 年代以来的政治一直被共识政治所支配,两个主要的政党,不论是 18、19 世纪的辉格党与托利党,还是随后的自由党和保守党,以及后来的工党和保守党,在许多问题上,大致是意见一致的,尤其是接受了议会民主和立宪政体。"②因为以保守主义著称的英国,国内政治的发展更多具有渐进性的特点。

战后英国共识政治的形成在很大程度上得益于第二次世界大战给英国带来的影响。首先,在第二次世界大战期间,英国为了解决国内失业、经济发展危机和取得反法西斯战争的胜利,组建了由各个党派组成的联合政府,联合政府吸收了各个党派的政策主张。其次,第二次世界大战不仅让政府的规模扩大,对社会经济的干预加强,而且改变了人们的观念。人们看到一个庞大的政府不仅是可能的,而且是必需的,自由放任主义无法建立一个公正的社会,而政府是以一种集体负责的精神革新社会。再次,人们对于未来

---

① 英国学术界对于是否存在着共识政治分为两派。以工党历史学家本·平洛特为代表的一派,对共识政治持完全否定的态度。英国资深政治评论家彼得·詹金斯也认为,战后从来就没有很多共识,它变成一个 70 年代经济失败后社会失调的替罪羊。英国首相希斯也认为从来不存在共识,两党从未在他们的政策上走到一起。尽管如此,大多数人对共识政治还是持赞成态度,他们认为这一时期两大政党在基本问题上达成广泛的一致意见。此外,在共识政治的时限问题上也存在着争议:第一种认为共识政治产生于第一次世界大战期间;第二种认为产生于两次世界大战之间;第三种认为共识政治起源于 1940 年至 1945 年战时联合政府时期;第四种观点认为共识政治缘起于 1951 年丘吉尔政府的早期阶段。

② 里德利·拉什:《1945 年以来的英国政府与政治》,转引自刘杰:《战后英国共识政治研究综述》,《世界历史》,2000(1):第 98 页。

的期待也发生了改变。1942年底由无党派人士贝弗里奇制定的关于社会保险和相关公共事业即战后福利国家蓝图的《贝弗里奇报告》发表,该报告建议将福利制度发展成为全民计划,由国家对就业、福利、保障负责。该报告发表后立即在社会上引起强烈的反响,得到社会各界的积极回应。无论是工党还是保守党都不得不接受它作为战后建设的政策基石。但是作为主要执政党的保守党认为当务之急是取得战争的胜利,因此对贝弗里奇报告缺乏足够的热情和自信,结果英国公民最后以选票抛弃了带领他们取得反法西斯战争的保守党。

出任首相的艾德礼将凯恩斯主义的经济理论付诸实践,实施工党的所谓社会主义政策。他主要是加强国家干预,实施需求管理政策,接管英格兰银行,将矿山、铁路、民航、通信、电力、钢铁等行业实行国有化,并建立以医疗、失业救济和养老为核心的社会保障制度,将英国建成了一个从摇篮到坟墓的福利国家。艾德礼的这些措施基本奠定了战后英国内政外交的局面,为共识政治的形成奠定了基础。

1945年的大选失败促使保守党开始反思自己的政策主张,伴随着艾德礼政府政策的推进,临危受命的巴特勒组织了工业政策委员会,调整保守党政策。1947年工业委员会制定了《工业宪章》,在该文件中,保守党表示要把中央指导的必要性和私人企业的鼓励协调起来,这是保守党第一次承认政府干预和市场机制并存的原则,并且表达了维持充分就业、促进福利事业的决心;同时在该文件中还承认国有化是一个不可逆转的潮流。因此,《工业宪章》实际上宣布保守党接受了工党提出的国家干预经济、福利国家和充分就业的原则,标志着它明显地偏离了传统的保守主义立场,保守党开始向左转。此后,保守党又就农业、帝国政策、妇女和民族问题出台了一系列文件,逐步缩小与工党的差距,改变保守党在选民中的形象,最后在1951年的大选中获得胜利。

获胜之后,巴特勒取代工党的盖茨克尔成为英国财政大臣,他将艾德礼的改革政策和盘继承,将《工业宪章》中的主张付诸实践。艾德礼在失败后表示,"保守党不得不接受我们所做的一切——在20、30、40年前被他们看作是愚蠢和异端邪说的社会主义"①。在回忆录中,巴特勒也承认他与盖茨克尔都说的是凯恩斯的语言,"只不过我们是以不同的方式和语调说到"。② 1954年2月13日,《经济学家》杂志上出现了一个神秘的人物即巴茨克尔先生,他是保守党财政大臣巴特勒和他的工党前任盖茨克尔两个名字的结合。从此"巴茨克尔主义"这个概念就成为共识政治的代名词。此后,英国两党的政策,尤其是经济政策具有极强的相似性和延续性。

作为传统左右翼两大党的工党和保守党,无论是价值取向、意识形态还是政策偏好都存在着较大的差异,尤其是在所有制这一有关左右翼政治立场的重大问题,两党的观点更是截然对立。但是两党在战后最后能够达成共识无论是否是二者的初衷,还是因为面临选举的压力,两者并没有绝对不可跨越的分界线。为了获取选举的胜利,政党必须根据选民的偏好来调整政策,否则将必然遭到抛弃,无论你是否取得过辉煌的成就。可以说共识政治不仅仅只是在英国,在西方国家中这种现象比较普遍,只是在英国得到

---

① K. Harris,*Attlee*,转引自王皖强:《论战后英国的共识政治》,《学海》,2006(2):第58页。

② 刘杰:《保守党"左转"和战后英国"共识政治"的形成》,《北京化工大学学报》,2000(1):第26页。

了更为细致、具体的体现。自英国资产阶级革命以来形成的共识政治的传统对此后工党的"右转"埋下了伏笔。

战后共识政治所提倡的需求管理、混合经济和福利国家的政策主张在20世纪70年代遭遇到前所未有的危机,以撒切尔夫人为代表的保守党率先实现了政策的"右转",并一举获得选举的胜利。而工党则仍然不愿放弃"巴茨克尔主义"。在1983年的大选之中,工党领袖富特在竞选宣言中提出增加公共开支、重新实行国有化、给工会更大的权力等与撒切尔夫人针锋相对的纲领,这个纲领显然无法满足选民的期待,工党在大选中失败。金诺克接替富特,对工党的选举纲领进行变革,以反映民众的意愿。不过,由于党内认识不统一,改革步伐太慢,工党接连在此后的两次大选中落败。

被寄予厚望的史密斯突然去世将托尼·布莱尔——被认为工党内最具有现代意识的——推向前台。他认为,社会已经发生变化,但是工党显然没有跟上这个变化,因此他提出"新工党、新英国"的口号,对工党进行"现代化"。对工党现代化的关键一役是修改党章,删除被视为工党灵魂与象征的主张公有制的党章第四条。第四条规定,在生产资料、分配和交换公有制以及对每一工业或服务行业所能做到的最完善的群众管理和控制的基础上,确保从事体力劳动或脑力劳动的生产者获得其辛勤劳动的全部果实和尽可能做到的公平分配。虽然在工党历史上曾多次要求对这一条进行修改,但是由于工党左派的坚决抵制而没有成功。当工党在多次选举中失利以后,布莱尔痛下决心,改革第四条。虽然改革后的第四条仍然承认公有制,但也强调私有经济、市场化的重要作用,工党不在国有化、公有制上一意孤行。此后在1997年的选举中,工党在汲取保守党关于经济问题的基本政策主张的基础上,紧紧抓住英国社会两极分化严重、社会矛盾加剧的现象对保守党进行猛烈攻击，并获得了成功。布莱尔执政后，无论是在政府管理的方式还是内容上都大量采取了撒切尔政府时期的一些做法。大致可以将这些政策归纳为以下六个方面①：(1)现代政治活动的哲学背景是个人自由而不是社会正义或平等；(2)现代经济必须建立在资本主义标准、市场实践和消费选择上；(3)混合经济、私营企业是合理的；(4)重新恢复工会在 70 年代所享有的地位和权力是不合适的；(5)国家对公共福利特别是健康和教育负有责任，但是要改变福利的运作方式；(6)接受宏观经济受到欧洲一体化和全球化经济的限制。这样，在自由市场经济、工会以及福利国家等重大问题上，工党与保守党再次趋近于一致。因此，有人用工党政府首相布莱尔和保守党政府首相撒切尔两姓的部分，创造出"布莱切尔主义"，用以形容这一时期两党基本政策的趋同现象。② 可以说，英国共识政治的发展对于布莱尔推进合作政府奠定了意识形态上的基础，减少了在执行过程中的障碍。

两次共识政治的形成，事实上与英国工党与保守党的阶级性质密切相关。马克思主义认为，在现代社会，阶级是由政党来领导，而政党通常是代表一个阶级的根本利益，它会通过制定各种有效的政党纲领来号召群众获得支持，从而把整个阶级动员和组织起来，最后获得政权。此次布莱尔领导的新工党与传统工党的不同之处在于新工党的群众基础发生变化。传统工党主要是以工人为主，它与工会组织之间联系密切，因而更多代表工人阶级的利

---

① Robert Garner, Richard Kelly. *British Labor Party Today*, Manchester: Manchester University Press,1998,pp.33-34.
② 林勋健：《布莱尔与"共识政治"》，《人民日报》，1999-08-06(7)。

益。但随着英国中产阶层的壮大,新工党逐步发展成为一个包容性的政党,它吸纳了更多阶层的人员参与政党,从而成为一个大众型政党,新工党的意识形态也由左向中间靠拢,从而与保守党形成共识。共识政治的形成也与西方政党的发展不无关联。西方近代意义上的政党产生于19世纪,这些政党还处于"革命性政党"时期,即主要是推行自己的政治信仰、国家政权形式等宏观方面的政治主张,因此它们之间的差异比较明显。但随着西方国家社会政治发展逐步稳定,人们普遍接受了自由民主政治的主张,政党轮流执政已经成为现实,这些政党更多地关注如何获得选举的胜利,因此它们的政治主张大致相同,只是在具体的政策上表现出一定的差异而已。新工党三次大选的失败让布莱尔认识到,必须摒弃传统工党偏左的意识形态,只有抓住更多的中间选民才能在选举中获胜。因而,工党实际上部分接受了保守党政治主张中有益的部分。

二、内阁政治

英国的内阁最早是由中世纪后期的枢密院外交委员会演化而来。在当时,该委员会已有内阁之称,但性质是封建君主的咨询机构。1694年,威廉三世从支持他的辉格党中任命枢密院成员,组成辉格党内阁,但辉格党在议会中并不占多数。1714年,乔治一世即位,因不通英语,逐渐不出席内阁会议。1721年,下院多数党辉格党领袖、内阁首席大臣兼财政大臣 R. 沃波尔取代国王成为内阁首脑。沃波尔内阁是英国第一届正式内阁,但"内阁"一词直到1900年才见于官方正式文件,而首相直到1905年才开始接受国王的委任状。1937年的《国王大臣法》使内阁的名称和首相的职位有了成文的法律依据。

内阁在现代英国国家权力结构中究竟处于什么地位呢？詹宁斯曾说过,"内阁是英国宪法制度的核心"①；格林伍德和威尔逊在《英国行政管理》中也表示,"内阁既是中央行政机构的顶点,又是范围较大的政治系统的顶点"②,在中央行政机构范围内,它协调各个部门和委员会的工作,在政治系统内,它是政府受到许多外部压力的主要目标；英国著名宪政专家白哲特干脆认为"内阁是政府的行政机关与立法机关的融合"③。内阁在英国国家权力体系中具有如此重要的作用是与英国的政治体系以及它的功能密不可分的。

　　英国政府的产生不同于美国,它由英王任命在下院大选中获胜的多数党领袖为首相,授权其组阁；然后由首相提出内阁成员和政府成员名单,呈请英王批准。阁员的挑选受诸多因素的影响。不过,英国两党轮流执政的政党制度决定了内阁只能是多数党的一党内阁,也就是说内阁成员必须是多数党议员。同时,内阁成员大多数是首相的亲信,他们多半在选举中是首相的积极支持者。当然,根据传统和工作的需要,所有重要的部门通常都需获得在内阁的发言权。因此内阁首先是获得了议会中多数党的支持。此外,作为内阁的成员,他们大多是多数党的领袖人物,既是行政系统的领导者,同时也是议会的成员,是立法议案的倡议者,直接参与立法辩论,发表政见,并通过控制立法程序,促使政府立法提案的通过。因此,这种责任内阁制与其说是议会监督内阁,还不如说

---

① 约翰·高兰:《英国政治制度》,北京:世界知识出版社,1956,第31页。
② 约翰·格林伍德、戴维·威尔逊:《英国行政管理》,北京:商务印书馆,1991,第62页。
③ 约翰·格林伍德、戴维·威尔逊:《英国行政管理》,北京:商务印书馆,1991,第62页。

第三章 英国合作政府的渊源:理论、政治与历史维度之考察

是内阁控制议会。自19世纪末至今,内阁的权力持续增长。内阁是英国最高行政机关,由于国家活动的增多和工作复杂程度的提高,其地位不断上升,事实上其职能已不仅仅局限于行政领域,而是成为"融合"行政机关和立法机关的工具和有效地统治英国的机构。

内阁基本上有三大任务:决策,行政控制,协调和划分权限。[①]首先,内阁是中央行政系统的最高决策机关,几乎所有的重大事项都是由内阁来决定;也有一些其他的事务是必须例行公事上报到内阁。其次,内阁要对决策的执行承担责任,因此它会对某些事务尤其是比较重要的事务直接进行监督和控制。最后,内阁还具有一定的立法权。内阁的立法权主要表现为:议会通过的绝大多数议案均是由内阁起草并提出的"公议案",因此它享有立法创制权和提案权;内阁以国王在议会开幕式上开幕词的形式提出议会的立法要旨和立法计划,影响议会的立法取向;内阁决定着议会的立法会议议程和时间;内阁通过首相控制的议会党团和督导员支配议会的投票取向、立法内容。[②]

作为内阁中最为重要的成员,首相可以说是英国宪法制度核心中的核点,他或她既是政府首脑,也是议会领袖和政党的党魁。虽然在法律上规定首相只是内阁中的"第一部长",和其他的内阁成员是平等的同僚关系而不是上下级的关系,但是"他拥有大部

[①] 约翰·格林伍德、戴维·威尔逊:《英国行政管理》,北京:商务印书馆,1991,第63页。
[②] 施雪华:《当代各国政治体制——英国》,兰州:兰州大学出版社,1998,第171页。

分没有法律正式规定的巨大的职能和权力"①。首先,首相有权组建和改组内阁,任免内阁以及政府成员和其他重要的政府官员,包括司法系统、教会系统的高级领导人,如大法官、最高上诉法院法官、上议院苏格兰教会大会最高官员、英格兰大教堂的大主教等等。此外,首相还有以国王的名义册封贵族的权力。其次,领导内阁和政府的活动。首相主持内阁会议,决定内阁会议的议事日程,首相的总结发言即为内阁会议的决定。② 作为内阁的决定,无论阁员是否赞成,对外都必须保持一致,并对议会负集体责任,阁员如果不愿意放弃自己的不同意见,只能辞职。事实上很多问题都不一定通过内阁会议来解决,而是通过内阁的核心会议讨论决定。内阁核心会议是由部分内阁成员组成的,他们往往是首相的亲信,他们往往决定了内阁会议的政策选择。此外,在很多内阁委员会中也有一部分内阁骨干,这些内阁核心和内阁骨干往往被称为"厨房内阁",是"阁中之阁",通过这些成员,首相往往能够将自己的意志变成内阁的决定,最后成为国家的政策。在撒切尔夫人执政时期,她经常抛开内阁会议,而采用"阁中之阁"的方式来独掌乾坤。再次,首相作为多数党领袖,他通过多数党团控制议会来实现自己的意志。英国议员在讨论和投票的时候必须严格按照党内督导员所告知的精神执行,否则将会受到党内处分,而督导员多半是首相的骨干分子,因此议会多数党的投票往往体现了首相的意志。最后,首相可以通过宣布国家处于"紧急状态"来采取非常措施,从而使首相以及内阁获得更多的权力。

---

① 施雪华:《当代各国政治体制——英国》,兰州:兰州大学出版社,1998,第170页。
② 胡康大:《英国的政治制度》,北京:社会科学文献出版社,1993,第89—90页。

从以上的分析我们可以看出,内阁在英国的政治体系中处于核心地位,它决定着英国的内政外交政策,是英国最具有影响力的组织机构。而内阁中的首相则是这个权力组织中最为核心的掌舵者,相比较其他的内阁成员,他更能将自己的意志变成英国的政治实践。而且自二战以来,首相的权力不断拓展,到撒切尔夫人执政时期达到顶峰,因此有人认为英国正由内阁政府向首相政府转变。无论这种论点是否成立,毋庸置疑的是英国首相在控制内阁(政府)和多数党团(议会)后,其权力前所未有地膨胀起来。也正是因为内阁政治的这种特点,布莱尔在入主白厅进行组阁之后,在获得党内支持的情况下,很快就开始推行改革措施,建立合作政府。

第三节 英国合作政府的历史渊源

布莱尔建立合作政府的一个重要目的就是克服政府治理过程中的碎片化问题,它削弱了政府的治理能力,致使各种问题,尤其是社会问题日益严重。导致治理碎片化的一个重要原因是政府职能部门的条块分割。我们知道,英国20世纪政府部门的建构受到1918年霍尔丹报告的影响,该报告建议政府应该"按……任务……分工,使部门的工作面向全国。这就是通常所说的职能原则,霍尔丹论证说,这样做可以使混乱与重叠的情况减少到最低限度"[①]。虽然霍尔丹报告的主要建议都没有被采纳,但是职能原则成为后来确定部门组织结构的主要根据。这种按照职能原则设置组织结构模式在一定时间里非常有效,但是它存在的问题也是非

[①] 约翰·格林伍德、戴维·威尔逊:《英国行政管理》,北京:商务印书馆,1991,第32页。

常明显。按照职能划分的部门就像一个管道,资金沿着这个管道从政府流向公民和地方的方式被看做政府在解决问题时非常糟糕的部分原因。① 因此,自二战后的 50 年里,许多改革者都试图改变这一现状,无论是丘吉尔、威尔逊、希思还是撒切尔和梅杰都想在此问题上有所作为,这些改革的经历成为布莱尔政府建立合作政府的宝贵经验,合作政府的很多创新是直接来源于他的前辈们努力的基础之上的。

一、丘吉尔政府的"部上之部"、威尔逊与希思政府的"超级部"

1951 年领导英国取得反法西斯战争胜利的丘吉尔重新夺回首相的宝座,他开始试验实施一个"部上之部"的系统。该系统是直接根植于上议院,对不同的政府部门活动以及它们的活动范围进行协调和监督,这是丘吉尔试图重新恢复在二战期间的一种内阁结构,在首相和各种不同的部门之间设置三个协调或者监督的部长,通过多设置一个组织层级来将不同的政府部门捏合起来,从而提升政府的合力。

丘吉尔设置的"部上之部"很快遭到了来自各方面的批评,因为它与传统的威斯敏斯特模式是完全背离的。首先,传统的英国政府模式是政府各个部门在内阁的统一领导之下,内阁对下议院负责。但是现在它们必须对"部上之部"负责,而它是根植于上议院。其次,它会削弱各部门的权力,导致政府职能部门的治理能力下降。最后,在和平时期,不适宜建立这个部门,这种高度集权的政府结构不利于部门工作积极性的提高。对此,丘吉尔回应认为:

---

① Geoff Mulgan. *Joined-Up Government: Past, Present, and Future*, in Vernon Bogadanor, Joined-Up Government, New York: Oxford University Press, 2005, p. 175.

第三章 英国合作政府的渊源：理论、政治与历史维度之考察

"协调的部长没有法定的权利，特别是他们没有权力去直接给各部长下达命令。被协调的单个部门是根据更为宽泛的政府整体利益去调整部门政策，如果单个部门发现自己不能赢得部长同僚们的支持，他应该保留他的决定。当然，没有哪个部长被期望在政府里去执行他不同意的政策。因此，协调性部长的存在和活动不会削弱或者减少各个部门部长对议会的责任。"[1] 由于害怕"部上之部"会破坏传统的行政模式，因此丘吉尔并没有赋予这些协调或者监督部门法定的权力。

一个没有法定权力的部长是否能够发挥作用呢？对此，作为"部上之部"其中之一的部长诺曼·布鲁克是这样来评价他的工作：监督和协调"充满了制度上和实际上的困难，因为不容易调解单个部长的责任，制定政策的原则与执行政策的责任之间不一致，它依赖于政策应该从行政系统中脱离出来的假定之上。一个内阁部长要去服从另一个部长，这与内阁政府的传统相违背，而且监督性的部长必须由公务员去为他服务，但他对此的相关知识实际上比被监督的部长要少得多。最后来自于外部的力量寻求影响'部上之部'，而不是它去影响别的部门。"[2] 作为当时丘吉尔的内阁部长，麦克米兰认为布鲁克的话不无道理。他回忆说："'部上之部'没有法定的基础，哪怕是一丁点都没有。这个新的组织结构因为两个原因倒塌：第一，部上之部的位置没有什么配备，除了一个办公室和一个私人秘书，很快它就成为有阴影以及模糊的；第二，虽

---

[1] Peter Hennessy, David Welsh. Lords of All They Surveyed？ Churchill's Miniserial "Overlords" 1951 - 1953, "Parliamentary Affairs", 1998(51):p.66.

[2] Peter Hennessy, David Welsh. Lords of All They Surveyed？ Churchill's Miniserial "Overlords" 1951 - 1953, "Parliamentary Affairs", 1998(51):p.64.

然他们要服从名义上的领导者,但是这些部长感到对他们各自部门的义务才是高于一切。"①既想让"部上之部"来发挥协调和监督作用,从而保证内阁各个部门能够整合起来,将资源更多更好地运用到政府关心的目标上,但是又不敢赋予它足够的权力,在权责不对等的情况之下"部上之部"注定要失败。1953年,丘吉尔不得不终止了他的这一实验,不过他的实验给后来的威尔逊和希思政府提供了灵感。

到了威尔逊和希思政府时期,为了进一步克服部门之间的分割所带来的种种不便,他们开始成立"超级部"。1966年,殖民办公室与外交部合并;1968年,卫生和社会保障部成立。在1970年的大选之后,希思政府发表了《重组中央政府》的白皮书,该文件的核心要旨是要通过合并一些小的部门,组建大的超级部门,这样可以减少内阁中部长的数量。该文件宣称,"那将是一个更小的政府,更好的政府,更少人来执行的政府。更小的政府是因为它的活动是与长期的战略相关,这个战略直接指向解放个人的积极性,将更多的政府责任放在个人身上而不是国家。更好的政府是因为任务将更清晰,并被更少的人来完成,需要更少的部长和公务员来执行它"。②超级部门成立后"可以制定自己的策略和决定自己的工作重点,它能自行解决问题,而不用通过部门之间的委员会进行长时间的讨论;它大得足以完成一些专门性的工作;它能支持中央比较明确的策略。还有一个好处是减少了需要在内阁中有代表的

---

① Dennis Kavanagh, David Richards. *Departmentalism and Joined-Up Government:Back to the Future*,"Parliamentary Affairs",2001(54),p.3.

② Dennis Kavanagh, David Richards. *Departmentalism and Joined-Up Government:Back to the Future*,"Parliamentary Affairs",2001(54),p.4.

部门,因而可以按照小内阁效率较高的行政观点来限制内阁的规模"①。可以说中央政府对"超级部"寄予厚望,希望它既能够减少部门之间沟通的困难,同时也可以提高内阁的工作效率,因此它们不仅仅被当做多个部门的简单联合,而是一个整合起来的单独部门。

不过,这些"超级部"的运行和期待的效果之间存在着相当的差距,一个重要的原因是它们内部并没有将资源进行有效的整合,难以形成强大的凝聚力。它们更像是一个临时拼凑起来的组织,彼此之间缺乏紧密的合作,组成"超级部"的各个组成部分之间仍然是各自为政——它们"好像由许多部门凑在一起组成的混合物,而不是一个紧密结合的统一体"②。虽然它们拥有一个共同的部长进行管理,但事实上各个部分的常务次官之间还必须要有正式的机构进行内部沟通。可以说"超级部"对于政治领袖们而言更像是权宜之计,很多"超级部"在20世纪70年代后又被分离开来恢复原状,如由于石油危机,能源部从贸易工业部中脱离,此后又分离为贸易部、工业部和物价与保护消费者部,交通部也与环境部分家。不过成立"超级部"的做法对于布莱尔政府成立合作政府而言显然是个不错的主意,他先成立了环境、交通和区域部,后又改为交通、地方政府与区域部。

二、希思政府的中央政策审查参谋部

对于布莱尔的合作政府影响最大的当属希思政府的中央政策

---

① 约翰·格林伍德、戴维·威尔逊:《英国行政管理》,北京:商务印书馆,1991,第34页。

② 约翰·格林伍德、戴维·威尔逊:《英国行政管理》,北京:商务印书馆,1991,第34页。

审查参谋部,它的成立主要是为中央政府的各个部门制定战略。受到它的启发,布莱尔政府成立了绩效与评估小组(后改组为战略小组)。1971年的白皮书《中央政府的重组》宣称,要成立一个"中央能力小组"来帮助所有的部长,"通过根据特殊领域的政策来制定他们的基本战略,确定在他们整个计划中需要相对优先考虑哪些部分和能在哪些方面采取新的政策,并保证对采取不同的做法会牵涉到的问题进行充分的分析和考虑"。[1] 这个参谋部于1971年2月开始工作,直接向希思首相负责,设在内阁办公室,为整个内阁服务。

中央政策审查参谋部是一个混合部门,它涵盖了不同领域的专业人才,其成员一半是来自于行政机构内部,另外一半来自于商业、公共组织、高校以及工业部门。这个团队没有等级制度,并且对官僚作风深恶痛绝,因此在内部形成了一种非正式的知识分子式的民主。希思首相最初选择了罗斯切尔德作为参谋部的领军人物,是因为他领导过炮弹研究工作。首相希望他能将参谋部打造成为一个富有科学精神的组织机构,这个机构应该用独特的技术专家而不是官僚来解决经济和工业问题。在这个问题上,罗斯切尔德并没有让希思首相失望,他创立了独特的"重要政策审查参谋部风格"[2],那就是运用独立的、激进以及简洁的调查和报告,在政治上保持中立以及恪守学术道德,实事求是地分析事实,丝毫不向各个政府部门的偏见让步,最后得出确切的结论,绝不妥协于含

---

[1] Simon James. *The Central Policy Review Staff, 1970 – 1983*, "Political Studies",1986(34),p.424.

[2] Simon James. *The Central Policy Review Staff, 1970 – 1983*, "Political Studies",1986(34),p.425.

混其词。

中央政策审查参谋部最初的主要职能是为各个部门制定战略，但是由于它主要是受制于首相的关注程度以及内阁对其的支持情况，在不同的时期它的活动范围不完全相同。在其存在的13年里，普罗登将其归纳为五项主要的活动：①第一，讨论策略。在希思政府时期，参谋部经常与大臣们讨论策略，检查政府在战略目标上的完成情况。第二，帮助解决日常的问题。参谋部最初的职能定位是制定战略，但考虑到战略的实现离不开前期的短期决策，所以希思政府决定让参谋部也参与到日常问题的解决中来——尽管遭到了文官们的反对，认为这是抢夺了他们的职权范围。参谋部主要是通过为内阁及其委员会提供简报，作为讨论的依据。简报中主要的内容是部长们没有考虑到的问题，或者特别说明部长们所主张的政策中的负面效应或者缺陷。第三，进行深入的研究。由于参谋部是一个新兴的部门，还没有完全嵌入部门既得利益网络之中，因此能够比较超脱地进行深入研究。参谋部研究的"基本原则是它应该考虑不止一个部门"，而是研究一种跨越部门之间的领域，"如协和飞机就涉及财政部、外交部以及环境、就业贸易和工业部；类似地，帮助残疾人的事项就牵扯到卫生与社会保障部、就业、环境以及国内收入"②等等。第四，协调部门之间的活动。参谋部有时要起到排解纠纷的作用，因为它的独特的地位使它能够超脱于不同部门的利益之外而成为一个大家都可以接受的

---

① 参见约翰·格林伍德、戴维·威尔逊：《英国行政管理》，北京：商务印书馆，1991，第56—57页。

② Simon James. *The Central Policy Review Staff, 1970 - 1983*, "Political Studies", 1986(34), pp. 426 - 427.

中立者。第五,协调部门内部。

中央政策审查参谋部在成立之初遭到政府部门的反对,因为它们推测参谋部将会接替一些中央部门的工作。虽然最后希思政府并没有让这种情况变成事实,但是不可否认的是参谋部的确是在一个充斥着敌意的氛围中工作了13年。也正是因为如此,可以看出参谋部的确在中央政府中的作用非常有效。首先,它能够将政府各个部门协调起来。参谋部与大臣们的密切关系使它能够察觉"政治气氛的变化";它处于"中心地位",所以能够"发现重要的情况";而且它"没有行政职责",可以避免"日常大事的压力"。① 其次,参谋部被公认为能够将中央部门的计划与政府的战略联系起来。如果没有参谋部,内阁系统内部将会出现巨大的缝隙,它会缺乏战略思考,缺乏给专业化的部长提供多方面知识简报的单位,缺乏对长期计划进行分解的研究部门,这无论是内阁办公室、首相办公室或者财政部都无法完成。最后,它也是解决跨部门领域问题的重要部门,它肩负着对整个政府战略进行监督的任务。

不过参谋部最后还是在1983年被撒切尔首相所撤销,这既有参谋部自身的结构和运行特征的原因,也由当时英国政治氛围所决定。首先,由于参谋部并没有独立的情报来源,它的成员有半数来自于政府各个部门,这在很大程度上决定了它必须依靠这些政府部门获取信息。其次,政府各个部门对于参谋部的支持处于零星状态。参谋部在进行研究和提供报告时采取的是求真务实、不偏不倚的态度,这必然会在某些时候对一些部门的既得利益构成威胁,因此,只有在获益的时候政府部门才会对参谋部的活动予以

---

① 约翰·格林伍德、戴维·威尔逊:《英国行政管理》,北京:商务印书馆,1991,第58页。

支持。最后,参谋部的运行以及存续问题在很大程度上依赖于首相。由于政府各个部门的反对,参谋部终究不能成为一个独立的政府部门,它主要的政治资源来自于首相。作为倡导者的希思首相给予了参谋部极大的支持,在此期间参谋部的活动能力最强。但是随着希思的下台,以及共识政治的结束,主张政治中立的参谋部随后并没有得到其他首相的高度认可。尤其是撒切尔首相,作为希思的政敌,她希望能够有自己的政策小组,并认为"它原来成立的目的现在可以通过其他途径达到"①。有人对于参谋部是这样评价的:"如果没有首相个人的支持,中央政策审查参谋部将一无所成……没有首相的支持参谋部在政策领域很长时间变得毫无办法。但是在首相的支持之下,参谋部能够在政府的中心地带有效地发挥作用,这是内阁办公室和唐宁街 10 号都无法完成的,它能够刺激白厅的官员从长期的角度重新看待部门的计划,也能够从跨越政府边界的视野评价政策。"②在失去首相的支持之后,参谋部于 1983 年 7 月被取消。

三、梅杰政府的公民宪章

进入到 20 世纪 80 年代后,保守党开始执政。虽然撒切尔撒销了中央政策审查参谋部,但是克服部门主义仍然是政府关注的重要问题。在 20 世纪 80 年代晚期,英国很多城市政府建立了一些跨越部门的委员会。一些地方政府也开始推行单一重建预算,

---

① 约翰·格林伍德、戴维·威尔逊:《英国行政管理》,北京:商务印书馆,1991,第 59 页。
② Simon James. *The Central Policy Review Staff, 1970 – 1983*, "Political Studies",1986(34),p.439.

打破按职能部门进行财政预算的惯例。不过,在实现跨部门合作方面的显著努力应该属梅杰政府时期的公民宪章运动。

首先,公民宪章运动实现了公共服务提供者与顾客之间的合作。传统公共服务是按照专业分工原则来提供,但是公众对公共部门的结构和职责分工缺乏了解,往往处于办事无门或者程序不清的境地,这样出现了公共服务提供的"结构迷宫"和"程序迷宫"。公民宪章要求公共服务的提供者必须站在公众的角度来讲服务内容、服务标准以及服务的程序公开,同时公开的还有公共服务提供者对顾客的要求。这既能够方便公众及时、方便地获得所需要的公共服务,又有助于公众了解以及支持公共服务提供组织,同时也能够让公共服务置于顾客的监督之下,帮助它们提高公共服务的质量。

其次,宪章运动打破了由不同的部门来对公共服务进行管理的方式,而是采用了独立的部门对参与宪章运动的所有公共服务进行统一的管理。英国政府在首相办公室成立了宪章运动领导小组,专门推动和协调工作。此外,在领导宪章运动的过程中,它还打破了由政府独立完成对公共服务的提供进行监督,吸收了政府之外的成员来共同领导。它们"任命了由商界、顾客代表和教育界人士组成的专家委员会,与领导小组一起推动全国的服务承诺计划"[①]。此外,为了强化宪章运动过程中对承诺兑现的监督,政府还建立了内部跨部门的监督机制和外部监督机制。因为仅仅靠分散的公民或者顾客来监督公共服务的提供部门是不够的,他们难以形成足够的压力来促进政府部门兑现承诺。通过大众媒体以

[①] 周志忍:《当代国外行政改革比较研究》,北京:国家行政学院出版社,1999,第129—130页。

及社会舆论虽然能够形成一定的压力,但是却具有间接性的特征,因此必须完善外部监督机制。此外,政府还成立了独立的公民宪章监督专员,他们位于各个部门之上,并不受政府行政部门的政治控制。这是公共服务过程中有意识地将政府之外的力量与政府合作提高公共服务的质量。宪章运动的领导和监督部门不仅仅试图去打破政府不同部门、不同层级之间的组织壁垒,而且也开始打破政府与社会之间的二元对立,为提高公共服务质量开启了一扇新的窗户,丰富了公共服务提供中的合作伙伴。

最后,在宪章运动过程中,一种新型的公共服务提供方式被大量使用,那就是一站式的公共服务提供模式(one-stop shop)。一站式的提供方式主要是帮助公众能够方便迅捷地获得公共服务,防止公共资源因为部门的区隔导致服务提供的分裂。

从以上的分析我们可以看到,二战以来,英国政府一直都在努力克服由于部门主义所带来的治理碎片化问题,无论是建立"部上之部"还是建立"超级部"都是试图将组织功能进行合并,将政府部门的外部性内部化。而中央政策审查参谋部则是试图以专门的政策小组用战略将不同的部门黏合起来。而公民宪章运动的出现,则是将合作的努力集中在公共服务的提供上,并试图将传统政府的任务或者职能让顾客以及社会来共同完成。所有的这些政府管理的经验给新工党的合作政府带来了新鲜的灵感,他们的许多措施都带有这些努力的痕迹。

小　　结

布莱尔推行的合作政府并不是来自于空中楼阁,它有着自己的理论、政治和历史渊源。公民社会理论为合作政府的建构提供了一个宏观的整体架构,网络组织理论是让它在具体的组织结构方式上更具有灵活性,而治理理论则是为合作政府的运行模式摆脱统治话语的桎梏。吸取了这些理论营养的合作政府对于英国来说又是一次"共识政治",只不过这次的共识目标使得新工党在向右转,在内阁政治的推动之下很快由竞选宣言变成政治实践。当然,作为一个久负盛名的近代保守主义的发源地,布莱尔的合作政府显然是一个渐进的过程,并且我们可以在近代历史尤其是二战以来找到其历史脉络,它是二战以来英国政府所推行合作模式的一个集大成者。那么,为什么这种合作模式会在20世纪90年代后重获新生,我们将在下一章来讨论这个问题。

第四章 合作政府兴起的现实背景

上一章我们讨论了合作政府兴起的渊源,尤其是分析了它的历史渊源。到 20 世纪 90 年代后,政府的合作方式作为一种主要模式被提出是源于这一时期英国政府所面临的现实背景。在进入到 20 世纪八九十年代后,英国所面临的各种社会问题日益严重。首先,"疯牛病"的出现不仅震惊了英国,也让全世界"谈牛色变",风险社会这一概念伴随着"疯牛病"的发展逐步为人们所接受。其次,英国的各种社会问题所带来的影响也开始逐步发酵,它们成为政府治理的难题。最后,在经过将近 20 年的新公共管理运动后,它的弊病开始逐步显现出来。新公共管理运动所提倡的市场化和管理主义的模式导致政府管理的碎片化、空心化,而原来的部门主义问题依然存在。布莱尔在大选时期就宣称要解决这些社会问题,但是空心化和碎片化的治理结构与机制无力应对这些难题。因此布莱尔政府必须进行改革,扭转当前的局面,兑现他的竞选宣言。

第一节 风险社会的来临

对社会风险进行学术研究从 20 世纪 50 年代开始,而风险成为西方社会的一个主流话语则是20世纪80年代后的事情。玛丽·道格拉斯(Mary Douglas)是第一位研究风险问题的社会学家,她率先解释了公众不断增强的风险意识和关注科技风险的新现象。① 尼古拉·卢曼分析了风险的复杂的自我塑成系统,认为社会风险是不可知的;斯科特·拉什在道格拉斯的基础上对风险文化进行了大量的研究,安东尼·吉登斯则从现代性的角度来探讨风险社会,莫里斯·科恩分析了风险社会与生态现代化的关系,但在风险社会研究中贡献最为卓越的当推德国社会学家乌尔里希·贝克。贝克1986年用德语出版了《风险社会》,在当时并没有引起大家的兴趣,但在1992年被翻译成英语版本后,对"风险社会"的研究在世界范围内备受关注。根据德伯拉·勒普顿的总结,目前的风险社会的研究将风险分为三种范式,即由玛丽·道格拉斯以及斯科特·拉什等人为代表的利用文化人类学方法研究风险的"文化/象征"理论,由吉登斯和贝克为代表的"风险社会"理论以及艾瓦尔德等人借助福柯的理论提出的"治理性"理论。② 无论对风险怎样进行分类,从认识论的角度上看,风险既是经验主义也是建构主义的产物,认识到这一点我们才能对风险社会进行清楚的把握。风险社会在英国日益为人民所接受与"疯牛病"的爆发不无关联。

  1996年3月21日,梅杰政府公开承认,英国已有15万例的牛海绵状脑病,即"疯牛病"。与此同时,政府还宣布,这种病

---

  ① 薛晓源、周战超:《全球化与风险社会》,北京:社会科学文献出版社,2005,第2页。
  ② 杨雪冬等:《风险社会与秩序重建》,北京:社会科学文献出版社,2006,第2页。

第四章 合作政府兴起的现实背景

传染给了人类。很快,关于英国"疯牛病"的消息不胫而走,迅速传遍了世界,此时距离英国第一例"疯牛病"的出现已经将近10年。欧盟迅速作出反应,全面禁止英国向欧盟成员国及任何第三国出口活牛和牛肉。但是人们不仅对活牛和牛肉进行抵制,所有与牛相关的产品都是避之不及,英国人、欧洲乃至世界都患上"恐牛症",因为每一个人都感觉到"疯牛病"给自己带来的风险。

今天的人们无论是从事什么行业,无论是在社会的顶端还是底层,风险已经成为人们生活的一部分,风险问题也成为当今社会争论的主题之一。风险社会的来临是现代性和全球化的产物,现代性的两大特点是工具理性和消费主义,正是高歌猛进的工具理性与吞噬一切的消费主义成为风险的来源;而全球化使得风险脱离了时间和空间的限制,造就了世界风险社会。

一、风险社会的出现:工业社会的后果

风险并不是工业社会独有的社会现象,在前工业社会时期也存在风险。吉登斯将前工业社会的风险分为三类:其一是来自自然的威胁和危险;其二是来自诸如掠夺性的军队、地方军阀、土匪或强盗等人类暴力的威胁;其三是来自失去宗教的恩魅或受到邪恶巫术影响的风险。① 这一时期的风险主要是由于人类对暴力的滥用以及由物质世界的种种危险所主宰。这些风险显然是来自外部的风险,是因为传统的或者自然的不便性和固定性所带来的风险。而现代社会的风险则主要是内部风险。这种内部风险是制造出来的风险,被制造出来的风险指的是由我们不断发展的知识对

---

① 安东尼·吉登斯:《现代性的后果》,南京:译林出版社,2000,第89页。

这个世界的影响所产生的风险,是指在我们没有多少历史经验的情况下所产生的风险。① 风险概念是一个指明自然终结和传统终结的概念。换句话说,在自然和传统失去它们的无限效力并依赖于人的决定的地方,才谈得上风险。② 相比较前工业社会的风险而言,现代风险概念具有以下特点:其一,风险已经成为现代社会的构成性要素,而不是或有或无的概念。只要社会按照目前的方式运行,风险就必然存在,而且风险分配成为社会的重要分配逻辑。其二,与前工业社会的风险更多是出于无知不同,现代风险指的是一种独特的"知识与不知的合成"③,正是由于我们知道得越多,我们对不知、不确定的认识就越多,越坚定。

那么前工业社会的风险是如何转变成为一种全球性的世界风险呢?显然工业化以及由此产生的现代化过程使得传统的风险弥散成为世界风险。科学的发明推动了工业革命,而工业化所带来的巨大物质财富极大地刺激了人们的欲望。当欲望的潘多拉魔匣打开后,对物质享乐的消费主义推翻了传统的观念。从亚里士多德、阿奎拉、约翰·洛克到亚当·斯密,传统的道德哲学家都未曾割裂经济学与道德的联系,或宣称财富创造的本身不是目的。相反,他们都把物质生产看做是促进美德创建文明生活的手段。④ 马科斯·韦伯也认为在工业社会早期推动西方经济发展的是新教伦理的天职观念。但现在技术经济冲破了这一传统,在自由市场

---

① 安东尼·吉登斯:《失控的世界》,南昌:江西人民出版社,2001,第22页。
② 乌尔里希·贝克、约翰内斯·威尔姆斯:《自由与资本主义》,杭州:浙江人民出版社,2001,第119页。
③ 乌尔里希·贝克:《风险社会的再思考》,《马克思主义与现实》,2002(4):第48页。
④ 丹尼尔·贝尔:《资本主义文化矛盾》,北京:三联书店,1989,第21页。

的导引下,科技成为脱缰的野马,生产成为目的,对消费的盲目追求不仅吞噬了物质世界,也吞噬了自我本身。这造成的第一个后果就是人与自然关系的紧张,自然界成为人们无限索取的目标,其结果就是生态风险的出现。而现代化的全球推进就造成了这种生态风险的全球化。第二个后果则是对科学技术的盲目乐观,事实上,科学技术的每一项发明和发现都给人们带来新的风险。核技术的发明带来了核污染,生化产品的出现则带来了生化危机。而工业社会对享乐的向往并没有止境,对经济指标的单一追求将继续深化这些风险。

二、风险社会的话语:反思现代性

正是由于在工业社会里产生了风险社会,所以风险社会的话语体系就是反思现代性。现代化正变得具有反思性,现代化正成为它自身的主题和问题。[①] 在吉登斯和贝克等人看来,现代性就是随着西方资本主义发而形成的社会组织模式、生活方式和文化态势,而这种现代性是由启蒙所带来的。启蒙时期的思想家认为,人类要真正从自然、从自我中解放出来,就必须拥有更多的知识,只有拥有的知识越多,对社会的控制就越完美,人们才能获得自由,用韦伯的话说启蒙就是一个祛魅的过程。而这个过程所依赖的就是知识、理性,尤其是自然科学知识和工具理性。

在人类知识领域中有两种知识:线性和非线性知识。知识的线性理论假定负有责任的专家群体和按知识行动的人们是(几乎)封闭的圈子,非线性理论注意到了一个按知识行动的竞争者

---

① 乌尔里希·贝克:《风险社会》,南京:译林出版社,2004,第16页。

们开放的多重的场域。① 前者是一个专家政治的决策模式,而后者则是一种大众参与模型。而现代化过程中的自然科学知识正是一种线性知识,它割裂了知识所带来的风险及其风险受害者之间的关系。而且,这种对线性知识的追求带来了价值理性和工具理性的分离,工具理性行为把对问题本身的合理性转化为解决问题方法的合理性,这样一个问题内容上的合理变化成为处理问题的方式的合理,从而使得问题脱离了价值和道德判断。正是如此,现代化的结果导致了意义和价值的丧失,如今,市场语言无孔不入,把所有的人际关系都纳入以强调自我利益、自我优先权为导向的模式。由相互理解和相互承认而结成的社会纽带和伦理道德规范已经被契约的、目的—手段理性的以及最大功利化的选择和行为方式所摧毁。权力和财富成为人所追求的最高目标。②

正因为如此,所以必须对现代化进行反思。贝克将现代化分为两个时期,第一次现代化和第二次现代化,前者是简单现代化而后者为反思现代化。正是第一次现代化过程中的全球化风险导致社会无序化,而这种无序化的社会制度又推进了全球化的风险。但是风险具有双重性,固然风险具有阴暗面,但也是创新,同时也是社会发展的动力。风险是一个致力于变化的社会推动力。③ 因此贝克和吉登斯并不赞成对现代性进行后现代的解构,毕竟现代化为我们提供了享受安全和成就的机会,不能对其进行完全的否定。吉登斯认为,只存在现代社会的特征,因而我们只能通过现代

---

① 乌尔里希·贝克:《世界风险社会》,南京:南京大学出版社,2004,第162页。

② 哈贝马斯:《知识与信仰》,转引章国锋:《反思的现代化与风险社会》,《马克思主义与现实》,2006(1):第131页。

③ 安东尼·吉登斯:《失控的世界》,南昌:江西人民出版社,2001,第20页。

社会特征来考虑现代社会特征;这还意味着通过科学与技术。只有通过科学与技术,才能回避科学与技术。① 贝克和吉登斯在反思现代性的过程中最后又回到了现代社会,由最初激越的批判回到了温和的改良。

三、风险社会的话语:价值理性的张扬

显然,拉什是不能同意贝克等人的观点,他从文化的角度对风险社会进行重构。最初分析风险文化的是玛丽·道格拉斯与威尔德韦斯,他们出版的《风险与文化》一书对 20 世纪六七十年代蔓延在学生组织和基层工会组织中的激进主义进行了批判。他们将社会结构的变革和变迁归结为三种文化:等级制度主义文化、市场个人主义文化以及社团群落之边缘文化,而正是社团群落之边缘文化所带来的风险导致社会结构走向混乱不堪的无组织状态。

拉什反对对社团边缘群体的妖魔化,他认为玛丽·道格拉斯等对风险文化的分类导致风险陷入相对主义的泥沼,因为从任何一个类别出发所得到的关于风险的来源都不同,这是对风险认识的偏见。这种风险文化的认识只会使得人们互相指责而进一步地消解人们之间的信任。他认为这种风险的增加,不仅仅体现在科学技术迅猛发展带来的副作用和负面效应所酿成的自然风险之中,而且还体现在日益浮现出的更为普遍的不确定因素之中,体现在世界资本主义秩序最终消解的过程之中。② 正是如此,拉什也

---

① 安东尼·吉登斯:《现代性——吉登斯访谈录》,北京:新华出版社,2001,第 93 页。
② 斯科特·拉什:《风险社会与风险文化》,《马克思主义与现实》,2002(4):第 55 页。

批判了贝克和吉登斯继续对现代社会制度秩序所抱有的期待。贝克和吉登斯的确承认正是西方社会的制度性和规范性带来了科技专制主义,但是这种制度性和规范性同时也提供了一个民主对话的平台,而这个平台正是贝克和吉登斯所寄予厚望的。

拉什认为贝克和吉登斯既然看到了制度性结构所带来的世界风险,依然将希望寄托在制度化结构以及科技上面无异是缘木求鱼。他认为现代风险社会是一个呈水平分布的无序状态,而且现代社会中不确定性正在伴随着确定性的增长而增长。尽管现代社会由于电子网络的发展使得信息的传播越来越具有确定性,同时技术资本主义的发展使得各种防范预警机制也越来越健全,但是不容忽视的一点是随着这种确定性技术以及制度的完善,相反会牵扯出更多的不确定风险。在风险文化时代,人们不再是通过理性的精确计算和颇具规范性的假定来排除风险,而是更多通过具有象征意义的运作方式,特别是具有象征性的理念和信念来处理好涉及风险文化的各种问题。① 换句话来说,在世界风险社会里,是价值而不应该是规范或者制度来发挥作用。

四、风险社会的政治:亚政治的出现

按照吉登斯对风险的理解,风险社会是一个"自反性现代化"的产物,是西方工业社会胜利的结果。从社会历史和社会政治层面上看,生态危机、核危机、化学和基因技术所造成的危机,主要潜藏于管理上的失误和失败及由此而造成的管理系统的坍塌和崩解之中,主要潜藏于有关科学技术和法律法规之思维理性与逻辑理

---

① 斯科特·拉什:《风险社会与风险文化》,《马克思主义与现实》,2002(4):第63页。

第四章 合作政府兴起的现实背景

念的坍塌和崩解之中,主要潜藏于针对危机社会每一个人之风险和灾难而形成的政治安全保障机制的坍塌和崩解之中。① 从以上角度而言,风险是一种"有组织的不负责任"的结果,是制度性的产物。正因为如此,风险社会的出现削弱了政治组织以及科技的权威。可以说,在风险社会里,没有哪个人是专家;也可以说每一个人都是专家,每一个人都有权利参与到界定风险的话语论坛中来,传统依赖代议制机构、技术官僚的政治正在消解,取而代之的将是全球亚政治的出现。在保守党上台后,为了照顾其农民选民的利益,保守党政府放宽了对英国牛肉加工及饲料加工的严格管理,并以科学的名义认可这种饲料的安全性,致使英国农民将大量被屠宰牛羊的含有疯牛病毒的下脚料加工成肉牛饲料,结果使牛大量感染"疯牛病"。不仅如此,当发现肉牛患有"疯牛病"并有可能传染给人时,政府依然隐瞒事实真相,并禁止研究人员向媒体通报有关情况。由于政府在此过程中没有采取有效的预防措施,并且还鼓励人们吃牛肉,宣称"疯牛病"不会传染到人类,致使英国到 1997 年"400 万头牛被屠宰销毁掉,200 万人可能被传染致病,近 20 人死亡,十几万人失业"②。

亚政治这个概念指的是外在于并超越国家——政府政治体制的代表性制度。它关注的焦点在于一种(最终是全球的)倾向于将社会所有的区域纳入行动中的政治自我组织的符号。③ 亚政治

---

① 乌尔里希·贝克:《从工业社会到风险社会》,《马克思主义与现实》,2003(3):第 37 页。
② 高英彤:《帝国夕阳——日渐衰微的不列颠》,长春:吉林人民出版社,1998,第 280 页。
③ 乌尔里希·贝克:《世界风险社会》,南京:南京大学出版社,2004:第 50 页。

首先是一种参与民主,即任何人在风险社会的治理中都有发言权,都可以就个人的理解和利益来表达意见。其次,亚政治是一种直接民主,它将绕开代表公民的政党、代议机构而直接进行风险治理。再次,亚政治是一种话语民主。话语指的是对待社会协作的一种态度,一种开放的态度,它允许经过论证接受他者和自己的要求。话语中介是平等交换观点——包括参与者提交他们自己对于其所尊重的利益的看法。① 最后,亚政治是一种协商民主,它是为所有人提供平等的表达机会、消除参与公共协商的制度性障碍、形成所有公民能够自由参与协商过程的可获得性论坛,可以保证对所有公民需求和利益的系统考虑。② 贝克和吉登斯就是希望通过搭建一个崭新的民主平台来治理全球风险,而且这种亚政治正在全球开始兴起。亚政治的兴起表明在当前公共管理的场域之中,国家——政府的垄断地位已经被打破,过于依赖国家公权力的强制性进行管理的模式也将逐步被淡化,只有通过多元的协商治理才能有效解决棘手的公共问题。

来势凶猛的"疯牛病"震惊了英国,也震动了世界。布莱尔在大选中指责保守党政府在长达 10 年的时间里故意隐瞒"疯牛病"可能严重威胁到消费者生命安全的事实,这让保守党政府失去了人们的信任。不过对于英国而言,这才只是刚刚感觉到风险社会所带来的危害,英国乃至世界正一步步进入风险社会。

---

① 哈贝马斯:《民主的三种规范模式》,http://law-thinker.com/show.asp?id=2518,2005-01-19。
② 乔治·M. 瓦拉德兹:《协商民主》,《马克思主义与现实》,2004(3):第36页。

第二节 社会矛盾的凸显

对于保守党的新公共管理运动而言,它主要关注如何降低政府运行成本,提高效率,其侧重点在于减少政府开支。不过在保守党执政期间,各种社会矛盾和社会问题开始逐步凸显出来,成为政府治理的难题。

一、社会排斥现象严重

自从20世纪90年代开始,社会排斥问题成为西方国家,尤其是欧盟国家研究的热门问题。不过,对社会排斥现象进行研究最早是在20世纪六七十年代的法国。随着西方战后经济发展的辉煌成为历史,贫困逐渐成为摆在政府和学者们面前严峻的问题。第一次提出社会排斥的是法国学者勒内·勒努瓦(Ren Lenior)。他认为"受排斥者"构成了法国人口的十分之一。"这些人(受排斥者)包括精神和身体残疾者、自杀者、老年患者、受虐儿童、药物滥用者、越轨者、单亲父母、多问题家庭、边缘人、反社会的人和社会不适应者"①。此后"社会排斥"这个概念被西方国家广泛使用,不过对于社会排斥这个词语的界定却是各不相同。阿马蒂亚·森认为社会排斥与能力剥夺紧密相关,因此他将其分为积极排斥和消极排斥,前者是工具性的,后者则是社会建构性的。②

---

① 转引自景晓芬:《"社会排斥"理论研究综述》,《甘肃理论学刊》,2004(2):第20页。
② 参见阿马蒂亚·森:《论社会排斥》,《经济社会体制比较》,2005(3):第1—7页。

1995年在丹麦的哥本哈根召开了题为"社会发展及进一步行动"的世界峰会,会议"对消除贫困作出了世界性的承诺",在会上,"社会排斥"被视为消除贫困的障碍。① 英国对于社会排斥有着自己的理解,社会排斥小组对社会排斥是这样定义的,"作为一个简洁的术语,它指的是某些人或地区遇到诸如失业、技能缺乏、收入低下、住房困难、高犯罪环境、健康状况糟糕以及家庭破裂等各种问题交织在一起时所发生的现象。"②社会排斥最为重要的特征是上述的各种问题会互相联系并且互相强化,从而形成一种恶性循环。

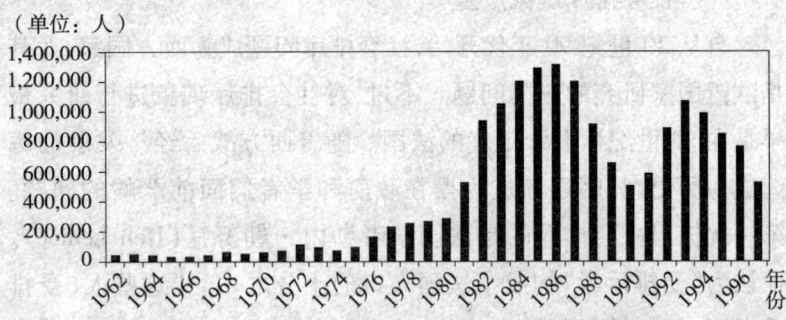

图 4.1　从 1962 年到 1997 年英国长期失业人数

在英国,从 20 世纪 80 年代开始,社会排斥以各种方式开始不断强化。首先,失业率从 20 世纪 70 年代末开始不断攀升,到 1986 年达到一个新高,虽然到 80 年代末期失业率有所下降,但进入 90 年代后失业率又开始上升(具体参见图 4.1)。其次失业率

---

① 唐均:《社会政策的基本目标:从克服贫困到消除社会排斥》,《江苏社会科学》,2002(4):第 45 页。

② The Social Exclusion Unit. Preventing Social Exclusion, http://archive.cabinetoffice.gov.uk/seu/downloaddoc8517.pdf? id=232,2007-06-28.

第四章 合作政府兴起的现实背景

的上升导致社会贫富差距也开始拉大。处于社会中最底层的人每周可以支配的收入只有 100 英镑,而处于上层社会的人们每周的收入则在不断上涨。最底层 10% 与最上层 10% 的人之间可支配收入差距是 4 倍,并且这个趋势还在不断加剧(参见图 4.2)。

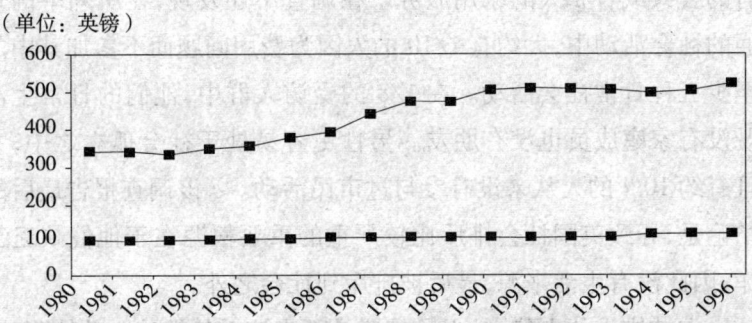

图 4.2　处于社会最底层与最上层 10% 的人的
家庭实际每周可支配的收入①

英国最大的社会政策研究与发展慈善团体约瑟夫·朗恩崔基金(The Joseph Rowntree Foundation)发布了一项调查报告,它从四个维度对英国的社会排斥进行分析:贫穷、劳动力市场的排斥、公共服务的排斥以及社会关系的排斥。从 1983 年到 1990 年,英国生活在贫困线以下的家庭占人口的比重由 14% 上升到 21%;到了 90 年代,这个数据还在继续增长;到 1999 年,这个比重达到 24%。在这些贫困人口中,妇女和儿童所占比重较大。此外,77% 的失业人口生活在贫困之中,残疾或者长期生病的人中有 61% 的人属于

---

① 图 4.1 与图 4.2 均来自于 *The Social Exclusion Unit. Preventing Social Exclusion*, http://archive. cabinetoffice. gov. uk/seu/downloaddoc8517. pdf? id = 232, 2007 - 06 - 28.

贫困人口。在劳动力市场,有43%的成年人没有薪水来源,超过1/3的人口处于没有收入来源的家庭之中。在公共服务排斥上,超过5%的人口没有喝上水、使用煤气与电和电话,10%的人由于付不起费用而很少使用这些服务。仅有大约一半人口有权使用所有的公共或者私人的家用服务。在调查中还发现,在所列举的普通的社会活动中,大约有1/10的人因为费用问题而不参加其中的至少五种日常社会活动。在1/8的受访人群中,他们的日常生活既没有家庭成员也没有朋友。男性更容易处于社会孤立之中,并且有约10%的人从来没有参与过市民活动。① 该调查报告最后的结论是,导致英国社会排斥比较严重的重要根源在于他们缺乏工作,因此没有生活来源,最后被排斥到社会之外。

在被排斥的人群中,少数族群是不应该被忽视的。总体而言,他们几乎在各个方面都受到社会排斥。相对于白种人或者英国本国人而言,这些来自于其他地方或者有色人种的后代生活在贫困地区,失业、低收入、居住条件糟糕以及健康状况不好将会伴随着他们的大多数时光。在健康状况糟糕的人数中,巴基斯坦和孟加拉国的后裔是白种人的1.5倍,而非洲—哥伦比亚后裔则是他们的3倍。41%的非洲—哥伦比亚后裔、45%的印度人后裔、82%的巴基斯坦人后裔以及84%的孟加拉国人后裔的收入处于全国平均水平之下,而只有28%的白种人收入处于全国平均水平之下。在居住条件上,15%的少数民族和40%的巴基斯坦和孟加拉国后裔居住条件拥挤,而白种人只有2%。此外,一项调查还显示14.7%的孟加拉国人后裔和13.8%的非洲—哥伦比亚后裔被偷

---

① 参见 David Gordon, etc. *Poverty and Social Exclusion in Britain*, York: Joseph Rowntree Foundation, 2000, pp. 68-70.

盗或者被攻击,而白种人只有9.6%。① 因此在英国,少数族群的社会排斥程度相比较而言就更为严重。

官方公布的贫困线,1995年家庭收入在这个贫困线以下的英国儿童的百分比在西方国家中仅次于美国,居于第二位(见图4.3)。而家庭收入处于国家平均水平60%以下儿童的百分比中,英国则居于第一位(见图4.4)。

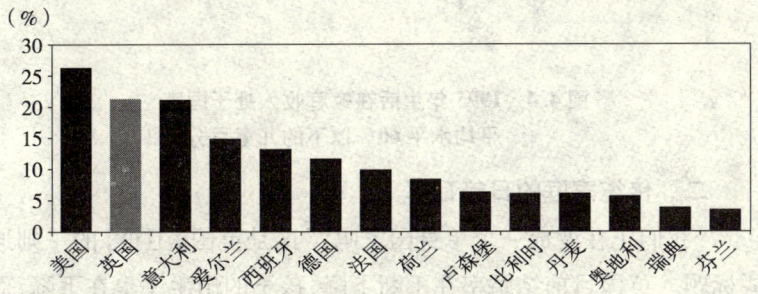

图4.3　1995年生活在家庭收入处于美国
官方贫困线以下的儿童百分比

此外,英国成年人的教育程度也是非常低的。

一项调查显示,在1994年到1996年期间,英国16至65岁之间成年人中有23%的阅读能力只能达到一级水平(这是11岁小孩应该达到的标准水平),而德国只有9%②。

---

① 参见 The Social Exclusion Unit. Bring Britain Together, http://www.sportdevelopment.org.uk/Bringing_Britain_together.PDF,2007-07-20.

② The Social Exclusion Unit. Preventing Social Exclusion, http://archive.cabinetoffice.gov.uk/seu/downloaddoc8517.pdf?id=232,2007-06-28.

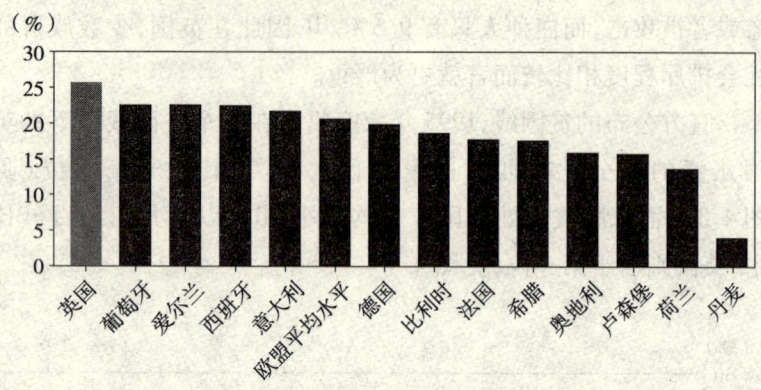

图 4.4　1995 年生活在家庭收入处于国家
平均水平 60% 以下的儿童百分比①

二、传统家庭的日趋瓦解

"我们正在变成一个单身国家吗?"这是英国《卫报》的一则通栏标题。英国目前结婚率在不断下降,孩子的出生率也在下降,而离婚率则不断上升,单身家庭增加,越来越多的人开始选择独身。

据英国国家统计局公布的数字表明,英国社会的单亲家庭现已占家庭总数的 25%。过去 30 年中,终身未婚或离婚率大大增加。现在 23% 的孩子生活在单亲家庭中(1972 年时这一比例仅为 8%),离婚和分居的妇女占单亲家庭的一半以上。同时终身未婚的单亲家庭人数也由 20 世纪 70 年代的 1% 上升到现在的 9%,妇女是单亲家庭中的绝大多数。在英国,160 多万父母亲和 280 多万孩子生活在单亲家庭中,在这 160 万单亲家庭中,增长最快的是未结婚的单生母亲,其比例在 1997 年是 42%,1984 年时仅为

---

① 图 4.3 与图 4.4 来自于 The Social Exclusion Unit. Preventing Social Exclusion, http://archive.cabinetoffice.gov.uk/seu/downloaddoc8517.pdf? id = 232, 2007 - 06 - 28.

第四章 合作政府兴起的现实背景

24%,且这个趋势还在进一步扩大。① 这些单亲家庭首先是对孩子的成长不利,缺乏父爱的孩子往往缺乏自信,其适应社会的能力要比较差,并且容易患忧郁症。其次,单亲家庭往往容易遭到社会排斥,因为他们往往成为贫困的对象。

英国现在的结婚率也处于160年有记录以来的最低点。1961年是,英国初婚为33万人,再婚为5万人。至1997年,初婚人数下降到不足20万,再婚人数为12万。其中约41%的婚姻均以离婚而告终,这还不包括没有履行正式结婚手续的同居者在内。约15万以上16岁以下的孩子都经历过父母离异。2/5的孩子是非婚生的,而相同比例的婚姻则是以离婚而告终。② 以上这些数据表明,英国人对婚姻的观念及其价值取向已经发生变化,传统的家庭开始瓦解。

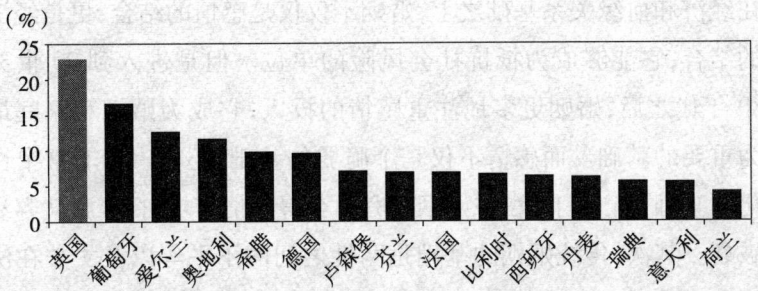

图4.5 1999年西方国家中15—19岁女性生育婴儿率百分比③

---

① 阮宗泽:《第三条道路与新英国》,北京:东方出版社,2001,第264—265页。
② 阮宗泽:《第三条道路与新英国》,北京:东方出版社,2001,第265页。
③ The Social Exclusion Unit. Preventing Social Exclusion, http://archive.cabinetoffice.gov.uk/seu/downloaddoc8517.pdf? id=232,2007-06-28.

对传统家庭观念及其结构构成挑战的还有越来越多的未成年人成为父母。在欧盟各国中,15 到 19 岁妇女的生育婴儿率英国居于首位,其比例为 23%(见图 4.5)。在英格兰、威尔士,每 100 个未成年少女中就有 3 个少女怀孕,这一比例是很高的。仅 1997 年,英格兰就有 9 万未成年少女怀孕,其中 5600 人选择生下孩子。在苏格兰,丹迪市被称为"少女怀孕之都",仅 1998 年少女怀孕人数即达全国总数的 6.8%,附近的东艾尔郡少女怀孕的比例也达 5.18%。① 1999 年一个 13 岁的男孩成为一对双胞胎的父亲,与此同时,一个 12 岁的女孩成为孩子的母亲,这成为当时全国新闻的热点。

以上数据表明,进入 20 世纪 80 年代后英国家庭处于危机之中,传统的家庭正在解体。传统家庭的解体是因为它的特点与现代人的生活要求彼此矛盾的结果。首先,传统的家庭主要是建立在经济和血缘关系基础之上,婚姻不仅仅是感情的结合,更是经济的结合,它能够成为抵抗社会风险的单位。但是进入到 20 世纪 80 年代之后,婚姻更多地注重感情的投入,它成为婚姻和家庭最为重要的基础。而感情不仅是个脆弱的基础,还是一个非常个性化的基础,当人们无法在婚姻家庭中获得感情需求时,家庭就容易破裂。其次,传统婚姻的基础是两性之间的不平等以及丈夫在法律上对妻子享有的所有权。在英国法律中,直到 20 世纪早期仍然把妻子视为丈夫的动产。同样,子女所享有的法律权利也非常少。② 不过随着人们性别观念的变化,妇女地位的提高,家庭也开

---

① 阮宗泽:《第三条道路与新英国》,北京:东方出版社,2001,第 260—261 页。

② 安东尼·吉登斯:《第三条道路——社会民主主义的复兴》,北京:北京大学出版社,2000,第 95 页。

始发生变化。越来越多的妇女走出家庭开始参加工作。这不仅仅改变了她们在经济上对男性的依附关系,更为重要的是她们对自己未来的生活有了新的思想观念。她们不能仅仅满足于传统相夫教子的角色,而是要追求自己独立的人格和生活空间。再次,传统的家庭中性的要求采取双重标准,一方面要求女性必须忠贞于家庭和丈夫,但是男性则是拥有更多的性自由。而今天社会男女在性的要求上趋于平等。最后,传统的家庭中孩子成为重要的感情纽带。但是,"我们现在则生活在一个宝贝孩子的时代,子女已经不再是一种经济利益,而变成了一种重要的经济成本。子女的身份以及子女的抚养已经发生了重大的变化"①。

所有的这一切都让我们无法回到传统家庭时代,而传统家庭的解体又带来很多社会问题。婚姻是漂移不定的成年男人情感培育的主要场所,这可以使他们承担起义务和责任,否则他们就会放弃它们。根据这个观点,无父是这一代人所面临的一种最为有害的人口构成趋势。……它还是我们所面临的最多紧迫问题的根源所在,这些问题包括犯罪和青春期少女怀孕、儿童性虐待和针对妇女的家庭暴力。② 而要解决这些问题不是哪个政府部门能够胜任,也不是仅仅依靠政府就能够完成,需要政府的各个部门以及政府与社会的合作才能让家庭在自主性和责任之间达到平衡。

三、犯罪现象的增加

进入20世纪80年代后,英国面临的另一个问题就是犯罪率

---

① 安东尼·吉登斯:《第三条道路——社会民主主义的复兴》,北京:北京大学出版社,2000,第95页。

② 安东尼·吉登斯:《第三条道路——社会民主主义的复兴》,北京:北京大学出版社,2000,第93—94页。

的升高。从 1983 年开始,英国的犯罪率开始攀升,1993 至 1995 年达到顶点,此后开始缓慢回落(具体参见图 4.6)。根据英国犯

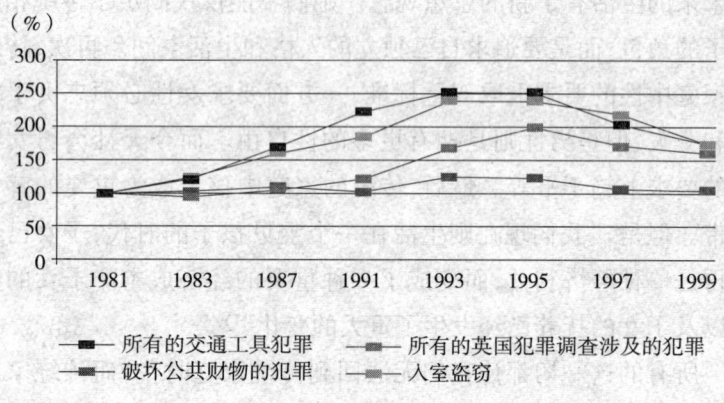

图 4.6　1981—1999 年英国犯罪趋势图
(以 1981 年数据为基准,基准数为 100)①

罪统计网的数据显示,1981 年英国所有的犯罪次数约为 1100 万,到 1995 年,这个数目增加到约 1900 万,增长了 73%。② 英国的犯罪行为主要集中在入室行窃、破坏财产、吸毒、诈骗、抢劫、性侵犯、交通工具盗窃、人身侵犯以及其他犯罪,其中入室盗窃和交通工具盗窃成为这些犯罪行为中上升最快的两种犯罪行为。交通工具盗窃的案发率从 1981 年到 1993 年增加了 150%。1993 年入室盗窃数

---

① Strategy Unit. *Building on Progress. Security, Crime and Justice*, London: Cabinet Office, 2007, p. 18.

② 数据来源于 http://www.crimestatistics.org.uk/output/page54.asp,也可参见 Kerista Jansson. *British Crime Survey—Measuring Crime for 25 Years*, London: Home Office, 2006, p. 8。

第四章 合作政府兴起的现实背景

为1776000,相比较1981年的750000次而言增长137%①;其中,完全入室盗窃从1981年到1997年增长了86%,而入室盗窃未遂的增长率为177%(见图4.7)。

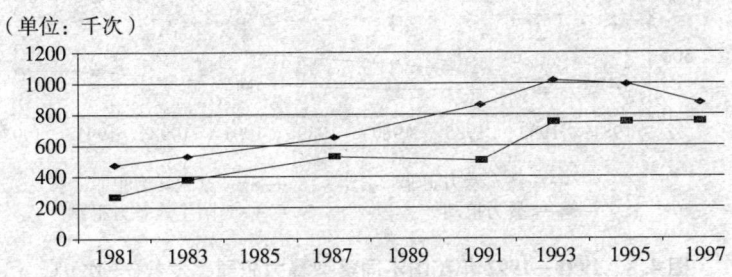

图4.7　1981—1997年英国入室盗窃未遂和
完全入室盗窃的案发数(千次)②

注:图4.7中上面的曲线代表完全入室盗窃次数,下面的曲线代表入室盗窃未遂次数。

这些犯罪行为,尤其是暴力犯罪,造成社会对安全的普遍担心。从1981年到1997年,暴力犯罪率增长了56%。③ 其中增长较快的是熟人暴力犯罪和家庭暴力犯罪增长(参见图4.8),这让公众对安全状况更加担心,因为他们找不到可以信任的对象。英国的其他犯罪行为也在增长。

英国的青少年犯罪现象也非常严重。根据英国1996年的犯

---

① Tracey Budd. *Burglary of Domestic Dwellings Findings from the British Crime Survey*, London: Home Office, 1998, p.7.

② Tracey Budd. *Burglary of Domestic Dwellings Findings from the British Crime Survey*, London: Home Office, 1998, p. i.

③ Catriona Mirrlees-Black, etc. *The 1998 British Crime Survey*, London: Home Office, 1998, p. 14.

153

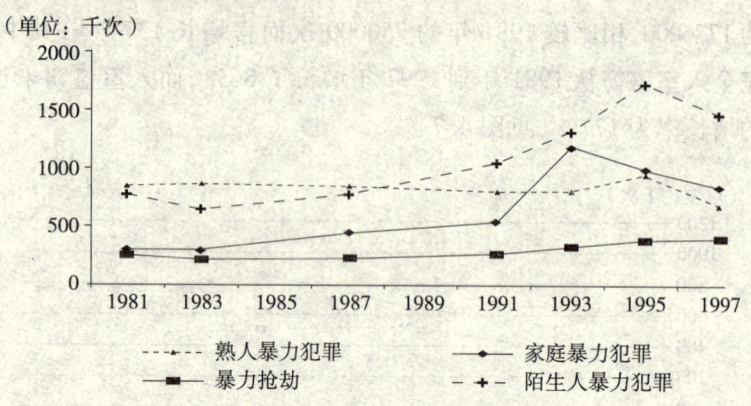

图 4.8 1991—1997 年英国不同类型暴力犯罪案发数(千次)①

罪调查发现,18 岁以下的少年犯每年犯有 700 万起罪行。10—17 岁的占已查明罪犯的 25%,14—15 岁的占到 14%。根据 1996 年英国内政部调查《青少年和犯罪》上公布的结果,在 10—25 岁的青少年中,每 2 名男性中有 1 人、每 3 名女性中有 1 人曾出现过违法行为。14 岁是旷学的普遍高峰期;15 岁是违法和吸食大麻的高峰期;16 岁是吸毒的高峰期;犯罪的高峰年龄是 16 岁的男性和 21 岁的女性。② 因此,大量的青少年犯罪使他们成为危害社会的重要主体。

英国犯罪现象非常严重,首先是源于 20 世纪 70 年代后英国经济萧条,失业率居高不下。研究显示,犯罪率高的地区往往也是劳动力市场缺乏的地区,尤其是本地青年难以获得就业机会的地

---

① Catriona Mirrlees-Black, etc. *The 1998 British Crime Survey*, London: Home Office, 1998, p. 15.

② 李玫瑾:《犯罪预防的新思路与实践》,《公安大学学报》,2001(4):第 48 页。

区。有研究也表明,1986 年至 1996 年之间的犯罪率往往和这个地区的男性失业率的增加有关联。① 这些缺乏劳动技能或者优势的人因为没有就业机会,为了生存他们往往会选择铤而走险。其次,犯罪现象的严重也与家庭有着密不可分的关系,尤其是对于青少年犯罪。20 世纪 70 年代后,英国传统家庭开始解体,青少年无法获得来自父母双方在感情和物资上的关爱。在感情上失去关爱的青少年往往感到孤独、缺乏安全感,觉得家庭不是一个可以信赖的地方,因此会混迹于社会,最终走上犯罪的道路。而缺乏物资帮助的孩子则缺乏足够的教育机会,这也可能导致他们走上犯罪道路。最后,学校对于青少年犯罪也有着不可推卸的责任。很多被学校排斥的学生,如辍学者、学习成绩不好的学生往往成为犯罪分子。当然,也有一些犯罪行为是因为他们受到社会的排斥,如少数族群在社会中处于弱势地位,他们会采取一些犯罪行为来表达自己的不满。总之,英国社会犯罪现象严重是各个方面的原因造成的,它已经超越失业以及卫生医疗条件,成为英国公民最不满意的一种社会状况。② 而要从根本上扭转这些状况则不是哪个政府部门能够做到的,因此只有通过合作,才有可能降低英国的犯罪率,给公民提供一个安全的社会环境。

第三节 英国新公共管理运动存在的问题

保守党政府大张旗鼓推行新公共管理的目的是要降低政府运

---

① Jonathan Bradshaw, etc. *The Drivers of Social Exclusion*, London: the Office of the Deputy Prime Minister, 2004, p. 91.

② Jonathan Bradshaw, etc. *The Drivers of Social Exclusion*, London: the Office of the Deputy Prime Minister, 2004, p. 96.

行成本,尽可能地采用市场机制而不是政府力量来解决公共问题。而市场的逻辑起点是亚当·斯密的"经济人",追求个人效用最大化以及自由竞争是市场运行的内在要求。将市场机制引入到公共管理领域中来无可厚非,但是我们必须要保持警惕。首先,市场不是万能药,不能包治百病,这已经为历史所检验。其次,市场自身也存在问题,市场与政府一样会失灵。因此,当新公共管理运动过于依赖市场机制时就难免陷入市场失灵的泥沼,它不仅对于解决英国政府存在的部门主义问题捉襟见肘,而且还产生了新的问题,即政府的碎片化和空心化。

一、政府的部门主义

如前文所述,英国当代政府部门设立很明显受到1918年霍尔丹报告的影响。1918年霍尔丹报告强调,"政府各个部门事务的分配应该尽可能地根据所涉及的服务类别而不是涉及的人进行"①,这就是所谓的政府部门的设置按照职能划分。根据职能划分的原则,霍尔丹报告建议将政府部门分为以下一些:财政,国防和外事,生产(包括农业、林业、渔业、交通和商业),就业,供应,教育,卫生,司法以及研究。虽然此后有人批评霍尔丹报告忽视了部门设立的另外两个原则,即程序和地区,但是英国政府还是不自觉地采用了按职责分工的原则来建立政府部门。霍尔丹报告中按照职责分工的原则在1968年的富尔顿报告中又一次得到重申。这份报告提出了两点特别重要的建议:(1)一体化的等级制度。富

---

① Cooksey Review Team. *Historical Overview of Government Health Research Policy*, http://www.hm-treasury.gov.uk/media/6/B/cooksey_review_background_paper_a_brief_history.pdf,2007-04-12.

第四章 合作政府兴起的现实背景

尔顿的报告建议建立"统一的等级制度,对行政人员和专家实行统一定级……"(2)按职责分工。富尔顿设想的按职责分工的办法是:"成立专门机构,负责完成……某些(规定的)任务,这些任务通常是……全国性的。"①富尔顿报告中的建议很显然受到希思政府的重视,1970年白皮书《中央政府的重组》重申了这一原则。这份文件特别赞成"把职能原则作为分工的依据",并号召"将职能按类别集中由大型部门负责执行"。② 此后到撒切尔等保守党政府时期,按照职责分工也是政府部门设置的重要标准之一。

牛津大学教授弗农·博格丹纳认为,根据霍尔丹委员会提倡的按照职责分工原则与内阁政府的理想之间存在着一种紧张关系。③ 这种紧张关系的出现是因为根据职责分工建立的政府部门会形成一种部门主义,这种部门主义是指政府部门工作的出发点是部门利益。英国内阁政治的特点就是要政府以内阁整体或者集体对政府政策负责,因为政策往往是跨越部门,单独的哪一个部门难以解决所有的政策问题。但是在库罗斯曼看来,内阁已经成为一个部门联邦,而不是一个集体决策的组织。④ 因为每一个内阁部长在内阁会议中都是站在自己的立场来表达观点,而不是从政府整体或者说内阁整体的角度来思考问题。此外,各个部门的活动都是在自己的办公室地点进行,它们的工作人员极少互换(高

---

① 约翰·格林伍德、戴维·威尔逊:《英国行政管理》,北京:商务印书馆,1991,第25—26页。

② 约翰·格林伍德、戴维·威尔逊:《英国行政管理》,北京:商务印书馆,1991,第34页。

③ Vernon Bogdanor. *Joined-Up Government*, New York: Oxford University Press, 2005, p. 4.

④ Vernon Bogdanor. *Joined-Up Government*, New York: Oxford University Press, 2005, p. 4.

级官员除外)。因此,每个部门都会形成格里斯菲的书中所说的"一种独特的哲学、精神与气氛"。① 当一个部门的高级官员被调往另一个部门工作时,他的脑袋里还装着原来部门的印象,但却要和着另一个部门的节奏。撒切尔政府的一个地位较低的部长曾说:"最初我是在环境部负责交通政策工作,后来在财政部掌管对英国公路网络申请更多资金进行主要检查的工作,那一刻我发现我自己在财政部正在和自己最初提出的政策较劲,这样你都会有些精神分裂症了。"② 不仅不同的政府部门其哲学、精神与气氛不同,它们还会为各自的工作权限以及财政经费而互相竞争。威尔逊的第一任政府创建的经济事务部门只存在了五年,因为它对其他部门构成了严重的威胁,因而受到排挤。而财政部从来都不喜欢基本上是从自身分离出去的文官部,最后也被迫撤销,它的众多职能还是回归到了财政部。当然,不同部门之间也会因为政策而竞争。例如,贸易部向来主张自由贸易,而工业部与就业部则很想实行保护贸易制。它们之间的斗争既有通过内阁斗争,也有通过将消息透露给议会议员、压力集团以及社会媒体以及大众的方式来互相打压。③ 这种因为职责分工的不同而形成的不同部门都在竭尽所能地影响政策,使其向着最有利于自己的方向发展。

由于职责分工而导致部门主义并不奇怪。首先,部门主义是由英国政府政策制定的过程所决定。尽管英国的政策大多数是由

---

① 约翰·格林伍德、戴维·威尔逊:《英国行政管理》,北京:商务印书馆,1991,第37页。

② Dennis Kavanagh and David Richards, *Departmentalism and Joined-Up Government: Back to the Future?* "Parliamentary Affairs", 2001(54):p. 2.

③ 约翰·格林伍德、戴维·威尔逊:《英国行政管理》,北京:商务印书馆,1991,第38页。

第四章 合作政府兴起的现实背景

内阁所决定的,但是内阁的各个部长不一定具备与此政策有关的各种知识。一位曾被任命为住房和地方政府部大臣的官员曾回忆说:"令人惊奇的是在政治活动中,一个人怎么能够把注意力集中在几个问题上。多年来我一直是专门研究社会保险的,对这方面的情况我很熟悉。我在参加影子内阁的几个月里研究过科学与教育。但是,我从来没有考虑过城乡规划方面的问题……这和我毫无关系,而且完全不像我所料想的那样。"①这些大臣由于政治上的原因从一个部门调到另一个部门,因此他们关于政策的知识是从本部门的文官中获得。由于每一个政府部门负责国家某一个方面的政策,即便是负责该部门的大臣都不一定对本部门的政策知识了然于胸,更何况其他部门,这种政策知识的专有性和各个部门在此基础上的优越地位决定了它们容易形成部门主义,认定该部门在此政策上的权威地位。其次,从组织理论的角度来看,部门主义是由英国官僚体系所决定。英国很早就确立了官僚体系,文官的中立、终身任职,等级森严,这些都是官僚体系的特征。按照詹姆斯·汤姆森的观点,这是一种封闭型的组织体系。它"关注的主要是完成目标的效率问题,组织从功用的角度努力利用组织的资源,是每一个组织部分服务于体制的逻辑,用控制机制减少不确定性"②。由于理性模式的封闭体系的逻辑是消除不确定性,因此它会尽一切可能地强化其控制机制,这样它们就会自觉地排斥其他组织对其的干涉,甚至会反过来努力去控制自己组织内外部,为

---

① 约翰·格林伍德、戴维·威尔逊:《英国行政管理》,北京:商务印书馆,1991,第89页。
② 罗伯特·丹哈特:《公共组织理论教程》,北京:华夏出版社,2002,第65页。

自己获得一个确定性的环境。最后,也是最为重要的是,部门主义其实也是政府各个部门寻求部门利益最大化的表现。公共选择理论认为,无论是政府官员还是普通人,都是理性的经济人,都在寻求个人效用的最大化,因此政府各个部门也是如此。尼斯坎南认为,"对于任何一位官僚来说,因为他的信息的有限性和其他人的利益的冲突,无论他的个人动机如何,都不可能按照公共利益来行动",因此"毫不奇怪,听到最敬业的官僚把他们的目标描述为使他们所负责的特定服务的预算最大化"。① 政府官僚不仅是公共利益的代言人,他们也在为自己谋求福利,因此部门主义的形成也就不言而喻。

二、政府的空心化

新公共管理运动不但没有解决长期以来困扰英国政府的部门主义问题,而且它所推行的市场化和管理主义还导致了公共管理的空心化问题,严重弱化了中央政府对政策的掌控能力,削弱了政府公共服务和公共产品的提供能力。

约克大学教授罗斯(R. A. W. Rhodes)在1994年发表的《国家的空心化:英国公共服务变化的本质》一文中认为,英国政府正在向空心化的方向迈进。这种空心化表现在四个互相关联的趋势上②:(1)私有化以及公共干预的形式和范围的限制。公共部门的范围以及政府干预的程度可以用公共开支、国有企业以及政府雇

---

① 威廉姆·A.尼斯坎南:《官僚制与公共经济学》,北京:中国青年出版社,2004,第38—39页。

② R. A. W. Rhodes. *The Hollowing out of the State*: *The Changing Nature of the Public Service in Britain*,"The Political Quarterly",17(1):pp.138–151.

佣的数量来衡量。保守党在20世纪70年代末掀起的新公共管理运动尽管在公开开支上没有多少变化,但是大量的国有企业被私有化为世人所注目。此外,政府雇员人数也从1979年以来急剧减少,从1979年到1992年,政府公务员减少了24%。(2)中央与地方政府部门功能缺失以及可选择的服务供给系统。新公共管理运动采用了大量的市场化方法,如外包、准市场化运营、强制性竞标,这些让服务的提供者和购买者分开的市场化方法大量使用的结果是将公共服务机构分化。在与私人以及第三部门在公共服务提供的竞争中,大量的政府部门失去了原有的优势地位。"顾客"不必到政府部门获得公共服务,这在很大程度上对政府公共服务的提供是一个挑战。(3)英国政府功能的缺失以及欧盟组织的影响。由于英国成为欧盟的一员,英国不得不在内政外交上和欧盟保持一致,这使得一些英国政府职能受到欧盟的影响。(4)新公共管理强调管理责任,从而限制了公务员的自由裁量权。由于新公共管理强调采用"3E"作为衡量政府工作的硬性标准,公务员的工作不得不按照这个标准进行,因此公务员的自由裁量权也丧失了。这是从微观角度分析政府的空心化。总之,罗斯认为,英国政府的核心能力以及内在联系的被打破,并且失去了对其他部门的掌控能力。

伊恩·霍利德(Ian Holliday)并不认同罗斯的观点,他认为英国政府的核心能力并没有缺失,而是呈现出一种网状结构。[①] 尽管他的分析不无道理,但是新公共管理运动导致英国政府空心化的断言还是不胫而走,经济合作与发展组织、汤姆·林、安德鲁·

[①] Ian Holliday. *Is the British State Hollowing out?* "The Political Quarterly",71 (2):pp. 167-176.

泰勒、纽曼等不同的组织和研究人员都认为英国政府出现了空心化(hollow out)的症状。① 英国政府的空心化首先表现在公共责任的缺失。英国新公共管理运动的核心就是要效仿私营企业的运行模式,将降低成本作为改革的主要目标之一。但是,将公共部门与私营企业等量齐观事实上在理论和实践上都是错误的。私营企业的目标简单,容易衡量,即追求最大利润;而公共部门必须要将社会责任、公平和正义作为自己的目标,但这个目标难以用简单的指标来衡量,最后只能转而求其次,即追求成本的最低,这事实上是对政府公共责任的放弃。英国的宪章运动虽然强调以顾客为中心,但是政府与公众的关系不同于企业与消费者的关系,我们不仅需要关注顾客,更需要关注公民。而且我们不仅要关注政府运行的"经济、效率与效益",更需要关注公民需求的满足,尤其是对于社会中弱势群体的关注。自 20 世纪 80 年代以来,英国各种社会问题日益严重,在整个欧盟乃至西方世界中都是一个负面的典范,这在很大程度上不能不说与保守党的新公共管理运动有关。由于保守党的改革运动将政府的公共性移除在外,或者说并没有放在重要的位置,最后政府公共责任的弱化,社会问题就成为此后政府的重要挑战。

政府空心化还表现在公共产品提供的弱化上。英国新公共管

---

① 他们关于英国政府空心化的论述可以参见 OECD. *Managing Across levels of Government*, http://oecd.org/puma/mgmtres/malg/index.htm; Tom Ling. *Delivering Joined-Up Government in theUK: Dimensions, Issues and Problems*, "Public Administration",80(4): pp. 615 – 641; Andrew Taylor. *Hollowing our or Filling in? Taskforces and the Management of Cross-Cutting Issues in British Government*, "British Journal of Politics and International Relations",2(1): pp. 46 – 70; J. Newman. *Modern Governance:New Labour,Policy and Society*, London:Sage,2001.

第四章　合作政府兴起的现实背景

理的显著特点之一就是大规模的私有化,此外通过合同外包、采购以及让地方政府通过强制性竞标等市场化的方法来为公众提供高质量个性化的公共产品。但是采用市场化的方法让公共部门与私营部门之间的责任界限模糊,而且采用竞争的办法也使得公共产品的提供更为混乱。由于在一定程度上更为复杂的重建——如电力和铁路的私有化以及国家卫生服务——法律经常没有严格的制定。[1] 这种缺乏严格法律约束的公共产品和服务的提供模式使其更为混乱,弱化了政府公共产品和服务的输出能力。

三、政府的碎片化

政府部门主义和空心化的另一个后果就是管理的碎片化。为了解决政府部门主义带来的问题,提高政府的政策执行能力,英国采取了"下一步行动计划",其结果是大规模执行局的采用。1989年英国政府的执行局只有3个,到1997年,其数量增加到110个。在执行局中工作的公务员也非常多,1990年,执行局中的公务员占整个公务员人数的11%,到1997年则占到77%,增加了6倍。[2] 大量脱离政府直接控制的执行局的出现虽然在一定程度上提升了政府某些政策的执行能力,但是却使得公共管理出现了碎片化的趋势,缺乏一种整体的思维和行动能力。不仅如此,碎片化还体现在政府IT信息系统上。许多部门建立了自己的信息系统网络,但是不同部门间以及同一部门的不同机构之间的网络沟通也存在问

---

[1] Christorpher Foster. *British Government in Crisis or the Third English Revolution*, Oxford and Portland:Hart Publishing,2005, p. 145.

[2] R. A. W. Rhodes. *Transforming British Government*, Volume 1: *Changing Institutions*, New York:Martin's Press,2000, p. 196.

题。内政部的一位官员曾表示,"当我来到内政部,我不得不介绍一个像中心信息网络战略一样的东西,IT 信息系统被政府的不同部门分裂为不同的部分,没有一个单一的网络能够让内政部自己进行交流,这实在是滑稽"。①

　　政府的碎片化首先表现在组织的碎片化上。正如前所述,英国在 1988 年的"下一步行动计划"后,大量采用了执行局的形式,无论是在组织的数量上还是在公务员的数量上,执行局都占有相当大的比重,如英国社会保障部中 87000 名员工中有 84000 人在执行局中(占 96.8)。② 如此众多的执行局的存在彻底改变了英国政府传统的组织模式,使得它由一个层级化的组织形式变得碎片化。其次,政府的碎片化还表现在相互冲突的程序上,由于不同的执行局隶属于不同的政府部门,对于它们的协调变得较为困难。虽然它们服务于同一个目标,但是也可能会互相掣肘。再次,执行局的功能会出现重复。社会排斥小组发现,一个伦敦市的地区政府不得不对 6 个不同的重建计划作出回应。这些重建计划由不同的执行局负责,而这些重建计划中大多数都差不多。最后,碎片化还体现在政府提供的公共服务之中。每一个执行局都有着自己的职责与功能,但是它们服务的对象可能是同样的。因此,接受公共服务的公众必须面对不同的执行局。如英国在没有成立儿童保护委员会之前,精神病学家、教育福利官员、儿童保护社会工作者、警察都确定了他们对儿童保护的工作范围和行为方式。这样,青年

---

　　① Dennis Kavanagh and David Richards, *Departmentalism and Joined-Up Government: Back to the Future*? "Parliamentary Affairs", 2001(54), p.9.

　　② R. A. W. Rhodes. *Transforming British Government*, Volume 1: *Changing Institutions*, New York: Martin's Press, 2000, p.198.

人在接受救助时就不得不面临着警察、社会服务和教育福利的关照,而这些部门的工作却完全不顾及其他部门的工作。① 此外由于公众所遇到的问题不可能根据政府执行局的种类进行划分,但是这种分散的执行局只能在自己的职责范围内行使公共责任,这导致的结果就是公众难以获得自己想要的公共服务。

诺丁汉特伦特大学教授 Perri 6 等人在《通向整体型治理——新的改革议程》一书中认为英国政府出现碎片化的原因有两大类,一类是良性的(benign)碎片化,一类是恶性的(malign)碎片化。良性的碎片化是因为政府管理过程中无意造成的,造成良性碎片化的原因包括:②

(1)将管理的焦点放在预算以及政策输入方面:新公共管理要求主张政策的输入,通过建立各种指标来计算预算与绩效间的关系,然后从各个环节及流程细节着手进行管理,这样的结果是见小不见大,只见树木不见森林,最后导致碎片化。

(2)对于廉洁的追求:西方传统观念认为政府是一种必要的"恶",因此在立法过程中将更多的关注点放在监督腐败上,忽略了政策事务间的关联性,间接造成了碎片化的发展。

(3)顾客导向的政府:在强调顾客需要及其满足的条件下,对于公共服务的提高有着较高的要求,但是这并不能驱动公共部门进行组织机构间功能或者事务的整合,发展水平或者垂直关系的合作。

---

① Perri 6, Diana Leat, Kimberly Seltzer and Gerry Stoker. *Towards Holistic Governance—the New Reform Agenda*, New York: Palgrave, 2002, p. 38.

② Perri 6, Diana Leat, Kimberly Seltzer and Gerry Stoker. *Towards Holistic Governance—the New Reform Agenda*, New York: Palgrave, 2002, pp. 40 - 41.

(4)功能性组织的策略性决定:许多功能性的组织想进行战略性发展的决定,但是缺乏其他组织机构的协作会造成碎片化的结果。

(5)民主压力要求下的公共服务:人民总希望能够获得更多的服务以及多元化的政府,在民主的压力下,政府在没有清楚思考及设计机构间功能整合之前建立这种多服务功能的政府,将使政府组织朝碎片化的方向发展。

造成政府碎片化的恶性原因主要有三条:①第一,政治人物为了对组织人员及组织进行有效控制,必将采取分而治之的模式(divide and rule);第二,由于组织具有专业性的特征,面对复杂问题时会对专业外的事务采取不闻不问的策略;第三,为了尽可能地获得部门利益,组织倾向于控制范围的极大化。

政府碎片化的第一个后果就是组织间协调的困难。组织间的行为总是互相影响互相关联,但是如此碎片化的不同组织使得协调显得非常困难。因为每一个组织都有着如此众多的关联方,而每个关联方组织都有着自己的立场和利益。因此有学者表示,提倡分权化的自我管理和控制的组织总是不能意识到高度分化的社会和多元化、碎片化的组织系统需要集体的掌舵、规划以及共识的建立。② 碎片化不仅削弱了政府的协调能力,还降低了政府的工作效率。工作效率低下的一个原因是碎片化造成了组织功能以及权力的重叠或者重复,这种浪费降低了效率。

---

① Perri 6, Diana Leat, Kimberly Seltzer and Gerry Stoker. *Towards Holistic Governance-the New Reform Agenda*, New York: Palgrave, 2002, pp. 42 - 43.

② R. A. W. Rhodes. *The Hollowing out of the State: The Changing Nature of the Public Service in Britain*, "The Political Quarterly", 17 (1): p. 146.

第四章　合作政府兴起的现实背景

小　结

　　布莱尔推行合作政府的一个很重要的原因就是他们不得不面对一些棘手的问题。1996年英国爆发的"疯牛病"不仅让英国政府在国内外颜面扫尽，而且还让英国人感受到了风险社会的来临。风险社会是工业社会的后果，是工具理性和消费主义的直接产物，同时现代代议制政治与公共管理体制使得风险会带来"有组织的不负责任"的后果。此外，其他的棘手问题也让英国政府穷于应付，如社会排斥、传统家庭的瓦解以及犯罪率的不断攀升。英国社会面临的这些问题在欧盟，乃至在整个西方世界都比较严重。面对着如此众多的问题，英国政府的治理能力却难以应付。不容否认的是新公共管理运动给英国政府改革注入了活力，但是它的成绩和弊病同样显著。新公共管理运动没有解决英国政府一直以来所面临的部门主义问题；相反，政府管理的空心化和碎片化等新的问题反而削弱了英国公共治理的能力。阔别执政地位18年之久的新工党重新入主白厅，风华正茂的布莱尔当然期待能够给英国政坛带来一股新的改革之风以洗刷英国政府的陈淤新泥，合作政府改革就是在这种背景下拉开大幕。

第五章　布莱尔新政析论之一：英国中央政府的合作治理之道

合作政府是布莱尔政府改革的关键词，它"已经成为21世纪早期的重要主题，正如'重塑政府'是20世纪晚期的重要主题一样"。① 英国保守党在20世纪后期的"重塑政府"主要是通过私有化、市场化、建立执行局等方式减少国家干预，降低政府治理成本，提高政府管理效率。不过保守党政府改革被认为导致政府能力的空心化，它"弱化英国的中央政府能力"，尤其是"当前的趋势侵蚀了中央控制治理系统的能力"。② 在政府能力空心化的同时，大量执行局的建立让治理显得碎片化。根据功能化原则建立起来的政府部门在政策制定和执行中容易受到"隧道视野"的影响，而当前复杂的公共问题往往跨越政府部门之间的界限，因此公共政策在解决这些问题时往往不得要领。正是面对保守党改革的后遗症，第三条道路和布莱尔认为应该建立一个"有能

---

① Vernon Bogdanor(eds). *Joined-up Government*, New York: Oxford University Press, 2005, p. 1.

② Ian Holliday. *Is the British State Hollowing out?* "The Political Quarterly", 71(2): p. 167.

力"的政府,这个政府必须去解决各种棘手的社会问题,提供优质的公共服务,为此新工党提出必须使政府现代化。现代化的政府要求首先政策制定是更为合作以及具有战略眼光的;其次,通过提供配套的更贴近公民生活的服务保证公共服务的使用者而不是提供者更受关注;最后,更为有效和高质量地提供公共服务。① 其中最为关键的就是建立合作政府,它是有效提供高质量公共服务的保证。

合作政府应该如何建立呢?布莱尔宣称:"人们必须知道我们将从中心开始运行,以及来自于中央的管理。"②对于合作政府而言,就是要建立一个强有力的控制核心协调不同部门的政策,以此来着力解决当时英国面临的各种问题。布莱尔政府强调"运用政府的核心(首相办公室、内阁办公室和财政部)领导推动一个更为有效的跨领域的途径","这个中心在创立一个战略框架……支持政府部门和促进跨领域行动而不是仅仅像以前在直接干预上扮演一个关键角色"。③

第一节 合作政府的核心执行部门

研究核心执行部门是过去 20 多年英国学者研究英国中央政

---

① Cabinet Office. *Modernising Government*, London:Cabinet Office,1999, p.6.

② David Richards, Martin J. Smith. *Autonomization of the State:From Integrated Administrative Models To Single Purpose Organizations*, http://www.sog-rc27.org/Paper/Scancor/Dave_Richards.doc,2007-05-16.

③ Cabinet Office. *Wire It Up:Whitehall's Management of Cross-cutting Policies and Services*, London:Cabinet Office,2000, p.5.

府的一个主要途径。①核心执行部门主要包括首相办公室、内阁办公室、财政部、外国与联邦办公室、中央政府法律办公室等机构。作为布莱尔政策团队的重要一员,乔纳森·鲍威尔曾说过:"你会看到一场从封建的男爵体系到更多拿破仑体系的变革。"②他要表达的是布莱尔政府更多地强调一个强有力的核心控制,而本书研究的核心控制部门是首相办公室、内阁办公室和财政部。

首相办公室于 1806 年经过议会同意而成立,最初只是一个私人秘书办公室。此后随着首相权力的拓展,首相办公室也在不断地扩大。尤其是撒切尔执政时期,她将内阁甩开并宣称,"我是内阁的叛逆者"。③ 因此有学者称英国正由"内阁政府"向"首相政府"转变。到 1997 年,首相办公室主要由私人办公室、政治办公室、新闻办公室和政策小组组成,主要负责首相与白厅、政党、新闻媒介的沟通,并向首相提供建议,管理首相的日常工作,它是英国中央政府的一个最为核心的机构。

英国政府采取的是责任内阁制。今天内阁已经成为拥有国家行政和立法大权的机构,被看成是对国家行政的最高控制。但是布莱尔和撒切尔一样,并不重视内阁的作用。内阁会议也被称为"沙发会议",即布莱尔并不是在正式的内阁会议厅中召开内阁会议,而是经常围绕着他的沙发讨论,并且参与者也往往

---

① 参见 P. Dunleavy 和 R. A. W. Rhodes 于 1990 年发表于《公共行政》第 68 期上的《英国核心执行部门研究》,R. A. W. Rhodes 和 P. Dunleavy 于 1995 年编辑出版的《首相、内阁和核心执行部门》以及 M. Smith 与 1999 年出版的《英国核心执行部门》。

② Antheony Seldon (eds). *The Blair Effect*. London:Little,Brown and Company,2001,p. 26.

③ 胡康大:《英国的政治制度》,北京:社会科学文献出版社,1993,第 119 页。

只是三五个人。① 在降低内阁作用的同时,内阁办公室成为一个重要的执行部门,"虽然它没有被命名,但是内阁办公室事实上成为首相的一个部"。② 内阁办公室在制定长期政策、促进文官和公共部门管理以及处理跨部门问题上发挥着重要作用。

财政部正式成立于1714年,后几经变革最后成为英国中央政府的核心执行部门。它能够成为核心执行部门是因为以下几点:第一,因为它的功能,包括管理经济和控制公共开支(这两个高于一切的政策领域在大部分国家是由两个部门执行);第二,因为这些功能的重要性,它能得到更广泛和高质量的信息(当财政部长被调到内政部后,他抱怨缺乏信息)③;第三,因为财政部的政治分量重,它在内阁中拥有两个席位,财政部长以及财政部首席秘书;最后,是财政部长与首相的关系对于内阁的运行意义重大,这种关系被认为是"白厅中的一个轴心"。④

一、核心执行部门的组织变革

正如布莱尔所说:"需要考虑的是有效的行动,而不是规模。政府做什么以及做得怎样,而不是做了多少是现代社会中政府的关键。"⑤为了获得这个"有效的行动",布莱尔政府认为必须要更

---

① 参见 Sir Christopher Foster. *British Government in Crisis or the Third English Revolution*, Portland: Hope Services Ltd, 2005, p. 167.
② Ibid. , p170.
③ Peter Madgwick. *British Government: the Central Executive Territory*. Worcester: Billing and Sons Ltd. , 1991, p. 26.
④ C Thain. *Treasury Rules OK? The Further Evolution of a British Institution*, "British Journal of Politics and International Relations", 6(1), p. 125.
⑤ Tony Blair. *The Third Way: New Politics for the New Century*, London: Fabian Society, 1998, p. 4.

注重组织的协调与合作。因此在布莱尔执政的第一个任期内就开始推行合作政府,强化核心执行部门的功能,加强内部协作。

在布莱尔入主唐宁街10号四天之后,他建立了一个宪法秘书处,负责解决立法问题,包括将权力下放的法案,这拉开了布莱尔建立一个强有力而又协作的政府中心的序幕。首相办公室设立了幕僚长,由乔纳森·鲍威尔担任,其主要职责是负责掌管整个首相办公室的工作。与此同时,在首相办公室,大量的特别顾问被雇用。到1999年年底,共有25名特别顾问在首相办公室工作,其主要职责是为首相就一些政策提供咨询。因为布莱尔在制定政策的过程中更多的是依赖于这些外来专家,而不是按照传统的威斯敏斯特模式寻求白厅内部行政部门的建议。① 为了保证不同的政府部门在对外时是一个声音,布莱尔政府出版了规则手册《部长法规》,要求部长在对外发布消息,接受媒体采访,颁布新的政策或者做出新的人事任命前要与首相办公室进行协商。1997年年底首相办公室专门成立了战略沟通小组,其任务就是协调不同政府部门对外声明,防止其互相冲突。

理查德·威尔森于1998年年初成为内阁秘书,"他意识到(在以下问题上存在着)一些缺陷,包括政策制定和政策执行的连接,对政策执行进行评价以及获得政府目标等问题"。② 因此在内阁办公室成立了一些跨越部门的特别小组,包括绩效与创新小组、社会排斥小组、女性小组、反毒品协调小组等部门,其目的在于试

---

① 参见 Steve Ludlam and Martin J. Smith (eds), *Governing as New Labour: Policy and Politics under Blair*, New York: Palgrave Macmillan, 2004, p. 112.

② M. Burch and I. Holliday, *The Prime Minister's and Cabinet Office: An Executive Office in All But Name*, "Parliamentary Affairs", 1999(52), 32–45.

第五章 布莱尔新政析论之一：英国中央政府的合作治理之道

图建立跨越部门的政策制定和执行模式。这些小组成员往往是来自于不同的政府部门，代表着不同的角色和目的。其中，社会排斥小组和绩效与创新小组尽管存在于内阁办公室，但他们的工作是通过内阁秘书向首相负责，而且"他们要和首相办公室的政策小组紧密合作"。① 此外，1999年管理与政策研究中心成立，它是由公共服务办公室和内阁办公室的其他一些部门合并而成，其目的在于将促进政策制定和政策执行连接起来。

在布莱尔的第一个执政期间，其改革的核心在于组建一个合作政府，这个合作政府通过建立一个强有力的核心执行部门来实现不同部门的合作与协调。这个强有力的核心首先在于将首相办公室和内阁办公室整合起来，尤其突出首相办公室的核心作用。

在布莱尔的第二个任期，他更系统地推进组织变革来加强核心执行部门的能力，尤其是对首相办公室的改革。下议院公共行政特别委员会主席托尼·赖特更是认为"可以证实的是在实际上而不是在名义上（首相办公室）是首相的一个部，它具有一个逐步增长的从中央来推动政策的能力"。② "支持首相领导政府"不仅仅是首相办公室的主要目标，也是内阁办公室的目标之一。③

首相办公室在布莱尔第二次入主唐宁街10号后进行重组，并设立了三个主管：政策主管、沟通与战略主管以及政府关系主管。

---

① Paul Fawcett. The Centre of Government -No 10, the Cabinet Office and HM Treasury, London：House of commons, 2005, p. 55.

② Tony Wright. Minutes of Evidence on the New Centre, 转引自 Paul Fawcett, The Centre of Government - No 10, the Cabinet Office and HM Treasury, London：House of Commons, 2005, p. 57.

③ Cabinet Office. Cabinet Office Annual Report & Resource Accounts 2002 - 2003, London：Cabinet Office, 2004, p. 3.

政策主管是将私人办公室和政策小组合并,成为首相的政策智囊库。沟通与战略主管将新闻办公室、战略沟通小组和研究与信息小组合并,以整合首相办公室在信息沟通上的资源。而政府关系主管是为了督察首相和政府外部的交流,包括各种权力下放的行政部门,其他政党的领导与官员,非政府部门以及公众,交流的方式主要是信件和电子网络。与此同时,为了突出布莱尔在第二任期间的政策重点是提供公共服务,布莱尔组建了首相传达小组、公共服务改革办公室和前瞻性战略小组,这些组织部门和绩效与评估小组以及社会排斥小组一样,虽然是设立在内阁办公室,但是却向首相负责。此后,绩效与评估小组、首相的前瞻性战略小组以及管理与政策研究中心的一部分合并成为战略小组,由首相的特别顾问领导,直接向首相负责。

在首相办公室进行重组的同时,内阁办公室也经历了一个较大的变革,主要表现在政府各个部门的功能向内阁办公室转移。首先,是将交通、地方政府和区域部的区域管理职能剥离,交由新成立于内阁办公室的代理首相办公室负责;其次,突发事件计划也不再由内政部分离出来,制定理由由新成立于内阁办公室的全民紧急事故秘书处制定,在"9·11"之后,内阁又成立了情报与安全协调员,增强政府的核心执行部门协调管理安全、情报和紧急事故等问题;最后教育与技能部的平等机会委员会也转到内阁办公室。经过这一番改革之后,内阁办公室的财政支出增加 14.5 亿英镑,人员也增加了 2600 多人。① 为了进一步加强中央政府对区域治理的重视,主要负责区域事务的代理首相办公室从内阁办公室中分离出来,成为一个

---

① Cabinet Office, *Cabinet Office Resource Accounts 2000—2001*, London: Cabinet Office, 2002, p. 29.

独立的部门。

经过这些改革之后,首相办公室与内阁办公室无论是在人员还是开支上都大大增加,功能也增强,而且这两个办公室更为紧密地联系在一起,集中更多的资源为中央政府优先发展的目标服务。而且尤为重要的是这两个办公室更多是为首相的工作提供帮助,突出首相在核心执行部门中的影响。

二、核心执行部门的功能发展

在核心执行部门的组织变革大张旗鼓地进行时,其组织功能也在不断发展。下面我们将分析核心执行部门在政策制定、管制以及公共服务提供功能上的变革。

1. 政策制定

英国传统的政策制定是一个封闭的过程,主要是依赖于政府内部的文官提供政策建议。随着现代社会问题越来越复杂,社会分工越来越精细,文官在制定政策的过程中也越来越被看成是有才干的业余人士。在二战以后,英国越来越多的首相青睐政府外部的专业人士参与到政府决策中来,尤其是爱德华·希思首相。他成立了中央政策审查参谋机构,专门负责解决政策制定问题。

他的这一创举显然启发了布莱尔政府——1998年绩效与创新小组成立。设立绩效与创新小组的主要目的在于提升政府在战略以及跨领域问题的政策能力,同时在政策发展和实现政府目标上促进创新。① 在制定政策的过程中,往往是由公务员和外部专家共同制定,充分利用现有研究资源和前景预测技巧,并与众多专

---

① Cabinet Office, *Wire It Up: Whitehall's Management of Cross-cutting Policies and Services*, London: Cabinet Office, 2000, p. 77.

家和实践者建立联系。为了保证政策制定的独立性和鼓励创新，通常由一位其所负责领域而不是被调查领域的大臣负责主持政策小组。在1999—2000年，绩效与创新小组成立的开支是230万英镑，一年后的财政预算为260万英镑，人员也从31人增加到52人。[1]

为了进一步加强政府的政策制定能力，绩效与评估小组、首相的前瞻性战略小组以及管理与政策研究中心的一部分合并成为战略小组。在战略小组的任何时候，在其大约80—120名人员中，有半数的人员来自政府部门之外。他们有着不同背景，包括政府部门，从福特和葛兰素到毕马威（KPMG）和麦肯锡（MCKINSEY）的商业界，其他公共部门（如财政服务当局和威尔士发展署），非政府行业机构（如儿童俱乐部网络），大学（如 NEWCASTLE、WARWICK、哈佛和LSE），智囊团（如经济事务学院和公共政策研究所），以及来自世界各国的政府部门（包括来自德国、美国、加拿大、澳大利亚和法国）。其目的在于使了解政府运作的内部人员与能够带来新鲜视觉的外部人员共同打造一个更富创造力的平衡。小组希望聘请那些从事一线执行工作、具有直接经验的人员，以降低纸上谈兵而实际不奏效的战略带来的风险。[2] 战略小组的主要职责是对重要领域的政策进行长期战略研究，重点放在跨部门领域的政策研究上。它还与其他政府部门合作，加强战略思考并改进英国政府在政策制定方面的工作。这个部门的工作紧紧围

---

[1] Paul Fawcett, *The Centre of Government—No 10, the Cabinet Office and HM Treasury*, London: House of Commons, 2005, p. 56.

[2] Geoff Mulgan:《英国政府的政策和战略的动态研究》，载英国文化协会《改善公共政策》(c), http://www.self-learning-college.org/depository/puma_uk_governance03_sc.doc, 2006 - 12 - 16。

绕着现实政策的设计和执行,其编写的大部分报告都是作为政府政策的宣言是发表,并很快付诸实施。

战略小组主要是负责长期政策的制定,而设在首相办公室的政策主管主要是负责中短期的政策制定,它一般由 30 人左右组成,他们根据政策领域来分配成小组。

2. 管制

在英国核心执行部门中负责进行监管的主要是管制效果小组(后改组为内阁办公室良好管制执行局),以及良好管制特别小组(后改组为良好管制委员会),它们与政府其他部门、执行局以及其他的管制者合作来帮助确保管制工作的公平与有效。它们的工作主要包括在政府核心内进行大量的工作以促进制定更好的管制原则;评估风险并评估对风险采取的管理措施;支持良好管制特别小组的工作,通过运用《管制改革法》赋予的权力废止不必要以及过时的管制法律规定;改进评估体系,拟定管制实施细则。

为了保证管制的效率,内阁办公室采取了管制效果评估方法(Regulatory Impact Assessments,RIA)。管制效果评估方法最初是对企业制定的新政策或者修改政策前的一系列选择可能造成的影响进行衡量和评估的一种方法。它在发达国家施行多年,并被经济合作与发展组织所极力推荐。在英国,最早是于 1988 年被保守党政府采用,1997 年英国内阁办公室设立良好管制特别小组以及管制效果小组之后,其势头更为强劲。管制效果评估方法不但推广到公共部门的决策监督,还对之进行规定,使所有涉及制定管制或者立法权力的公共决策变化都要进行评估。一个完整的管制效果评估方法几乎贯穿整个决策过程,它包括 5 个阶段。首先是初始 RIA,它通过对政策目标所涉及的风险、收益和成本进行预计,建立一个清晰的政策框架。其次是局部 RIA,它是在初始 RIA 的基础上,一起上交他们和内阁委员会、首相办公室或者其他部门的相关大臣联席批准的建议书,在经过多次讨论、数据收集和非正式征求意见之后,政策目标的成本收益会更为清晰。再次是正式的磋商,它是对各种政策假设进行评价,并作出选择,对于被排除的选择必须作出说明。然后是最终 RIA,在对正式磋商进行总结的基础上,由主管部长签字并作为立法议案提交给议会,同时将其呈放在下议院图书馆。最后是对其的评价,在经过 RIA 之后并得到执行的政策还必须对其效果进行评估,考虑是否需要对其进行修正。① 整个管制效果评估过程能够使政策制定人员对其建议的全部影响进行仔细思考,找到获得政策目标的替代措施并对其进行评估,确保政策尽可能让利益相关者参与其中。

3. 公共服务提供

新工党建立合作政府的目的在于提高公共服务的质量,确立回应性的服务体系。提供公共服务在核心执行部门主要是由首相传达小组、公共服务改革办公室以及财政部负责。建立首相传达小组旨在强化白厅实现政府关键目标的能力,确保政府能够在关键的公共服务领域,如卫生、教育、犯罪与精神病以及交通等领域获得优先发展目标。② 首相传达小组的成员控制在 40 人左右,他们主要来自于中央政府各部门、地方政府以及私营部门,2003 年后它被转移到财政部,不过依然直接向首相报告。直到 2005 年,首相传达小组主要是监督卫生部、内政部、教育与技能部以及交通

---

① The National Audit Office, *Better Regulation: Making Good Use of Regulatory Impact Assessments*, London: The National Audit Office, 2001, p. 18.

② The National Audit Office, *Joining Up to Improve Public Services*, London: The National Audit Office, 2001, p. 23.

部在17个关键领域的公共服务绩效。为了确保这四个部门在17个关键领域内能够实现国家公共服务的目标,他们两个月召开一次会议,首相、财政部首要秘书、各政策主管、部长等高级官员都将参加,对公共服务的绩效进行评估。公共服务改革办公室的建立目的在于加强公共服务部门(包括中央政府部门、地方政府以及其他的公共组织)提供中央政府重要目标的能力,通过详细审查当前这些公共组织的结构、系统、激励机制以及技能来对公共服务改革提供建议。

强化对公共服务提供进行控制的另一个重要组织是财政部,它主要是通过全面开支评论、公共服务协议来实现。第一轮全面开支评论是在工党执政一年后执行,每三年进行一次评论。全面开支评论首先对每个部门三年所要达到的服务目标进行评论,并确立一个达到这一目标的最佳途径。它是英国最大的开支评论,有助于"制订政府的开支计划,为改革提供匹配的资源,确保在经济全球化的背景下让强有力且有效率的公共服务确保为所有人、而不是为部分人提供更好的机会"。[1] 1999年和2000年的全面开支评估提供了可持续性的资金增长,尤其是在卫生和教育领域。到2002年,在英国进修学校的老师是过去15年里最多的,相比1997年,护士增加了31500个,助产士也增加了9600个。[2] 全面开支评论也产生了公共服务协议,它是由各政府部门与财政部协商后产生,主要是确定各个政府部门公共服务的详细目标,各个政

---

[1] HM Treasury, *Opportunity and Security for All: Inverting in an Enterprising, Fairer Britain New Public Spending Plans 2003—2006*, London: HM Treasury, 2002, forward by the prime minister.

[2] Office of Public Services Reform, *Reforming Our Public Services: Principles into Practice*, London: Cabinet Office, 2002, p. 5.

府部门每年要向财政部报告目标取得的进展情况。

三、核心执行部门的财政计划

为了更好地实现合作政府,核心执行部门推行"投资节约"预算(Invest to Save Budget, ISB)。在1998年财政部发布的白皮书《英国的现代化公共服务——改革投资》中,中央政府强调以一种综合并且协调的方式来提供公共服务。为了追求跨部门的政府目标,并联合各部门的工作安排,一些新的改革措施推行开来,其中的财政改革计划就是执行"投资节约"预算。随后,内阁办公室与财政部设立"投资节约"预算。1999年,政府改革白皮书《现代化政府》又进一步强调建立"投资节约"预算的重要性。布莱尔政府表示,中央政府将在接下来的三年内提供2.3亿英镑来资助一些项目,这些项目将在提供服务的过程中将两个或者更多的组织联系起来,同时这种服务将更为创新,更加合作,更多的地方回应性,而且更有效率。①

总体而言,"投资节约"预算主要是由内阁办公室和财政部共同推行,不过对其具体管理却是由各个部门共同参与。"投资节约"预算委员会是对其项目进行战略性的监督,并向部长就资助决定提供建议,这个委员会是由财政部和内阁办公室成员以及审计委员会的代表组成。财政部的"投资节约"预算小组主要负责管理整个项目审批过程,并且就项目取得的成绩进行评估。它还负责向外传播项目在提供公共服务过程中的成功经验,推动这些经验的跨部门执行。内阁办公室帮助"投资节约"预算小组决定哪些组织可以参与投标,这主要是通过参与投标标准的制定来完

---

① Cabinet Office, *Modernising Government*, London: Cabinet Office, 1999, p. 31.

成的。同时它与财政部一起对组织的投标进行评价,建议哪些组织获得投标。此外,中央部门所获得的项目要设置一个指定的审计官员,而地方政府则是设立一个指定的首席官员,他们对项目的资金使用情况负责。而由志愿性组织以及社区组织所获得的项目,其资金使用情况是由内政部的审计官员来监管。① 除了上述的组织以及人员参与到"投资节约"预算的管理中外,中央政府的各个部门也可以就本部门的"投资节约"预算项目的执行情况向"投资节约"预算小组报告。

根据"投资节约"预算最初设立的初衷,只有符合以下原则的项目才可以获得"投资节约"预算的资助:首先,每个项目在改进公共服务提供中所使用的方法必须具有创新性;其次,每个项目在提供公共服务时所使用的方法应该比现在的更为有效,同时成本更低,这在标书中必须通过定性或者定量的方法来说明;再次,每个项目必须证明它是政府应该额外资助的活动,但没有现存的预算来支持该项目;最后,每个项目必须证明它能够在工作的过程中使公共组织、私人组织以及第三部门建立伙伴关系,确保不同的途径或者不同的组织文化的价值能够影响公共服务的提供。符合上述四个原则后,项目投标部门还必须与其合作的伙伴组织筹集整个项目所需成本25%的资金,也就是说"投资节约"预算只提供75%的运行资金。并且在资金使用的过程中,20%的资金是作为筹集资金的费用,只有80%是真正用于公共服务的提

---

① The National Audit Office, *The Invest to Save Budget*, London: The National Audit Office, 2002, p. 20.

供之中。①

"投资节约"预算自 1998 年启动以来，截至 2007 年已经完成了 9 轮的资源分配，它共资助了涉及跨公共组织和第三部门的项目 487 个，耗资 4.6 亿英镑。② 在这 9 年的时间里，"投资节约"预算为支持创新与跨部门的公共服务提供了一个成功的机制，它为英国政府以一种创新性和合作方式来提供公共服务播散了种子。当然，它在创新上更多是以渐进的方式进行，大多数的项目都是集中在为各种组织的一线人员以及公众所提供的服务上。"投资节约"预算所提供的资金被称为风险投资基金，因为它所资助的项目在于公共服务的创新，也包括通过合作的方式来提供服务，而创新就意味着风险，因此这些项目并不是都获得了成功。

第二节　合作政府治理工具之公共服务协议

核心执行部门是治理过程中的关键组织，它对公共活动进行掌舵和协调，这对于布莱尔政府显得尤其重要。因为经过保守党政府推行新公共管理运动之后，英国治理结构显得复杂而散乱。各种政府组织包括地方、区域、国家、国际组织以及其他一些半公共组织都有着自己的资金和运行方式，它们都有着在核心执行部门控制之外的信息、资金、组织资源，甚至是政治权威来实现部分自治。即便是在核心执行部门的统一官僚体系之下，每个组织都

---

① The National Audit Office, *The Invest to Save Budget*, London: The National Audit Office, 2002, p. 19.

② HM Treasury, *A Review of the Invest to Save Budget: An Innovation Fund for Public Services*, London: HM Treasury, 2007, p. 25.

第五章 布莱尔新政析论之一：英国中央政府的合作治理之道

有着自己独特的利益诉求，并致力于追求自己的组织目标，而不是核心执行部门所期望达到的目的。这些有着各种能力与目标的组织增加了核心执行部门的控制与协调难度。英国文官首脑理查德·威尔逊在1999年离职时承认："没有足够的全面图景或者战略计划，经常缺乏协调，中央政府的不同部门经常同时或者同步推行相同的新政策，这让各部门的管理者难以控制。"[①]因此在布莱尔执政以后，他进一步加强核心执行部门掌舵和协调的能力，从而保证政府能够按照战略方向运行。他强调"要避免过去工党政府的命运，他们不能坚持控制开支以及一个清晰的政策方向"。[②] 为了增强核心执行部门掌舵和控制的能力，同时也保证政府能够建立一个长期的政治战略和一套达成共识的目标与优先发展的重点，布莱尔政府推出了公共服务协议（Public Service Agreements，PSA）。

一、公共服务协议的要素及其角色

1998年，公共服务协议作为全面开支评论的一部分被推出，它为整个中央政府的各个部门设定了促进公共服务的雄心勃勃的目标。公共服务协议主要是由财政部与政府各个部门就未来三年所要提供的公共服务目标达成的协议，不过它不仅仅是政府内部之间的一种协议，它更"是政府与公众之间签订的协议"，[③]因为政

---

① Richard Wilson, *The Civil Service in the New Millennium*, speech given at City University, London, 5 May, 1999.

② A. Rawnsey, *Servants of the People: The Inside Story of New Labour*, London: Penguin, 2001, p.38.

③ HM Treasury, *2002 Spending Review: Public Service Agreements*, London: HM Treasury, 2002, foreword.

府各部门通过签订协议,以公开透明的方式向财政部,也是向公众表明了它必须在公共服务领域要实现的承诺,可以说,公共服务协议在政府提供公共服务中发挥着重要的作用。

　　公共服务协议一般由四个要素组成。首先,是各个部门以及跨部门领域所要达到的目标,这个目标是根据国家的总体目标在每次全面开支评论中提出。如在1998年的公共服务协议中,教育与就业部有志于通过教育、训练与工作给每个人以机会意识到并释放自己的潜能,同时建立一个包容性与公平的社会和竞争性的经济。根据国家目标,教育与就业部为此设定的具体目标有三个:第一是确保所有年满16岁的青年获得技能、态度和个人品质。这样他们能够在一个迅速变化的世界中获得终身学习、工作和作为公民的稳固基础;第二,承诺对每个人进行终身教育,这样增加他们的寿命,提高他们在一个变化的劳动力市场的受雇用能力,增加他们的经济收入和雇主所需要的技能;第三,帮助失业者获得工作。[1] 其次,公共服务协议中还包括在全面开支评论中能够获得的资源,主要是财政部分配的资金。资金使用计划是三年,这让各个部门在使用资金时有一个稳定的预期,从而保证稳定的目标能够获得。再次,公共服务协议还规定了各个部门以及跨部门组织在公共服务领域中所要达到的关键绩效目标以及为获得这些绩效目标所采取的一系列政策,这些绩效指标大多数是可以用量化指标来衡量的。如在2002年的公共服务协议中,卫生部要求到2010年,主要致命性疾病的死亡率要降低,其中75岁以下公民的

---

[1] HM Treasury, *Public Service for the Future: Modernisation, Reform, Accountability*, London: HM Treasury, 1998, p. 9.

心脏病死亡率下降40%,75岁以下公民的癌症死亡率下降20%。① 最后是公共服务协议还明确规定哪些部门对哪些目标负责,并具体到组织的负责人。

从公共服务协议的四个要素中我们可以看出它在国家公共服务的提供中扮演着重要的角色。首先,公共服务协议清晰地表明政府想要获得什么,它为政府制定出改善公共服务的目标以及优先发展的重点,防止在公共服务提供中的碎片化。1998年的公共服务协议制定了政府各个部门需要达到的400个目标,这400个目标涵盖了大多数的公共活动,布莱尔尤其强调了这些目标更多地反映政府优先发展的重点,这样不至于在提供公共服务的过程中失去了方向。作为财政部与单个部门协商的结果,公共服务协议能够协调各个部门发展的优先目标,避免不必要的重复与浪费,鼓励政府部门以及各种执行局在政府的统一规划下发挥自己的积极性,实现政府控制与部门自主性的平衡。此外,为了更有效地解决各种社会问题,公共服务协议还设定了跨部门领域的目标。这种跨部门领域的公共服务协议"有助于打破政策制定与提供过程中人为的障碍,鼓励不同的部门一起考虑部门间交叉领域需要优先发展的目标,共同努力来改善服务的提供",②最后建立合作政府。

其次,公共服务协议为公民以及核心执行部门提供了一个清晰的政策结果。布莱尔政府继承了新公共管理运动重视结果

---

① HM Treasury, *2002 Public Spending Review: Public Service Agreements Whitepaper*, London: HM Treasury, 2002, p.7.

② HM Treasury, *2000 Public Spending Review: Public Service Agreements Whitepaper*, http://www.hm-treasury.gov.uk/spending_review/spending_review_2000/psa/pss_psa_intro.cfm, 2006-12-27.

而不是投入的遗产。英国财政部传统的管理方法是重视投入，但是公共服务协议更强调政府部门提供公共服务的结果。而且重视结果而不是过程的管理更容易让不同的部门为了达到目的共同合作。

再次，公共服务协议为财政部对各个部门的绩效监督提供了基础。公共服务协议要求各个部门确立的目标必须是"SMART，即是精细而明确的(special)、可测量的(measurable)、可获得的(achievable)、相关的(relevant)以及有时间限制的(timed)"。① 为了达到这个要求，公共服务协议要求为绩效监督提供各种信息资源以及设计详细的绩效测量方法。与此同时，由英国财政大臣担任主席的公共服务与公共开支委员会将同有关的部长对目标的实现过程进行跟踪监督。每年各个部门要报告目标的完成情况，如果逾期而目标无法完成，相关的预算将会被扣除。除此之外，没有能够完成目标的部门也难以获得额外的财政支持，不过委员会将会给他们提出修改的建议。议会与公众也应该定期知道有关政府获得目标的过程信息。中央政府每年向议会和公众报告进展情况，各个部门也要提供进一步的详细报告。② 正是对目标实现过程的跟踪监督有助于保证公共服务效率的提高，同时也可以及时地发现和解决公共服务提供中的问题。

最后，公共服务协议也增强了政府各个部门的公共责任。布莱尔认为"通过公布一个清晰的、可以测量的目标，让每一个公众

---

① HM Treasury, *Public Service for the Future: Modernisation, Reform, Accountability*, London: HM Treasury, 1998, p.1.

② HM Treasury, *Public Service for the Future: Modernisation, Reform, Accountability*, London: HM Treasury, 1998, p.2.

第五章 布莱尔新政析论之一：英国中央政府的合作治理之道

来判断我们是否可能达到这些目标"。① 与此同时,在公共服务协议实施的过程中,"(政府各个部门)无论是否报告过程,它都是公共责任的一个重要因素"。② 因为在现代代议制体制之下,增强公共部门责任一个最好的办法就是采用阳光下的政府,让公民能够获得足够的有关政府运行的信息,使政府直接面对公众。

二、公共服务协议的运行

公共服务协议的运行主要在两个方面:即目标的设定和绩效的监督与评定。公共服务协议的目标设定将英国核心执行部门连接起来。公共服务与公共开支委员会将公共服务协议体系与内阁整合起来,因为公共服务与公共开支委员会既是公共服务协议的重要负责部门,同时其成员也是内阁的重要部分,因此它们能在设定各个部门目标时进行有效的合作。尽管首相也有自己制定战略目标的组织体系,如社会排斥小组、战略小组,不过战略小组与财政部的公共服务协议负责部门也有着很多的联系,包括两个部门间的人员流动,信息的互享以及为解决冲突的互动。

公共服务协议中目标的制定是财政部长、有关官员与单个部门之间的协商确定,不是由财政部命令产生,当然,财政部在制定本部门的目标时有着更多的自由。不过财政部通过协商来确定各个部门公共服务目标的能力受到几个方面的限制。首先,公共服务协议中的目标主要是与各个部门的财政责任有关,只有增加财政部的财政预算才能将更多的部门目标纳入到公共服务协议的框

---

① HM Treasury, *Public Service for the Future: Modernisation, Reform, Accountability*, London: HM Treasury, 1998, foreword.

② Public Administration Select Committee, *On Target? Government by Measurement*, London: The Stationery Office Ltd, 2003, p.11.

架中来。其次,各个部门的目标还受到英国政治的影响。如在新工党第二次获得执政机会后,布莱尔政府更多地强调增加教育、卫生领域的公共投资,因此与此相关的公共服务目标更容易获得批准,"他们很少需要与财政部和其他部门进行讨论"。① 与此同时,创新型的公共服务目标相对于已经存在的公共服务目标而言也是更容易获得财政支持的。最后,财政部对公共服务目标的控制能力也受到自身人力资源的限制。财政部的负责公共开支以及公共服务协议的人员只有大约150人,②因此许多部门公共服务协议的目标多是在正式的公共服务协议的框架之外确定。

在公共服务协议运行之中,对各个部门绩效的监督和评估是最受争议的一个过程。按照规定,监督的信息主要由各个部门根据目标的获得情况每年要提供四次,尤其是那些关键性的服务领域;然后由财政部和首相传达小组以及公共开支与公共服务委员会对目标获得的进展信息进行讨论,但是有人抱怨经常难以让各部副部长参加委员会。③ 此外对于监督信息的获得也是被抱怨的话题,50%的高级官员认为获得监督绩效的信息是一个"大"的或者是"非常大"的问题,而且75%的高级官员也认为获得关于跨部门领域目标的绩效信息也是一个"大"的或"非常大"的问题。④

---

① Oliver James, *The UK Core Executive's Use of Public Service Agreements as a Tool of Governance*, "Public Administration", 82(2): p. 405.

② R. Parry, C. C. Hood and O. G. James, *Reinventing the Treasury: Economic Rationalism or an Econocrat's Fallacy of Control?*, "Public Administration", 75(3): pp. 404–405.

③ Oliver James, *The UK Core Executive's Use of Public Service Agreements as a Tool of Governance*, "Public Administration", 82(2):406–407.

④ The National Audit Office, *Measuring the Performance of Government Departments*, London: The Stationery Office, 2001, p. 48.

难以获得监督绩效信息的原因在国家审计办公室看来是因为缺乏关于专业性的绩效测量或者绩效报告的技巧。也有人认为是缺乏对绩效评估的一个日常的外部监督,因此就没有对绩效信息的一个可信的外部纪律的约束,同时也缺乏对信息质量进行独立的日常评估,其结果是 80% 的人确认组织在获得的绩效问题上弄虚作假,或者没有说明他们提供的数据存在问题,70% 的人相信提供的关于目标绩效跟踪报道存在大量错误。[1] 在公共服务协议的制定过程中,财政部更注重结果目标而忽视过程目标似乎也能部分说明最后的绩效会偏离预期的效果。在 1998 年制定的公共服务协议中,过程目标占 51%,结果目标只占 15%,而在 2000 年制定的公共服务协议中,过程目标压缩至 14%,而结果目标则占到 68%。[2] 对结果的重视固然重要,但是忽视对过程的控制在结果上则难免漏洞百出。

三、公共服务协议效果的评估

尽管公共服务协议在运行的过程中存在着各种问题,但是毋庸置疑的是它的确增强了核心执行部门的控制能力,确保政府在资金分配上更重视国家优先发展的项目。可以说公共服务协议增加了核心执行部门的领导和战略能力,是一个重要的战略治理工具。它在国家发展目标的框架内提供了一个跨部门领域的公共服务目标,并且为解决各种棘手的社会问题替各个部门设置了详细

---

[1] Public Administration Select Committee, *On Target? Government by Measurement*, London: The Stationery Office Ltd. 2003, p. 20.

[2] The National Audit Office, *Measuring the Performance of Government Departments*, London: The Stationery Office, 2001, p. 21.

的工作目标,使政府的各个部门打破传统的白厅组织间的壁垒,集中资源整合力量通过合作完成各自的使命。与此同时,公共服务协议也通过不断的监督审查与评估,向主管部门、议会以及公众公布相关的绩效报告等方式增强了政府部门的公共责任,也保证了核心执行部门的协调和掌舵能力。公共服务协议作为治理工具的成功之处在于它提升了核心执行部门领导的有效性,并在战略目标的制定与执行过程中将英国政府的核心统一起来。通过与各个部门协商确立公共服务协议以及对其进行监督,财政部在制定国内政策过程中的重要性表现出来。内阁办公室一方面与财政部合作准备并提供公共服务协议,另一方面通过公务员改革来推进部门获得这些目标的能力。首相及其首相办公室也参与到这个过程中来,这主要是通过首相传达小组的工作来完成,它与财政部合作"加强各个部门能力,在一些关键领域有效的提供有挑战性的目标"。①

不过公共服务协议的目的并没有完全实现,它在目标设计以及运行中存在的问题影响到其功能的发挥。尽管公共服务协议试图建立一个集中的目标体系,明确各个部门的责任,但是公共服务的提供是由不同层级的部门来完成,包括中央部门、地方政府以及基层的公共组织(包括学校、医院)。这导致的一个后果就是使公共服务协议中的责任体系成为一个推诿责任的游戏(blame game),如果达到了协议中的目标,中央、地方和基层组织都认为是自己的功劳;如果最后目标没有实现,它们就会在由谁来承担责任上喋喋不休地不断争吵。由于无法清晰地追查到责任主体,各

---

① HM Treasury, *2002 Public Spending Review: Public Service Agreements Whitepaper*, London: HM Treasury, 2002, p. 3.

第五章 布莱尔新政析论之一:英国中央政府的合作治理之道

个部门也就没有足够的动力围绕着公共服务协议所制定的目标去努力,核心执行部门对政府各个部门的协调与掌舵的能力就被严重削弱。在公共服务协议并没有如预期中让核心执行部门获得控制能力增强的同时,公共服务协议相反还成为中央过度集权的证据。因为公共服务协议强调目标和绩效指标,这些目标和绩效指标被批评是一种自上而下强加的命令而不是协商的结果,它们强化了中央的统治而不是增加基层组织的自由裁量权。公共行政特别委员会指出,在发展基层组织能力与中央推动的绩效测量文化之间缺乏适当的整合,这导致那些负责整体责任的部门与负责公共服务提供的不同部门之间的紧张关系,这种紧张关系破坏了中央对优先发展目标的战略领导能力。①

总之,公共服务协议是建立合作政府的一个有力的政策工具,它是推行布莱尔政府的优先发展目标过程中的重要一步,不过对它的评价现在仍然是极富争议。

第三节 合作政府治理工具之任务型组织

在布莱尔执政 10 年期间,一个非常鲜明的特点就是大量使用任务型组织。在布莱尔入主白厅后一年,总共有不下 192 个不同的任务型组织产生。② 由于这些各种各样的任务型组织分布在政府的不同部门并承担着不同类型的工作,并没有哪个部门专门负

---

① Public Administration Select Committee, *On Target? Government by Measurement*, London:The Stationery Office Ltd,2003,p. 3.
② Steve Platt, *Government by Task Force:A Review of the Reviews*, London:The Catalyst Trust,1998,p. 5.

责对这些任务型组织进行统一的管理,因此对它的全貌进行整体性的研究是件非常困难的事情,本节主要以社会排斥小组为对象,分析任务型组织在合作政府的治理过程中发挥的作用。

一、任务型组织的缘起

任务型组织开始逐步成为公共组织中一种重要的组织形式是在新公共管理运动之后。它被组织发展理论的重要代表本尼斯称为"特组织",管理学大师彼得·德鲁克将其描述为"任务小组结构",美国学者阿尔文·托夫勒将其称为"专题工作班子制"。任务型组织绝不是一个纯粹的理论构想,而是对现实中早已存在的一种组织形式的认识,①在新公共管理运动之前它更多的是以临时性组织的形式存在。传统的组织结构是按照管理的功能进行设置,而任务型组织却是以组织任务为导向。任务型组织在英国的兴起,尤其是被布莱尔政府的广泛采用是与英国政府治理的发展密不可分。

为了解决传统官僚体系带来的信任危机、财政危机和管理危机,撒切尔上台后通过推行市场化和管理主义的改革在一定程度上提高了政府工作效率,但是也带来了政府治理的碎片化、空心化和责任问题。尤其是她推行的公共服务通过契约、外包的方式削弱了国家公共服务提供的能力;与此同时,大量的独立小型化的执行局的成立撕裂了原有的政策网络体系。布莱尔对此用具体事例作出说明:"每一次在贫穷的居民区,你会遇到一打的公共执行局——学校、警察局、监护局、青年人服务处、法庭、就业服务与救

---

① 张康之、李圣鑫:《历史转型条件下的任务型组织》,《中国行政管理》,2006(11):第38页。

第五章 布莱尔新政析论之一：英国中央政府的合作治理之道

济局、卫生部门、地方政府……这些部门做得都不错，但是它们都是为交叉的目的工作或者没有足够的协商，这导致了一个糟糕的公共政策和资源浪费。"① 新公共管理运动提出政府应该是"掌舵"而不是"划桨"，但关键问题是英国政府在弱化"划桨"功能后，怎样才能使它具备"掌舵"功能？有学者提出了类似的疑问："首先，政府各个部门能否具备用来对各执行局进行掌舵的战略管理能力？其次，在一个空心化的国家里，核心执行部门协调中央部门的能力会遭到多大程度的削弱？最后，当前的趋势是正在削弱文官的横向还是纵向的合作？"② 事实证明空心化的国家面对公共政策的复杂性时，往往导致政策上的不一致，因为空心化的结果是中央协调能力的削弱。当处于国家、地方和区域层级的不同的执行局缺乏足够的协调时就会出现项目的不断增加。结果相当多的财政被不同的项目反复用来资助相同的人，这并不能促进他们参与经济与社会的能力。经济合作与发展组织意识到当前政府间有效关系的挑战是源自政府间监督与管理之间的紧张关系。对中央政府而言，它必须对控制、协调、协商和责任等工具进行明智的使用，有规律的调整。③ 因此它必须加强核心执行部门的控制能力，才能有效地避免国家空心化导致的政策不一致的问题，这已经成为一个国际性的趋势。

---

① Andrew Taylor, *Hollowing out or Filling in? Taskforces and the Management of Cross-cutting Issues in British Government*, "British Journal of Politics and International Relations", 2000(2): p.58.

② R. A. W. Rhodes and P. Dunleavy (eds), *Prime Minister, Cabinet and Core Executive*, 1995, p.33.

③ OECD, *Building Policy Coherence: Tools and Tensions*, http://oecd.org/puma/mamtres/malg/index.htm, 2006-10-16.

一方面保守党改革让政府治理更为碎片化,另一方面政府面临的问题越来越复杂多变,显然仅靠单个部门的努力难以解决。为了增强核心执行部门的控制和协调能力,布莱尔政府采取的措施之一就是大量使用任务型组织。任务型组织主要是为了获得三个目标:第一,鼓励政府低层更多自治的同时提供全面的中央指导;第二,允许在基层的多样性和灵活性的同时保证一定程度上的一致性;第三,增加地方政府责任的同时也要加强管理的经济与效率。① 任务型组织并不是一个新鲜事物,对于美国政府尤其如此。美国经常会设立一些由官僚、总统代表以及政府外部代表组成的特别小组来就某一个政策问题进行研究或者提供行动建议。这些任务型组织有些负责建议与调研,有些负责监管以及执行。在英国,任务型组织这个名称相对于其功能有些陌生,因为在英国这种功能主要是由一些部门间或者部长间的委员会所取代。

布莱尔政府时期的任务型组织不仅数量较多,更主要的是在功能上由原来主要集中在提供政策建议转向制定政策,监督有关部门并对公共政策的执行进行评估,可以说,任务型组织受到工党政府的高度信任,并且有一些任务型组织直接得到首相的支持,如绩效与创新小组、社会排斥小组等等。任务型组织将政策研究、建议、执行、评估等各个要素连接起来,打破了组织之间的界限,这是与传统功能性组织不同之处,后者是根据功能的不同建立起组织间的壁垒。

---

① Andrew Taylor, *Hollowing out or Filling in? Taskforces and the Management of Cross-cutting Issues in British Government*, "British Journal of Politics and International Relations", 2000(2):53-4.

任务型组织在解决复杂的社会问题中被广泛使用,如社会排斥小组、妇女与平等小组、反毒品协调小组、残疾人权利特别小组、劳动技能特别小组等,因为这些复杂的社会问题仅仅靠某一个政府职能部门难以解决,而任务型组织在打破组织界限的基础上将政策的整个过程连接起来,有利于从一个整体的视角来对这些问题从政策制定、政策执行到评估的全过程进行控制。下面将以社会排斥小组为个案对英国政府的任务型组织进行细致解剖,从结构到功能来解读任务型组织在政府治理中的作用。以社会排斥小组为个案是基于两个方面的考虑:第一,社会排斥小组是布莱尔政府为建立合作政府过程的第一个跨组织领域的任务型组织结构,具有重要的标志性意义;第二,解决社会问题是布莱尔政府优先关注的对象,通过分析社会排斥小组可以管中窥豹,了解布莱尔政府改革的思路与效果。

二、个案研究:社会排斥小组的产生与结构

社会排斥指的是在一些人和地区间发生的一系列相关联的事情,如失业、缺乏劳动技能、低收入、居住环境恶劣、高犯罪率、卫生状况差以及家庭破裂,①它是当前世界各国面临的一个共同问题,对于英国而言显得尤其突出。英国社会排斥问题严重,在很大程度上是保守党新自由主义改革的结果。"保守党失败的程度真是令人震惊,他们的遗产是 500 万家庭中达到工龄的人缺乏工作,15 万人被认为无家可归。在英格兰和威尔士大概有 10 万名儿童失学。英国在欧盟成员国中单亲家庭比例最大。有 300 万人生活在

---

① The Social Exclusion Unit, *The Social Exclusion Unit*, London: The Office of the Deputy Prime Minister, 2004, p. 2.

最糟糕的1300个居民区,那里物资非常匮乏,贫穷增加,高失业、教育失败以及犯罪率高。"对此布莱尔表示,"18年来,我们国家的这些最为贫穷的人已经被政府遗忘","必须改变这种状况,我将建立一个任何人都不会被遗忘的英国"。①

那么如何来完成这个任务呢?首先要明白造成这种局面的原因所在。事实上,社会排斥严重更主要的并不是政府投资太少,问题的关键在于公共服务提供的机制出现了问题,这种机制主要是缺乏一个一致的政策支持。因此要想解决社会排斥问题,必须让政府更加一致,"联合性的问题必须用合作化的方法来解决"。②合作化的方法就是"要鼓励协调,需要让专业人员自由地去工作,将他们从规则、惯例以及官僚体系中解放出来,那些会妨碍他们在每一个单个的案例中做到最好",同时"还需要跨越传统政府以及官僚体系的界限","尽可能多地借助国家传统体系中志愿者部门、慈善团体、社会企业的创造与帮助来达到目的"③。

那么这个合作化的方法应该如何获得?英国政务委员皮特·曼德尔森于1997年8月在费边社时提出,政府应该在内阁办公室建立一个特别的低层小组,主要用于解决贫穷和社会排斥,他的建议很快成为现实。同年12月,社会排斥小组(the Social Exclusion Unit, SEU)在内阁办公室成立,通过经济与民主

---

① Martin Dutch, *Central and a Local Government Policies and Social Exclusion*, http://eprints.rclis.org/ArchIve/00005474/01/vol3wp10.pdf,2006—11—06.

② The Social Exclusion Unit, *The Social Exclusion Unit*, London: The Office of the Deputy Prime Minister,2004, p. 2.

③ Editorial Advisory Board of ePolitix, *Blair Sets out Social Exclusion Thinking*, http://www.epolitix.com/EN/News/200609/815223cb-a2e3-415a-b0a7-98fc4f9499a5.htm,2007-03-11.

第五章 布莱尔新政析论之一：英国中央政府的合作治理之道

事务秘书向首相报告。① 设立社会排斥小组的目的有三个：第一，防止社会排斥；第二，确保主要的社会服务能够向每一个人提供；第三，通过（政策）网络让已经落后的人们重新获得希望。要达到这三个目的主要是通过打破组织之间的壁垒，整合各方的资源来完成。可以说，社会排斥小组并不就社会排斥问题另起炉灶重新制定新的政策，而是将原有的政策协调起来，最大限度地发挥各个部门的能力，缓解社会之间的排斥。

社会排斥小组的成员由政府各个部门以及政府外部有过负责解决社会排斥问题经验组织的成员混合而成。如在社会排斥小组中专门负责年轻人受社会排斥的团队负责人来自于财政部，其他专职成员来自于环境、交通与区域部、国际发展部、内政部和首相办公室的政策小组，另外还有一些兼职的咨询人员，这些主要是来自于政府外部机构，如教会城市基金。此外，在社会排斥小组中还成立一个部长网络，它是由财政部、内政部、内阁办公室、卫生部、社会安全部等八个部以及中央的威尔士办公室、苏格兰办公室和北爱尔兰办公室的成员组成。② 部长网络的目的是将社会排斥问题聚集到政府的核心，提升社会排斥问题的政治支持率。

社会排斥小组的组成结构以及它与中央政府核心成员的关系反映出为了保证它的战略协调功能，布莱尔政府特地打破原有的

---

① 2001年英国大选之后，社会排斥小组被转移到首相代理办公室（处于内阁办公室之外的独立机构），通过首相代理向首相报告。在首相代理办公室于布莱尔的第三个任期改为社区与地方政府部后不久，运行九年的社会排斥小组于2006年被压缩成为一个更小的组织（the Social Exclusion Task Force），重新回到内阁办公室。

② Andrew Taylor, *Hollowing out or Filling in? Taskforces and the Management of Cross-cutting Issues in British Government*, "British Journal of Politics and International Relations", 2000(2), p.60.

以部门为单位的政策网络体系。这样做的优点是让新的战略协调组织不带有原来组织在政治和政策上的任何包袱,跳出原来的思维定式,重装上阵,以一种全新的视角去思考社会排斥问题。同时这种新的组织结构也打破了原来存在的、在解决社会排斥过程中不同组织结成的利益联盟。根据奥尔森集体行动的逻辑,这种存在已久的利益联盟更多的是分利集团,它们并不将工作的重点放在解决社会排斥问题上,而是想方设法地瓜分资源。而新成立的组织往往没有形成强有力的利益联盟,因此会更多地投入到解决实际问题中去。不过这种独立于现存的政府部门体系之外的社会排斥小组也有着自己的缺陷。社会排斥小组被设计成通过在已有的政策网络之外来寻求专家的帮助,听取地方政府、商业组织、志愿者团体以及其他的与社会排斥相关的一些组织的意见;不过所有取得的这些成果还是需要按照部门体系结构来自上而下地执行。社会排斥小组独立于所有的政府部门之外,因而缺乏强有力的执行部门的支持,这在一定程度上会削弱社会排斥小组的协调能力。因此社会排斥小组要想获得良好的功效,就只有紧紧靠近这些政府部门,同时也依赖于政府最高领导层的大力支持。

三、个案研究:社会排斥小组功能的发挥及其评价

社会排斥小组工作的主要目的是提升横向与纵向的网络协调,保证政府在社会排斥问题上政策的一致性。因此发现目前政策中存在的问题是当务之急,这也成为社会排斥小组发布社会排斥问题报告的主题之一。

社会排斥小组首先以解决露宿街头、逃学与学校排斥以及复兴邻里关系等问题为中心来开展工作。通过调查发现,没有哪个部门就政府露宿街头政策的影响承担全部责任,也没有哪个人的

第五章 布莱尔新政析论之一:英国中央政府的合作治理之道

全部职责是防止露宿街头。中央政府有五个主要的项目来帮助那些露宿街头的人们,但是它们却是由三个不同的政府部门负责,并通过五条各不相同的途径进行。尽管他们试图联合起来,但是总不能明智地将其落实。碎片化的问题在伦敦非常严重。在那里,中央政府为解决露宿街头问题而提供的服务是通过多重途径进行的(如大伦敦市每个镇的选区通过 18 个发放救济金执行局行政区、14 个就业服务行政区以及 16 个卫生部门),而伦敦的 32 个镇也负责解决这个问题。① 这种管理碎片化的问题也出现在解决逃学与学校排斥问题上。虽然从中央到地方都采取了一定的措施来解决这个问题,但是政策上的不一致限制了它们作用的发挥。一些执行局冒着重复的风险并且缺乏协调……一些孩子有 8 个之多的不同专业人员来解决他们的问题,但是彼此之间经常缺乏协商。② 在社会排斥小组看来,这些复杂的社会问题从来就没有用合作的途径来解决。这些社会排斥问题的解决正沿着白厅政府部门或者中央与地方政府部门的轨迹而被撕裂开来,没有一个人负责在同一时间将所有的事情联合起来。

针对这些问题,社会排斥小组提出的解决方案就是建立合作政府,而建立合作政府首先必须从中央开始。合作政府必须从白厅开始,在那里政府各个部门需要协调他们的努力,为一致的目标去工作。而社会排斥小组将帮助推动它,但是从长远看必须有

---

① The Social Exclusion Unit, *Rough Sleeping*, London: The Cabinet Office, 1998, para. 3. 3.

② The Social Exclusion Unit, *Rough Sleeping*, London: The Cabinet Office, 1998, para. 3. 11.

人专门负责去维持它。① 因此社会排斥小组建议由环境、交通与区域部专门负责露宿街头与邻里关系复兴,教育与就业部对逃学和学校排斥问题负责。

为了确保社会排斥小组提交的报告能够得到有效的执行,社会排斥小组必须对其进行帮助并监督。尽管社会排斥小组就有关问题提交报告,但是具体的执行还是依赖于政府各个部门,尤其是直接负责部门。因此在提交报告之后,社会排斥小组还制订行动计划,通过面对面与各部负责人的讨论来清晰地布置行动安排。在这个过程中,社会排斥小组与政府各个部门建立起伙伴关系,这主要是通过面对面的会议、共同确定目标和行动时间表、由政府负责部门设置专门的高级官员来支持社会排斥小组的工作,这种关系能够确保政府各个部门有足够的时间来按照社会排斥小组的行动计划获得目标。而部长网络将会支持专门负责部门来完成社会排斥小组的计划,包括监督执行和对结果进行评估。这主要是通过定期的评论来确定政策是否真正产生影响,结果是否获得以及是否需要对政策进行修改。当然,社会排斥小组的计划离不开财政的支持。为此社会排斥小组与财政部紧密合作,参与到财政部公共开支评论工作中,确保社会排斥小组的目标能够在国家财政支持的优先项目中体现出来。事实证明这非常有效,在每轮公共开支评论通过的跨部门领域目标中,大多数是社会排斥小组所支持的项目。如 2000 年公共开支评论中的良好开端、风险中的年轻人、减少犯罪、积极的社区等项目;在 2002 年,公共开支评论重点保证的跨部门领域的项目中包括风险中的儿童、解决卫生服务的

---

① The Social Exclusion Unit, *Rough Sleeping*, London: The Cabinet Office, 1998, para. 4.3.

第五章 布莱尔新政析论之一：英国中央政府的合作治理之道

不公平等，也是社会排斥小组的工作范围。

社会排斥小组的工作在英国产生了积极的影响。在过去10年里，有更多的人获得工作，并根除了长期的青年失业；犯罪率下降了44%，那些最为落后的88个地区的入室盗窃的犯罪率与英国平均犯罪率之间的差距也从10.3%下降到8.1%；95%的人的收入每年都以2%到3%的速度增长，80万的儿童以及100万靠救济生活的人摆脱了贫困，①取得这些成绩与社会排斥小组的工作方式密不可分。首先，它在思维上打破了政府各个部门的边界限制，以一个整体性的视角来思考社会排斥问题。其次，社会排斥小组能够与政府各个部门、政府外部组织实实在在地合作，尤其是它行动计划的制订和执行过程中具有更多的包容性而备受称赞。最后，"来自首相的个人支持是社会排斥小组获得成功最基本的因素，它得益于政府中央层异乎寻常的支持"。② 不过，英国的社会排斥问题在一定程度上仍然不容乐观，如青少年女性怀孕问题并没有得到很大的改善，残疾人的就业形势仍然非常严峻，一些年龄段以及一些黑人儿童的教育情况仍然让人担忧。③ 要想扭转这种局面，社会排斥小组还需要进一步地改善工作方法，提高工作效率，有效地协调政府各个部门。

尽管如社会排斥小组这样的任务型组织存在着一些问题，但是毫无疑问的是它们充分体现了布莱尔政府加强政府合作的决

---

① Social Exclusion Task Force, *Reach out: An Action Plan on Social Exclusion*, London: The Cabinet Office, 2006, p.3, p.8, p.6.

② The Social Exclusion Unit, *A Review of the Social Exclusion Unit*, London: The Cabinet Office, 1999, para.3.15.

③ Social Exclusion Task Force, *Reach out: An Action Plan on Social Exclusion*, London: The Cabinet Office, 2006, p.8, p.17.

心,并且通过这些专门的协调性组织的努力在一定程度上治疗了管理碎片化的疾病,为打造无缝隙政府作出了贡献。

第四节 合作政府治理工具之电子政府

20世纪最为重要的科技发展是电子技术,它推动了经济的发展,改变了人们的生活,也促进了政府的治道变革。自20世纪后期电子技术带来了互联网时代,建立电子政府就成为世界各国政府改革最为诱人的口号之一。作为在知识经济中处于领先地位的英国,自1994年开始也在努力探索建立一个方便快捷的电子政府。1994年,英国政府在互联网上建立了"政府信息中心",主要是方便公民查询政府部门、学校、企业等组织的网络地址。1996年年底,英国又推出了"政府导航"(Government Direct)计划,就是要在"英国政府信息中心"的基础上利用现代信息通讯技术,改革政府管理,提高办事效率,方便信息获取,并与未来的信息高速公路顺利接轨。不过,在建立电子政府过程中迈出关键步骤应该是在布莱尔上台之后,他确立了政府电子采购、政府电子商务以及加强政府服务信息的电子化。布莱尔政府大力推行电子政府与其推行的合作政府是密不可分。在布莱尔政府看来,要想建立一个打破政府部门边界,联合政府、市场以及社会各个组织的力量建立一个合作政府,当然离不开现代科技成果——电子政府的支持。

一、英国电子政府的发展

建立合作政府与建设电子政府都是在布莱尔政府1999年白皮书《现代化政府》中提出,电子政府最后的目标是要在2008年政府所有公共服务项目中全部实现电子化,提供全天候24小时的

第五章 布莱尔新政析论之一:英国中央政府的合作治理之道

公共服务。在白皮书中,英国政府还提出了建设电子政府的五点指导方针:第一,将政府信息化作为长期的发展目标,并制订相关方针政策;第二,提供政府公共服务,不是以提供服务的政府机构为中心,而是以客户为中心,使其具有回应性;第三,提供高效优质的公共服务;第四,信息时代的政府,应采用信息技术满足公民与企业的需要;第五,与私营企业相比,政府提供的服务更有价值、更有信誉。① 为了进一步制定建立电子政府的具体发展规划,《21世纪电子政务》、《电子政府:信息时代公共服务战略框架》等文件相继出台。这些文件确定提供电子政务必须要遵循的原则:电子政府要集中在促进为公民提供的政府服务领域;创造竞争压力;奖励创新的同时也要接受失败;推动有效的节约。② 当然作为建立合作政府的重要步骤,布莱尔政府对于推进电子政务也有特别的要求。首先,要改善政府不同部门之间的交流,这样人们就不用为了同一个信息要向不同的政府提供者进行反复的询问;其次,使得新成立的呼叫中心和其他办公室人员能更好地获得信息,这样有助于高效率地处理公众事宜;再次,要让政府不同部门更好地以伙伴关系合作,包括中央政府与地方政府或者志愿者组织,以及政府与第三部门如邮局或者私营公司合作;最后,通过改进政府获得或者组织信息的方式来帮助政府成为学习型组织。③

在确定推进电子政府目标和原则的基础上,布莱尔政府还建

---

① 参见李章程、王铭:《英国电子政务建设进程概述》,《档案与建设》,2004,(3):第 38 页;姚国章、林萍:《英国电子政务发展案例》,《电子政务 2005》,(19):第 42 页。

② The Performance and Innovation Unit (PIU), *Electronic Government Services for the 21st Century*, London: The Cabinet Office, 2000, p. 20.

③ Cabinet Office, *Modernising Government*, London: Cabinet Office, 1999, p. 46.

立了特定的组织来达到这些目标。为领导全国电子政府建设,布莱尔任命了两位内阁官员专门负责。其一是在内阁办公室成立IT中心组,其二是指派英国贸易工业部主管小企业的国务大臣兼任电子商务大臣,他们向首相汇报电子政府的建设进程,指导政府各部及下属机构的电子政府建设。前者主要是负责整个电子政府建设的政策制定与协调工作,后者则是专门负责电子商务的发展。同时,将原设在贸工部的电子特使(e-Envoy)职位调整到内阁办公室,并在内阁办公室下设电子特使办公室,专职负责国家信息化工作,电子特使办公室又下设若干工作组。电子特使与电子大臣一起,每月向首相汇报有关信息化的进展情况,并于年底递交信息化进展年度报告。2004年6月,电子特使办公室正式变更为电子政府小组(e-Government Unit),它是内阁办公室中最大的小组,主要负责制定信息战略与政策,提供以公民为中心的在线服务。此外中央还成立一个主要信息官员委员会(the Chief Information Officer Council),它的成员包括中央政府、地方政府的一些执行局中负责电子政务的官员,它们主要是通过远程电信会议的方式来协调部门间在电子政务上的关系。在主要信息官员委员会中还专门成立了一个主要技术官员委员会(the Chief Technology Officers Council),这个委员会是将整个公共部门负责电子政务的技术官员聚集起来为他们创立一个论坛,用以推动IT技术在电子政务中的运用,它是一个在技术层面建立合作政府的跨部门领域组织。

作为布莱尔政府的一个优先发展战略,电子政府计划进展非常迅速。2000年7月,英国政府宣布已有三分之一的公共服务可以通过网上来完成。因此在2000年的一次内阁会议上,布莱尔提出要在2005年完成政府公共服务全部可以在网上进行的任务。到2001年,40%的政府服务项目实现电子化,2002年达到了

第五章　布莱尔新政析论之一：英国中央政府的合作治理之道

60%,2005年几乎所有的服务实现了网络化。与此同时,英国中央政府的电子政务也初具规模,"英国在线"门户网站与"政府入口"工程也已完工。

随着电子政府的不断发展,在整个公共部门,政府大约每年要花费140亿英镑在新的或者已经存在的信息技术以及相关服务上,直接雇佣了50000名专业人士帮助支持网络服务。① 这些通过电子政府提供的服务主要包括政府采购、政府招标、收税、教育、医疗、地方选举、公共决策等各个领域,降低了政府成本,提高了行政效率,也有助于公民参与到公共决策中来。2003年2月6日哈佛大学公布的题为《全球信息技术报告2001—2002准备进入网络世界》的研究报告称,英国在信息化技术的使用和发展前景方面的综合实力居世界第十位,电子商务发展水平居世界第五位,电子政务发展的水平居世界第十一位。在欧盟各国中,英国的电子政务建设走在欧盟各国前列。②

二、电子政府的合作治理

传统的政府组织结构根据功能划分的结果是部门林立、条块分割、等级森严,公众为寻求政府提供公共服务往往奔走于不同的功能与层级的政府部门之间,导致政府办事效率低下,因此寻求通过一个平台而不是众多入口来提供公共服务是布莱尔政府建立合作政府的初衷。布莱尔政府试图通过公共服务协议以目标为中心

---

① Cabinet Office, *Transformational Government:Enabled by Technology*, London: Cabinet Office,2005,para.11.
② 黄项飞:《英国电子政务建设经验及对我国的启示》,《湖北档案》,2005(1-2)。

来确保政府合作以及通过任务型组织来消除政府部门间的组织界限,其目的都是希望在提供公共服务过程中实现政府的整合。相比较而言,前面的措施在消除旧有的组织壁垒的同时也制造了新的组织界限;而电子政府在提供公共服务的过程中能够让公众感觉不到组织之间的界限,通过进入一个政府网站就能获得由不同部门提供的公共服务。在这里,电子政府能够将不同层级、同一层级不同部门的公共服务整合起来,通过一体化的方式向公众提供,同时电子政府也可以全天候地为不同地区的公民提供无缝隙的公共服务。而对于公众而言,他们并不关心服务是由谁来提供,关键是能够更为有效地获得政府的帮助,避免由于部门分割导致的公共服务提供的碎片化。

为了实现跨部门领域提供公共服务,英国政府专门建立了两个跨部门的电子网站:"直接政府"(www.direct.gov.uk)与"商务在线"(www.businesslink.gov.uk)。"直接政府"最初被称为"英国在线(www.UKonline.gov.uk)",是英国政府于2001年2月19日正式开通。自从1999年英国政府开始大力推动建立电子政府以来,英国政府各个部门、各层级单位都开通了自己的网站来提供公关服务。为了给公众提供一个集成的单一入口,使其获得一体化的公共服务与信息,英国政府开通了"英国在线"。"英国在线"网站不是以政府机构的分布或者是政府职能的划分来设计网站,而是根据公民公共服务需求的项目来设计站点,从而真正保证公民能够从网上获得一站式的服务。与此同时,用户还可以根据自己的个人偏好与需求来定制个性化的政府服务。这种新型的服务提供模式改变了传统的政府与公众的关系,公民不必在政府各个职能机构之间疲于奔命,政府会根据公民的需求来提供公共服务。"英国在线"主要是以解决民生事务为主,包括应对犯罪、死亡与

第五章 布莱尔新政析论之一：英国中央政府的合作治理之道

不幸事件、结婚登记、医疗保险、旅游、儿童生育、学习教育、求职、住房搬迁、退休金与养老金管理等内容。以上理应由不同政府部门提供的各类信息，公民现在可以直接从一个网站上获得。不过"英国在线"存在的缺陷是它只能提供在线信息，却不能提供公共事务的在线处理，因此在 2001 年英国政府开始实施"政府网关工程"(Government Gateway)。"政府网关"与各部门一起对用户进行身份鉴定。进行交易时，通过对用户 ID 与密码或是数字签名进行鉴定，两种方式的选择取决于交易本身所要求的安全度。一旦交易被认定为有效与合法，将被送往相关的后台系统进行处理。公民只须凭借一个单一的用户 ID，加上口令或者通过数字签名，便可登录多个政府部门网站，当一个公民或企业在注册进行电子交易时，可以运用同一个身份认证与任何一个连接的政府部门进行安全、合法的交易。"政府网关"工程处理的事务主要集中在税务等申请与支付，各种退税补税事宜，海关申报，向环境、食品部提出申请等。

尽管有这两个跨部门的政府网站存在，但是各种各样的政府网站仍然太多。到 2004 年，有 2500 个以上的政府网站。为了确保整个政府有效地使用网站来提供公共服务以及支持通信战略，政府已有的网站应该合理化。① 英国政府对政府网站进行合理化的方法就是将公民信息提供服务、自助式事务处理等合并到"直接政府"和"商务在线"两个主要的跨部门网站，特别服务或者单独的网站将逐步淘汰。"直接政府"主要是为公民提供与生活息息相关的各种信息以及事务的处理，包括教育与学习，家庭与社

---

① Cabinet Office, *Transformational Government: Enabled by Technology*, London: Cabinet Office, 2005, para. 33.

区,金钱、税收与救济金,旅游与交通,犯罪、公平与法律,就业,卫生环境等等。自从 2004 年 4 月开通"直接政府"网站以来,它从三个主要的服务领域拓展到 16 个,登录人数也从 80 万人次增加到 2006 年 9 月底的 340 万人次。它的服务包含了中央政府的 18 个部门以及英国 98%的地方中的 65 个项目。① 不仅越来越多的人登录"直接政府"获取信息处理事务,而且对它的评价也很不错。83%的浏览过"直接政府"的人认为这是"好的开始";80%的公民感觉它能够提供"有用的信息";更为重要的是,70%的人感觉它是一个"值得信赖的网站"。② "商务在线"于 2002 年开通,是政府就个人以及企业的商务发展、合作信息、指导、特别事务的处理以及支持商务发展等问题的主要一站式网络,它与"直接政府"是政府主要为公民与各种组织提供跨部门服务的网站,它所提供的服务主要是与商务有关,既包括信息提供,也包括各种事务的在线处理。到 2007 年,"商务在线"的用户达到 89.5 万,相比较 2004 年增加了 40%,英国超过三分之一的商务人员一直都在使用该服务。③ "直接政府"与"商务在线"改变了传统政府提供公共服务的模式,它们让公民在一个地方可以获得政府不同部门的各种信息,通过在线服务能够处理涉及不同部门的个人事务。

电子政府不仅在打破政府组织壁垒上卓有成效,而且在打破公共部门、私人组织以及第三部门之间的界限上也可以发挥重要

---

① David Varney, *Service Transformation: A Better Service for Citizens and Business, a Better Deal for the Taxpayer*, London: The Stationery Office, 2006, p. 46.

② Cabinet Office, *Transformational Government: Enabled by Technology—Annual Report 2006*, London: Cabinet Office, 2007, p. 15.

③ David Varney, *Service Transformation: A Better Service for Citizens and Business, a Better Deal for the Taxpayer*, London: The Stationery Office, 2006, p. 46.

第五章 布莱尔新政析论之一:英国中央政府的合作治理之道

的作用,为建设合作政府作出贡献。在政府与企业、公民有资金往来时,如政府采购以及工程款项的支付、税款的缴纳与返还等,政府可以与银行的电子网络系统直接连接,对资金的收支进行管理。电子政府建设过程中的许多技术都是由 IT 市场来推动,通过主持和参加政府供应商 IT 论坛,鼓励政府部长、媒体和业界观察员、私人企业以及国际组织中的主要信息官员的网络对话,增强政府的变革创新能力。此外,政府也与各种社会组织、志愿团体合作来提供公共服务。如"剑桥在线"是一个以商店、企业、社团、慈善机构以及剑桥居民为成员的社区服务网,旨在为剑桥附近的居民提供信息化服务。政府就曾与之合作,利用"剑桥在线"网络发布政府的最新信息。① 电子政府不仅推动了政府与私营部门以及非营利性组织的合作,也推动了政府与普通公民的合作,这主要体现在公民的网络参与。为此英国政府专门建立了"电子民主"网站(www.edemocracy.gov.uk),为公民参与决策提供网络化的平台。英国已经就转基因食品、养老金政策以及欧盟等有关问题在网上进行讨论,不过电子化的参与相对而言比较复杂,目前还需要进一步完善。

电子政府能够以打破组织边界的方式为公民提供便捷的信息,事务的在线处理;同时还可以提高公共服务的效率与水平,降低政府治理的成本,将政府、社会与公民紧密地联合起来,因此布莱尔政府对它寄予厚望,并且投入了大量的资金。在 2000 年的全面开支评估中,政府计划投入 20 亿英镑用于 2001—2003 财政年度的政府信息化建设,在 2002 年的全面开支评估中,政府在政府信息化建设中的财政预算增加到 60 亿英镑。当然巨大的投入也带来了良

---

① 王铭:《论英国电子政务的"平民化"色彩》,《苏州职业大学学报》,2006(4):第 63 页。

好的回报。据估计,仅英国政府实现电子采购一项,就能节省 10 亿英镑。① 此外,通过电子政府来提供公共服务还能够有效地节省人力资本,更不用说它在集聚社会资本上所带来的良好效益。

小　　结

为了尽快解决英国国内存在的严峻的问题,布莱尔上台后开始着力打造合作政府,改变政府部门化、空心化和碎片化的治理状况。在中央政府,布莱尔的措施是要建立一个强有力的核心执行部门。核心执行部门主要是首相办公室、内阁办公室以及财政部,合作政府意识到要将首相办公室和内阁办公室连接起来,同时借助财政部的财政计划推动跨部门的组织合作。这些财政计划包括"投资节约"预算以及公共服务协议:前者的目的在于让不同的组织能够在预算上共享,从而推进组织间的合作;而后者则是通过确立国家优先发展的目标来将不同的组织联合起来。同时,为了进一步地着力解决当前英国存在的社会问题,英国中央政府设立了各种任务型组织,其目的就是打破传统部门分割的组织架构,将某一个问题专门由一个部门来负责,从而能够实现该社会问题的整体性治理。当然,在当今科学技术高度发达的社会里,布莱尔政府还意识到借由建立电子政府来提升政府公共服务提供的能力,通过"直接政府"和"商务在线"等一站式的政府网站形式,实现跨部门的、一站式的服务供给。

---

① 文中数据主要来自于李章程、王铭:《英国电子政务建设进程概述》,《档案与建设》,2004(3):第 43 页;Cabinet Office, *Transformational Government: Enabled by Technology—Annual Report 2006*, London: Cabinet Office, 2007, p. 12.

第六章　布莱尔新政析论之二：英国区域合作治理之道

2007年5月8日,北爱尔兰自治政府在停止运行将近5年后又重新成立,这标志着北爱尔兰进入到一个权力共享的新时期,同时也意味着英国的区域性治理迈入到一个新的时代,这也是布莱尔为英国区域性治理留下的重要遗产。与比利时、法国、意大利及西班牙等国不同,英国"区域主义"的发展历程比较特殊,无论苏格兰、威尔士和北爱尔兰在文化上有多么明显的同质性,直到1998年北爱尔兰议会产生为止,它没有区域性的政府(Regional Government)。① 随后,1999年苏格兰议会(Scottish Parliament)和威尔士国民公会(Welsh Assembly)建立,英国在地区一级的政府成立起来。不过在英格兰,区域性政府的成立却遭受到打击。2004年11月5日,在英格兰东北地区举行的公民投票中,78%参与投票的人反对建立一个直接选举产生的区域性国民公会,赞成的只占22%。原本打算三天后在英格兰的西北地区以及约克和

---

① L. J. 夏普:《英国的区域主义:社会联邦主义的角色》,载赫尔穆特·沃尔曼、埃克哈特·施罗德:《比较英德公共部门改革——主要传统与现代化的趋势》,北京:北京大学出版社,2004,第63页。

亨伯郡地区举行的旨在建立区域性政府的公民投票也随即取消，此后在英格兰地区建立区域性政府的想法慢慢开始淡出公众的视野。布莱尔政府努力推行在北爱尔兰、威尔士、苏格兰和英格兰建立区域性政府的努力最后因为在英格兰的失败而留下难以弥补的遗憾。但是不可否认的是，这届政府在区域治理中的种种努力仍然可以成为研究布莱尔政府改革的一个重要课题，而且在大伦敦郡市长选举的成功也为英格兰区域性治理留下了希望的火种。

本章将从以下几个方面来分析英国区域性治理在布莱尔政府期间的发展：首先是介绍英国区域性治理发展的一个基本概况，然后重点分析在英格兰推行区域性治理的举措，包括它治理的组织框架以及运行机制。虽然布莱尔政府没能完成在英格兰建立区域性的政府，但是这些尝试更具有公共管理的色彩，而在北爱尔兰、威尔士和苏格兰建立区域性政府的努力带有更多政治因素，因此英格兰的区域性治理成为本章研究的重点。

第一节 英国区域治理的概况

英国区域治理的发展是以全球化为背景，以第三条道路为理论依据。全球化对民族国家冲击很大，它一方面削弱了民族国家过去所拥有的某些权力，"另一方面却在'向下渗透'，创造了新的需求，也创造了重建地方认同的新的可能性"。[①] 因此无论是苏格兰的民族运动在 20 世纪 90 年代掀起的新的高峰还是北爱尔兰寻求独立的纷争与战乱，这既有历史的渊源，同时也与全球化背景下

---

① 安东尼·吉登斯：《第三条道路：社会民主主义的复兴》，北京：北京大学出版社，2000，第 34 页。

民族—国家关系的结构性转变有关。

一、英国区域治理发展的理论基础

英国区域治理的发展主要是指 1997 年布莱尔开始执政以后,新工党将权力下放,分别建立北爱尔兰议会和自治政府、苏格兰议会、威尔士国民公会以及大伦敦郡议会和市长的选举制,同时在英格兰的其余八个地区建立区域发展处(Regional Development Agencies)、非选举产生的区域议会(Regional Chambers,后改为区域国民公会 Regional Assembly,仍然是非选举产生的组织),结束了英国大中央化的时代。同时在将权力下放到英国区域一级时,合作、伙伴关系、组织网络以及非中心化和多元化成为区域政策制定和公共服务提供的核心词汇。英国区域治理的发展既有理论上的支持,同时也是实践发展的需求;既是一定历史的产物,同时也是现实推动的结果。

英国区域治理的发展首先受到新区域主义和多层治理理论的影响。新区域主义是对 20 世纪 80 年代中期以来欧洲一体化中各种问题的反映。该理论尤其关注国家与社会、公与私的关系,从而被认为是在过度国家干预(凯恩斯主义)和过度市场调节(自由主义)之间提供了一条中间道路[1],因此在总体思路上它与第三条道路是不谋而合。新区域主义特别重视加强公司团体、行业组织、商业协会、工会以及其他各种非政府组织的作用。这些行为主体间的关系并不是一种科层制的上下级关系,而是一种水平的合作关系。这种关系的基础是"信任、名誉、惯例、互惠、可靠、开放以及

---

[1] 唐昊:《试论欧洲一体化理论中的新区域主义》,《广西社会科学》,2002(5):第 210 页。

参与和分权"①。

和旧的区域主义相比,新区域主义在以下几个方面和它不同。首先,旧区域主义的基础是政府,尤其是关于如何在中央与地方之间嵌入一个新的官僚层级,而新区域主义的基础是治理,治理就是要将私人部门、非营利性组织以及公共团体引入,它强调确保未来的生活质量和区域竞争优势是所有部门的共同责任。其次,旧区域主义总是将大量的时间用在如何建立一个新的可替代性的组织结构上,而新区域主义有时也会选择一个替代性的组织结构,不过它的主要目的是在过程之中,比如确定远景规划、战略目标,解决冲突以及建立共识。再次,旧区域主义关心划定区域边界和权限,它倾向于根据服务提供、工作市场边界的变化来确定一个明确的边界,因此区域事实上是封闭的。而新区域主义认为边界是开放的、模糊的或者是弹性的。边界的确定是根据我们试图解决的问题以及我们所要考虑的特征来确定的,模糊的边界能够将不同的跨部门的组织联合起来。最后,旧区域主义被视为从它的上级政府或者下级政府中汲取权力,因此在这里区域和上下级政府在权力分配上是一个零和博弈的过程,地方政府总是感觉它们的权力受到被区域夺取的威胁。新区域主义是通过授权来获得权力,其中一些权力会直接赋予社区以及邻里之间,其目的是为了获得区域决策的目标。② 总之,旧区域主义是一个官僚层级体系,它更强调不同部门在纵向指令中直接干预形成区域。而新区域主义是一个基于网络状的体系,它强调区域中不同利益主体之间横向的合

---

① K. Morgan, *The Learning region: Institutions, Innovation and Regional Renewal*, "Regional Studies", 31(5): pp. 491–503.

② Allan Wallis, *The New Regionalism*, http://www.munimall.net/eos/2002/wallis_regionalism.nclk, 03–04–2007.

第六章 布莱尔新政析论之二:英国区域合作治理之道

作和交流将会构筑起一个充满机遇和活力的网络,这个弹性的网络有利于经济发展、信息交流、政策调整以及整个区域经济和社会的自我学习和创新。[①] 它的机制不同于完全自上而下的计划过程,也不同于完全自下而上的自由市场过程,而是强调整个过程中的平等协商,使得各种主体的利益能够得到保障,这样才能真正将区域的竞争优势发挥出来。

随着欧洲一体化的逐步推进,一种新的解释欧盟治理机制的理论很快占据主导地位,这就是多层治理理论。多层治理理论强调"不存在一个权力汇聚的中心,相反,不同层次上的政府权威——包括欧盟、成员国和区域政府——共同组成政策合作网络,这种关系的特点是相互依赖对方的资源,而不是争夺稀缺资源"。[②] 这里,多层治理理论首先表明的是多层次性,即作为主权国家在全球化的趋势下,会逐步将权力向上(超国家)和向下(次国家)转移,形成超国家、国家和次国家的三层模式。其中在超国家的治理层面,不仅仅是国家能够参与其中,同时也鼓励次国家层跨越国家层面直接参与到超国家层面,这三个层级不是逐层隶属的,而是互相影响、彼此渗透。多层治理的核心是治理。治理强调多中心主义和多头政治,在这里没有一个权力核心,而是权力均势。这种均势的权力也就意味着没有自上而下的命令和服从关系,而是平等协商,各方通过复杂的联系网络,以劝说、谈判、信息共享以及利益均沾使得多层治理共同体更具竞争力。

---

① 杨滔:《新区域主义在新大伦敦空间总体规划中的诠释》,《城市规划》,2007(2):第19页。

② Arthur Benz and Burkard Eberlein, *Regions in European Governance: the Logical of Multi-level Interaction*, "Working Paper RSC", No. 98/31, European University Institute, Florence, 1998.

二、英国区域治理发展的现实渊源

新区域主义和多层治理理论不仅仅是一种理论,它们也是20世纪后期的重要实践。随着传统工业化的逐步衰落和经济全球化的发展以及知识经济的出现,经济发展的区域化特征越来越明显。区域首先被认为是经济和社会生活的根本性基础,其次它也是获得知识性竞争优势的相关资产,最后它在分析中央—地方关系中具有本体论的重要意义。[①] 区域受到如此的重视在很大程度上是因为现代经济的发展具有很强的空间集聚效应,创新与技术的时空传播一般表现为波浪式的空间传播,既能够由创新源向周边地区呈现出放射状,同时经济效益在区域内也会出现报酬递增效应。因此重视区域在经济和社会发展中的作用就成为学术界和政府的共识。

作为新区域主义和多层治理理论的重要实践基地之一的欧盟,在推进其成员国的区域治理上不遗余力。早在欧盟成立之前,为了缩小不同国家地区间的发展不平衡,在1975年就设立了欧洲区域发展基金,主要是帮助那些落后地区的经济发展,从而缩小它们与发达地区的差距。此后在1988年举行的欧共体布鲁塞尔首脑会议上,成员国一致决定对区域政策进行重大调整,将欧洲区域发展基金、欧洲社会基金、欧洲农业指导与保证基金的指导部分合并为结构基金,用以帮助相对落后的地区发展基础设施建设,促进就业,以及对教育、科研和环保的投资。欧盟的区域政策对英国的

---

① G. MacLeod. *New Regionalism Reconsidered: Globalisation and the Remaking of Political and Economic Space*, "International Journal of Urban and Regional Research", 25(4): p. 805.

第六章 布莱尔新政析论之二:英国区域合作治理之道

影响比较大。英国为了适应当时的欧共体区域政策和发展基金的要求,对本国的政策进行了调整,并相继成立了苏格兰、威尔士发展局,处理区域内的投资、管理事宜。此后在1994年梅杰担任英国首相期间,英国成立了区域政府办公室,主要负责协调欧盟的区域政策在英格兰地区的执行。英国相继推出的这些区域治理机构主要是与欧洲发展基金以及随后的结构基金的运行原则有关。欧洲发展基金和结构基金要求建立一种伙伴关系,这种伙伴关系"需要在基金委员会、成员国以及被确定援助的次国家当局在制定发展计划、执行程序以及监督和评价过程中形成三重协商关系"。① 这种伙伴协商关系明确鼓励区域作为一极参与到欧盟区域政策的制定和执行过程中,因此英国为了保证获得欧盟对其区域的扶持基金,努力建构区域治理结构与机制。

当然,英国区域的治理并不完全是在欧盟区域政策的推动下发展起来的,它也有着自己独特的历史背景。英国虽然是一个单一制的中央集权制国家,但是"英国人从未真正采纳'国家'(state)概念,无论是作为政治思想的基本概念,还是作为对政府结构及其运作方式的概要表述,或是视为社会的政治组织方式"。② 它是由英格兰、威尔士、苏格兰和北爱尔兰组成,因此被称为是"社会联邦主义",即英国社会是由这四个不同历史、文化的地区组成。

不过由这四个区域联姻而结成的英国一直以来都面临民族独

---

① Martin Burch, etc. *The English Regions and the European Union*, http://www.psa.ac.uk/journals/pdf/5/2003/Martin%20Burch.pdf, 09-06-2007.
② 内维尔·约翰逊:《英国的国家与社会:与德国的比较》,载赫尔穆特·沃尔曼、埃克哈特·施罗德:《比较英德公共部门改革——主要传统与现代化的趋势》,北京:北京大学出版社,2004,第26页。

立和地方自治的压力。19世纪80年代地方自治运动直接导致了苏格兰地方事务部的产生,此后又陆续建立了威尔士事务部和北爱尔兰事务部。这三大事务部是一个非常特殊的组织结构,它是英国中央政府的组成部分,每一个事务部都由一个国务大臣直接控制;但是苏格兰和威尔士事务部更像是一个代议制机构,而不是一个具有执行功能的政府组织,其主要任务是确保本地的利益并获得更多的中央资源,因此,这两个地区的事务部更倾向于和本地区的地方政府以及地方利益集团保持更为紧密的联系。北爱尔兰事务部则更像是中央政府的一个直接下属机构,当地的所有政治领袖几乎都被排斥在本地事务之外。但是无论如何,事务部的设立给这些地区带来了更多的实惠,一方面是这些地区的平均开支增长要高于英格兰地区;另一方面是它能获得更多的地方自治。一般而言,一旦事务部从中央获得一揽子用于特定用途的拨款,其国务大臣就有相当大的自由权去决定款项使用的先后安排。①

这是因为这三大地方事务部的设立在一定程度上缓解了在中央和地方政府之间建立区域政府以及推进区域治理的压力。而且英国中央政府还推行了其他一系列的政策来缓解要求民族独立和地方自治的压力,比如赋予苏格兰一些只有民族国家才有的权力,让苏格兰在一些体育比赛中如足球、橄榄球等比赛中有自己的"国旗"、"国歌"等。不过寻求民主独立和地方自治的呼声并没有完全消逝,在北爱尔兰地区则更为明显,他们试图通过战争来达到目的。

---

① Kellas, J. G. The Scottish and Welsh Offices as Territorial Management,转引自赫尔穆特·沃尔曼、埃克哈特·施罗德:《比较英德公共部门改革——主要传统与现代化的趋势》,北京:北京大学出版社,2004,第76页。

第六章 布莱尔新政析论之二：英国区域合作治理之道

为了进一步缓解这种压力,工党政府在20世纪70年代试图建立立法会。当然工党努力推进地方区域治理也有着自己的打算。因为工党在这些地区相比较其对手保守党而言有较多的支持者,建立地区立法会一方面可以使工党获得更多的支持者;另一方面这些成立的地区立法会很可能会处于工党的控制之下,这样能够在全国扩大工党的影响力。不过保守党是不会让工党如愿以偿的,在1979年保守党获得执政地位后,虽然在国会通过成立地区立法会议的《苏格兰法》和《威尔士法》的情况下,撒切尔拒绝了关于任何权力下放的提议。撒切尔不仅仅反对将权力下放给苏格兰、威尔士和北爱尔兰,而且也反对在英格兰建立区域政府。虽然英格兰没有民主独立的压力,但是作为英国最大的一个组成部分,他们也要求一定的区域自治。奉行新自由主义的撒切尔认为在中央和地方政府之间多建立一个政府层级就意味着对地方经济进行更多的干预,这是为新自由主义所不容的。随着1997年工党重新执政,权力下放才重新提到议事日程上来。

三、布莱尔执政时英国区域治理的发展

布莱尔上台以后,重新开始工党18年前未竟的事业,那就是将权力下放到区域一级层面。布莱尔强调:"庞大的和中央集权的政府已经不合时宜,权力下放和分权才是时代的主旋律。"[①]执政伊始,布莱尔政府就进行了一系列的改革,改革的主要目标是

[①] 托尼·布莱尔:《新英国——我对一个年轻国家的展望》,北京:世界知识出版社,1998,第300页。

"下放权力、开放政府、改革议会和增加个人权力"。①

1997年,布莱尔政府发表了《苏格兰白皮书》,支持在苏格兰建立自己的议会,同时支持向威尔士和北爱尔兰下放权力。

1997年11月11日,在全民投票中,75%的苏格兰公民支持建立苏格兰议会;1998年,英国议会通过了《苏格兰法》;1999年,苏格兰议会成立。英国负责外交、宏观经济、国防和社会保障;公务员也是全国统一的,而苏格兰议会可以在教育领域自行立法,在此之前这一权力是由英国议会控制。此外它还在卫生、教育与培训,地方政府、住房、民法和刑法、经济发展、交通、环境、农业、渔业和林业、体育和艺术等领域负责。在这些领域,苏格兰议会能够修订和撤销英国议会已经存在的法案,并通过新的法律。② 另外苏格兰议会还有立法权和改变税收的有限财政权,而且它还有权制定160亿英镑的预算。这些被放权的领域是比照联邦体制中州或省所享有的权利领域而设定,唯一不同的是苏格兰议会不能修改其宪法,这项权限被保留在国家议会中。③ 同时为了加强苏格兰和欧盟的联系,苏格兰欧盟行政办公室于1999年在布鲁塞尔成立,专门负责协调解决欧盟中有关苏格兰的事务。

威尔士议会也于1999年成立,它采用简单多数制和比例代表制相结合的方式产生,而且所有通过简单多数制选举产生的议员也是英国国会的议员,苏格兰议会亦是如此。威尔士议会可以在

---

① *The Official Yearbook of the United Kingdom. Britain 2000*, London: The Stationery Office, 1999, p. 33.

② *The Official Yearbook of the United Kingdom: Britain 2000*, London: The Stationery Office, 1999, p. 22.

③ 王凤鸣、李艳:《英国新工党的宪政改革》,《当代世界社会主义问题》,2003,(2):第78—79页。

第六章 布莱尔新政析论之二:英国区域合作治理之道

下面一些领域发展和执行政策:农业,古籍和历史性建筑,文化,经济发展,教育和培训,环境,健康和卫生服务,高速公路,住房,工业,地方政府,社会服务,体育和休闲,旅游,城市和国家计划,交通和道路,威尔士语。不过,威尔士议会相比较苏格兰议会而言,不仅规模较小(苏格兰议会议员有129名,而威尔士的只有60名),而且被赋予的权力也远不如后者,因此看上去更像是一个远房的"穷亲戚"。威尔士议会只有次级立法权而无首要立法权和预算权,对于许多重大事宜的立法,它不得不更多地求助于国家议会。

北爱尔兰议会和自治政府的成立和运作并不像前面二者那样顺利,可谓是一波三折。在布莱尔政府的努力下,1998年英国各方就北爱尔兰问题达成了《友好星期五协议》。该协议规定,北爱尔兰继续留在英国,但将与爱尔兰建立更加密切的关系,北爱尔兰成立新议会和负责协调北爱尔兰关系的"南北委员会"。此后,在英国北爱尔兰地区和爱尔兰共和国举行全民公决,结果大多数投票者同意该协议。根据这一协议,英国政府将北爱地方事务的管理权移交给了1999年11月成立的北爱自治政府,但主张由英国统治北爱的新教派与争取北爱独立的天主教派在后来的合作中屡屡发生争执,自治政府多次陷于瘫痪。2002年10月,由爱尔兰共和军间谍事件引发的危机,导致自治政府和北爱议会再次中止运作,这次僵局持续了4年多,直到2007年5月北爱尔兰自治政府重新开始运行。

从以上的分权我们不难看出,布莱尔政府的下放权力有着明显的厚此薄彼的嫌疑,它有可能导致英国地区间的不平衡加剧。吉登斯认为:"如果不以一种权力(向上)移交来加以平衡的话,权力下放可能会导致分裂。……可能由此导致的一种风险是,某些城市和地区借助自治而远远超过其他的城市或地区,从而使英国本来已存在的地区不平等变得更加严重。"①威尔士和苏格兰之间的发展程度本来就存在着一定的差距,但是由于苏格兰采取的是巴勒特(Barnett)方案的财政结算方式,②这使得苏格兰的人均公共开支高出英格兰25%,而威尔士的人均公共开支则比苏格兰要低9%,而且也远远低于北爱尔兰。出现这种情况就在于苏格兰在英国国会中的影响远远大于威尔士地区,这进一步加大了英国地区间的不平衡。

抱怨最大的当属英格兰地区,尤其是英格兰的偏远落后地区,它们没有本地的大臣能够替他们争取适当的利益。在权力下放的过程中,苏格兰获益最多,而英格兰的人均公共支出在全国处于最低。更为严重的是在权力下放的过程中出现了"西洛锡安问题"(the West Lothian Question)。③ "西洛锡安问题"是指苏格兰的议员可以影响英格兰的问题,因为苏格兰议会中通过简单多数选举产生的议员是英国议会中的议员,他们能够在国会中对英格兰的事务指手画脚;而苏格兰的问题则是由自己的议会来解决,因此英格兰的议员无权就苏格兰的有关事宜进行投票。

面对着如此不平衡和不公正的权力分配,英格兰地区当然难以忍受。在布莱尔执政期间,这个问题是政府关注的一个重点,这也是本章随后要分析的主要问题。

---

① 安东尼·吉登斯:《第三条道路:社会民主主义的复兴》,北京:北京大学出版社,2000,第82页。

② 巴勒特(Barnett)方案是针对权力下放地区的财政政策,该政策给权力下放地区提供分类财政补贴,这部分补贴包括从前一阶段遗留下来的基金和新的追加资金,新追加资金是按照与英格兰的额外支出的固定比例而定的。

③ Matthew Leeke, Chris Sear and Oonagh Gay. *An Introduction to Devolution in the UK.* London: House of Commons Library. 2003, p. 11.

第二节 英国区域治理的组织发展

英国在苏格兰、威尔士和北爱尔兰建立区域型政府在很大程度上是迫于这些地区的民族独立和区域自治的压力,而在英格兰却缺乏这种动力。但是在面临经济全球化和将国家权力不断下放的这样一种国内外的形势之下,推进英格兰的区域治理也就成为必然的选择。

推进英格兰的区域治理首先是源于一种民主的诉求。将推进区域治理并要求建立区域政府归结为民主的诉求是基于两点,"首先,区域在复兴民主问题上扮演的角色:将权力从中央下放并且赋予已经存在的非选举的政府组织层;其次,它们可以为有着不同传统、认同和需要的地区提供一个直接民主表达的论坛"。[①] 在英国(包括英格兰),存在着很多区域级的政府机构,大多数是中央各部门设立在区域的派出机构,以及于 1994 年成立的区域政府办公室(Government Office for the English Regions, GOs)。这些非选举性的派出机构通过在区域执行中央政策来扮演一个区域政府的角色,它们具有一定的自由裁量权。不过这些机构缺乏一种政治上的合法性,只有建立在民选基础上的区域政府才能确立其合法地位。同时,在英国其他地区已经建立区域政府的情况下,英格兰地区缺乏一个能够表达其区域利益的合法论坛,它们的利益得不到应有的照顾,因此需要建立一个选举的区域政府。

---

① Wendy Russell Barter. *Regional Government in England:A Preliminary Review of Literature and Research Findings*. London:DETR. 2000,pp. 15 – 16.

在英格兰要求推进区域治理的第二个原因来自于经济发展。新区域主义强调地区在经济发展中的重要作用,过于中央集权的政治体制不利于提升地区经济发展的能力。这种体制对于地区经济发展形势的反应迟缓,而且缺乏战略。事实证明,在欧盟那些采用中央集权体制下的区域,其经济最为薄弱。① 而一个分权的区域政府往往能够为本地区的经济发展提供一个连贯的区域经济战略政策,并且能够协调地区经济发展需要,代表区域向中央表明地区经济发展的利益需求。

当然英格兰区域治理的发展离不开欧盟的推动。欧盟强调区域在经济发展中的重要作用。英格兰要想在欧盟体系下发展并获得其支持,就必须让区域一级的行政组织参与到基金获取以及相关的政策决策过程中来。欧盟还专门成立了区域委员会(the Committee of the Regions)来推动欧盟成员国的地方和区域政府参与到欧盟的政策制定以及通过发展跨地区的网络来关注更大区域的利益。

最后,直接推动布莱尔政府改进区域治理组织机构变革的是中央政府在区域公共服务提供和管理上的碎片化。由于英格兰缺乏一个区域层级的政府,因此很多中央政府以及一些部门设立了许多区域级的派出机构,这些机构包括九个区域政府办公室、九个农业、渔业和食品部的区域服务中心、八个英国国家卫生局的区域执行办公室、四个社会卫生保健区域部门、教育与就业部的就业服务办公室、社会保险部的救济金执行局、九个区域议事厅(Regional Chamber)、九个区域发展处(Regional Development

---

① Wendy Russell Barter. *Regional Government in England:A Preliminary Review of Literature and Research Findings.* London:DETR. 2000,p. 18.

第六章 布莱尔新政析论之二：英国区域合作治理之道

Agency,RDA)以及九个信息中央办公室的区域办公室。其中,教育和就业部、环境、交通和地区部以及贸易工业部的一些区域政策分别设在区域议事厅、区域政府办公室以及区域发展处中,而其他各个部门的区域政策的执行都是各自为阵,难以形成一个协调有序的、统一的区域政策体系,这种情况在布莱尔执政后的前两年更为严重。布莱尔政府上台后急于兑现自己的竞选承诺,推出了一系列新的政策,并且发展了一些新的组织：健康行动地带(Health Action Zones)、就业地带(Employment Zones)、教育行动地带(Education Action Zones)、新起点(New Start)、单一重建预算(the Single Regenerations Budget)等等。这些新政策与新组织的出现使得原本就比较混乱的区域组织和政策更为碎片化,因此布莱尔政府必须改革区域组织,推进区域治理的发展。布莱尔政府区域治理的组织变革主要是增强区域政府办公室的功能,设立区域发展处和区域议事厅,建立区域层级的合作政府。

一、区域政府办公室

布莱尔政府在推进区域治理发展上首先是增强区域政府办公室的功能。区域政府办公室是保守党的梅杰政府于1994年为了应对欧盟区域政策,尤其是为了协调欧盟发展基金的要求而创立,这为英格兰的区域治理打下了基础,它是英格兰9个地区的重要行政机构。[①] 区域政府办公室最初是将英国环境部、贸易工业部

---

① 英格兰分为9个地区,分别是东北地区(North East)、西北地区(North West)、约克郡与亨伯郡地区(Yorkshire and the Humber)、中东部地区(East Midlands)、中西部地区(West Midlands)、英格兰东部地区(East of England)、大伦敦郡地区、西南地区(South West)、东南地区(South East),1994年梅杰政府就在这9个地区设立了区域政府办公室。

和交通与就业部的区域办公室合并而创立。① 1995年教育与就业部合并,这样区域政府办公室主要是由以上四个部门的区域办公室合并,执行中央四部门的区域政策,同时负责协调欧盟区域政策和参与欧盟发展基金在本地区的各种事务。

区域政府办公室是获得跨部门工作或者"合作政府"的第一次表达。② 合作政府的目的是防止政策沿着不同的部门和分离的政策议程发展,避免由于政策之间的互相制约而浪费资源。可以说区域政府办公室最初是在欧盟的区域政策的推动下建立起来,欧盟以及英格兰各地区对它的期待是能够代表本地区在中央政府以及欧盟中行动。不过在设立之初它被赋予的角色更多的是中央政府在地区的"眼睛和耳朵"而已。因此区域政府办公室在英国的政府体系之中一直处于一种矛盾的地位:它究竟应该是中央在地方的"眼睛和耳朵",还是英格兰各个地区在中央的"喉舌"?

当然,在更多的时候它扮演的角色是中央在地区的"眼睛和耳朵",不过在这个角色的扮演上它并不是很成功。首先,区域政府办公室在决策过程中缺乏一种透明性,尤其是在欧盟区域结构基金的投标过程中常常如此,这样就导致了大量的浪费。其次,中央政府在地区一级的政策繁杂,而只有四个部门的区域政策被纳入到区域政府办公室的管理轨道中来,因此在获得跨部门的工作效果或者说确立合作政府上还是很不够,需要将更多的中央部门吸纳到这个办公室中。

在绩效与评估小组的研究报告《延伸出去:中央政府在区域

---

① PIU(the Performance and Innovation Unit). *Reach Out: the Role of Central Government at Regional and Local Level*. London: Cabinet Office. 2000, Para. AB. 1.

② Mark Sandford. *The New Governance of the English Regions*. New York: Palgrave Macmillan. 2005, p. 40.

第六章 布莱尔新政析论之二：英国区域合作治理之道

和地方层级中的角色》中，布莱尔政府意识到需要对区域政府办公室进行改革。中央政府应该给区域政府办公室一个强有力的扩大了的角色，使它在战略和跨领域问题上能够支持和评估地方政府绩效，尤其是确保中央政府部门在不同政策领域中的连接。① 为此，使更多的政府部门能够参与到区域政府办公室中是一个必然的政策选择。

在这个报告的作用之下，区域协调小组（The Regional Co-ordination Unit，RCU）于2000年成立，这是绩效评估小组研究报告的第一个直接结果。它是区域办公室的协调中心，同时也是社区与地方政府部门的一个组成部分。它的主要功能是为九个区域政府办公室提供集中化的财政以及人力资源服务，同时也负责对这些区域政府办公室进行绩效管理，是这些办公室与中央部门之间的一个联系平台。② 通过设立区域协调小组，不仅强化了区域政府办公室与中央部门之间的联系和协调；区域协调小组作为社区与地方政府部的一个组成部分，也增加了区域政府办公室对英格兰地方政府的影响。这个报告同时也推动了区域政府办公室的功能变化。在2000年至2002年期间，中央政府赋予了区域政府办公室更多的责任。第一，通过将内政部减少犯罪组和毒品预防咨询服务组整个合并到区域政府办公室来增加它在区域范围内减少犯罪和毒品中的功能。第二，在支持内政部社区凝聚力议程中扮演新的角色。第三，更紧密地与卫生部区域公共卫生小组合作，该

---

① PIU. *Reach Out：the Role of Central Government at Regional and Local Level*. London：Cabinet Office. 2000，para. 3. 16.

② House of Commons. *Is There a Future for Regional Government*？London：the Stationery Office Limited. 2007，p. 18.

小组也于 2002 年 4 月成为区域政府办公室的一分子。第四,将文化媒体与体育部的区域办事处合并到区域政府办公室。第五,通过推动政府、公共服务、公民和商业的网络在线确保每个地区从知识经济中获得最大的利益。第六,监测区域发展处的绩效。[1] 随着区域政府办公室在区域的作用越来越重要,更多的部门在区域的机构合并进来,到 2006 年,中央 10 个部门的区域机构先后成为区域政府办公室的一部分。

经过改进后的区域政府办公室的重要性越来越被中央政府所认同,"它们具有一流的关于它们各自地区的知识信息以及联合各个部门工作的能力,这让区域政府办公室在提供国家发展的优先目标上非常重要"。[2] 区域政府办公室的这种重要性主要是通过以下几个方面来完成。首先是领导,它代表中央政府与地方战略伙伴关系进行协商,签订一个三年期的地方协议(Local Area Agreement,LAA),其目的是确定通过什么途径来达到地方政府优先发展的目标。其次是执行目标,它的很多活动都与中央政府各部门的公共服务协议有关,区域政府办公室要完成各个部门的大约 40 个协议目标。再次是对地区的影响,这种影响主要是通过制定地区发展战略来实现,比如地方交通以及可持续性发展计划等。然后是改进,即通过与落后贫穷地方的政府合作来推进其政府绩效。最后是管理,包括对跨部门的各种组织在资金、人员上的管理。在区域政府办公室的运行过程中有这样几个特点:第一是其

---

[1] DTLR(Department for Transport, Local Government and the Regions). *Your Regions, Your Choice: Revitalising the English Regions*. London: DTLR. 2002, pp. 29 - 30.

[2] House of Commons. *Is There a Future for Regional Government*? London: the Stationery Office Limited. 2007, p. 11.

第六章 布莱尔新政析论之二：英国区域合作治理之道

活动更多的是以政策主题为中心，即它的治理围绕着如环境、社区发展、基础建设、地方的可持续性发展来展开，而不是围绕着这个地区的不同地方政府为中心；第二，区域政府办公室的大多数活动都是对项目和拨款进行管理，如欧洲结构基金、邻里关系复兴、犯罪与毒品项目等；第三，区域政府办公室在一般行政管理上花费很多资源；第四，区域政府办公室的财政更多的是直接由单个项目来掌管，而不是由区域政府办公室统一分配，区域主任没有这个权力。

强调区域政府办公室对中央部门政策在区域的协调始终贯穿在对它进行不断改进的过程之中，这也让区域政府办公室受到一些指责，认为它更多的是体现中央政府的意志，确保中央政策得到有效执行。英格兰西南地区的官员抱怨："和区域政府办公室工作是比较困难，因为它受限于中央政府，而不是考虑区域的需要。"英格兰东部地区的官员也认为："区域办公室是向我们解释中央政府的政策而不是根据我们特殊区域的需求进行一定的调整。"[1]因此区域政府办公室应该在目标、角色上进行一定的调整。在目标上，区域政府办公室应该和地方以及区域伙伴共同努力，帮助确立区域战略目标以及监督它的执行。[2] 在角色上，区域政府办公室应更多地与区域伙伴合作，担当国家区域政策的协调者，而不仅仅是一个解释者。

---

[1] House of Commons. *Is There a Future for Regional Government*? London：the Stationery Office Limited. 2007，p. 12，p. 13.

[2] HM Treasury and ODPM (Office of the Deputy Prime Minister). *Review of Government Offices*，London：HM Treasury. 2006，p. 16.

二、区域发展处

建立区域发展处最初是由区域政策委员会在 1997 年之前提出,他们认为,每一个地区应该有一个区域发展处负责在一个和战略性的区域框架内促进该地区的经济发展。它应该向区域议事厅负责,不过在现实中这两者在运行上是分开的,它应该是区域议事厅在这个地区经济发展的执行机构。[①] 显然工党对这个提议非常感兴趣,他们在 1997 年的竞选宣言中提出要建立区域发展处,以此来提升区域经济发展的竞争力。"经济发展需要一种自下而上的建立。我们要建立一站式的区域发展处来协调经济发展,帮助小规模的商业以及鼓励内向型投资。"[②]在工党执政以后,布莱尔政府在 1997 年年底发布了白皮书《为了繁荣建立伙伴关系》,在该书中明确提出中央政府建议在英格兰地区建立九个区域发展处,因为要推动国家经济的发展,不仅需要将全国作为一个整体来考虑,每一个地区也必须作为一个整体来发展经济。1998 年,《区域发展处法》颁布,根据该法案,1999 年在英格兰除伦敦郡以外的其余八个地区建立了区域发展处,一年以后,伦敦郡的区域发展处也建立起来。

根据 1998 年《区域发展处法》的规定,区域发展处由管理委员会组成,管理委员会的成员由国务大臣来任命。每个管理委员会的成员不得多于 15 个,也不能少于 8 个,其中至少有 4 个是地

[①] Regional Policy Commission. *Renewing the Regions: Strategies for Regional Economic Development*,转引自 Grahame Allen. *Regional Development Agencies*. London: House of Common, 2002, p. 9。

[②] Labour Party. *New Labour Because Britain Deserves Better*, http://www.labour-party.org.uk/manifestos/1997/1997-labour-manifesto.shtml, 12 - 11 - 2006.

方政府的议员,而且还必须至少有3位女性,少数民族也必须占到总数的5%,并且要涵盖包括商业、教育、贸易和志愿性团体的成员,因此区域发展处的成员必须是来自社会各界,具有广泛的代表性,代表地区各方的利益。

设立区域发展处的目标有以下几个:进一步推动经济发展和地区重建;提高经济效率、投资和提升该地区的竞争力;增加就业;增强该地区与就业相关的技术发展与运用;对这个地区以及整个英国的可持续性发展作出贡献。① 通过实现这五个法定的目标,区域发展处能够增强区域经济的竞争力,减少英格兰地区间发展的不平衡。为了达到这些目标,使之具有更好的操作性和可衡量性,它们被分为三个层次。第一层是区域发展处十年规划的一个战略目标,它基本是法定目标的翻版,当然其焦点是推动经济发展和减少区域经济的不平衡,这些目标中并没有量化指标。第二层是区域发展处的年度目标结果,由区域政府办公室每年进行评估。这些年度目标主要体现向区域发展处项目提供资金的中央部门关注的政策结果,这些目标包括可持续性发展、地区重建、城市发展、农村发展、就业、技能、投资、创新等11个领域。第三层主要是一些能够清晰测量的、可以直接归功于区域发展处努力的短期目标:如就业机会、新垦土地、教育与技能、商业的发展、对落后地区的投资等等。②

区域发展处在第三层次目标上完成得不错,因此也被工党认

---

① *Regional Development Agencies Act 1998*, London: the Stationery Office Limited. 1998, p. 2.

② The National Audit Office, Success in the Regions. London: the Stationery Office. 2003,24. 以及 Frontier Economics. Regional Growth: A Report Prepared for the ODPM, HM Treasury and DTI, London: Frontier Economics Ltd, 2004, pp. 62 - 63.

为是最为成功的区域组织之一。在 2002—2003 年度的第三层次目标安排中,区域发展处基本都是超额完成(如表 6.1)。由工业贸易部委托的一家独立研究机构的调查结果证明区域发展处在实现第三层次目标上比较有成效。他们通过调查发现在地区重建上有 55% 的人认为区域发展处做得很好。其次是农村经济和支持商业发展上,超过一半以上的人认可区域发展处的工作成效。在技术发展和社区发展这两个项目上,有四成受调查者认为区域发展处的工作做得不错。而对以上项目中认为区域发展处的工作做得很糟糕的只占 10% 左右。①

表 6.1 区域发展处 2002—2003 年的产出结果

	目标	实际获得
就业机会	75176	73875
新增商业企业	3865	4203
新垦土地(公顷)	1256	1448
学习机会	93450	152192

资料来源:The National Audit Office, Success in the Regions. London: the Stationery Office. 2003, 23.

区域发展处取得如此成绩与中央政府的重视分不开。布莱尔认为区域发展处应该"为地区的经济发展、社会和自然重建工作带来鲜活的动力"。② 自区域发展处建立以来,其预算资金一直处于增长之中,它从最初 2000 年的 10 亿多英镑增加到 2005 年的 20

---

① MROI. Stakeholders' Views of RDA, London: Market & Opinion Research International Ltd., 2003, p. 19.

② DETR. *Building Partnerships for Prosperity*, 转引自 The National Audit Office, *Success in the Regions*. London: the Stationery Office. 2003, p. 3。

第六章 布莱尔新政析论之二：英国区域合作治理之道

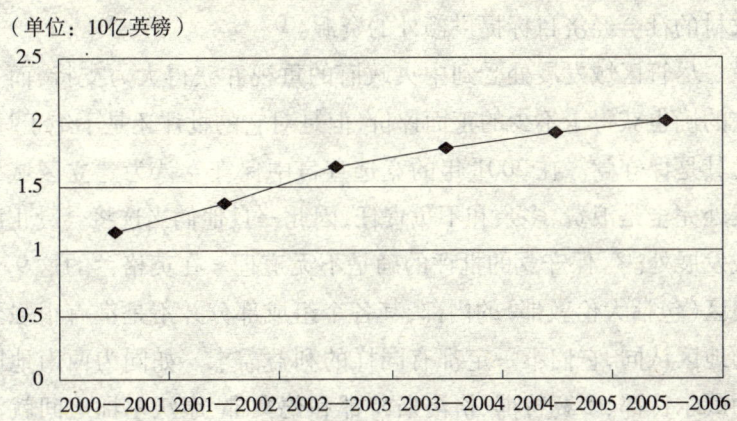

图 6.1　区域发展处年度资金增长图

资料来源：The National Audit Office, *Success in the Regions*. London：the Stationery Office. 2003, 3.

亿英镑(见图 6.1)。在预算资金不断增长的同时，区域发展处对于资金使用的灵活性也在不断增强。从 2001 年开始，区域发展处可以在两个项目之间进行资金的自由分配，可以将任何一个项目的资金转移出 20%，而且在转移资金的总数上没有限制。同时为了鼓励区域发展处开发新的战略项目，它们被赋予资金调配的自由权。从 2002 年开始，区域发展办公室在行政支出上的封顶政策被终止，它们可以根据自己的需求来安排行政开支；同时原来年度结算盈余的资金必须要上缴到财政部，现在则可以自己管理这笔盈余资金。当然，预算的增加和灵活性的增强意味着责任的增加。从 2000 年开始，中央政府要求区域发展处成为地区经济发展的战略动力，而且这将是它工作的一个重点。2004 年，中央政府对区域发展处提出了新的要求。首先必须为凤凰基金提供研究和发展基金，凤凰基金主要用于扶持落后地区的企业发展；其次它还必须要增强对企业与高校合作的支持；最后区域发展处还必须为满足农村的社会经济目标提供额外的资源。①

尽管区域发展处受到中央政府的重视并获得大力支持,而且它的确也获得了不少的正面评价,但是对它的批评还是不绝于耳,尤其是保守党。在2001年的竞选宣言中保守党认为建立区域发展处完全是浪费、多余和不负责任,因此一旦他们当选将会废止区域发展处。② 保守党的批评的确是不无道理。在英格兰的这9个地区(包括大伦敦郡)的内部,其各个组成部分并不是都有很强烈的地区认同,它们不一定都有同样的利益需求。如同为西南地区的威尔特郡、多赛特郡、格洛斯特郡和德文郡、康沃尔郡之间就没有多少经济和社会上的共同之处,将这些地方郡人为地划分为一个区,并用一个区域发展处以及相同的区域经济政策来推动该地区的经济发展并不值得称道,而且也难以获得公众的拥护。在对区域发展处进行调查的过程中发现,很多由区域发展处提供的基金项目非常难以申请,主要是它管理过于混乱,而且名目繁多,有超过40个基金流,申请者不清楚如何才能获得资助。英国商会相信基金管理仍然是一个"非常混乱的画面";经济发展办公室的主席抱怨"为了获得不同的基金流不得不跳出过多不同的圈";公共审计委员会也认为区域发展处的基金管理问题是官僚化和高度浪费。③ 因此区域发展处要想能够得到更多人的认可,同时在经济发展中发挥更大的作用,还需要不断地进行改进。

---

① HM Treasury. *Spending Review 2004.* London:HM Treasury,2004,p. 173.

② Conservative Party. *General Election Manifesto.* http://www.conservativemanifesto.com/2001/2001-Conserveative-manifesto.shtml,11-03-2006.

③ House of Commons. *Is There a Future for Regional Government?* London:the Stationery Office Limited. 2007,p. 21.

三、区域议事厅

区域议事厅在英格兰是一个非常独特的组织,它是志愿性的团体,其成员主要是由英格兰各个地区中地方政府的议员以及与地方经济、社会和环境事务相关的代表共同组成。建立区域议事厅是工党早在1995年就提出的政策构想。在其政策文件《英格兰的选择》中,他们提出在英格兰的每个地区建立一个选举性的区域议事厅而非是一个志愿性的组织。在随后1996年的政策文件《英格兰地区的新声音》中,他们进一步明确了建立选举性区域议事厅的具体事宜,如区域议事厅的成员构成、功能、资金来源以及法律地位等问题。在1997年的竞选宣言中,工党称将会建立一个区域议事厅来协调交通、制定规划、推动经济发展、投资竞标欧洲基金和土地使用规划等问题,而且英格兰的一些地区已经出现了区域性的团体,他们在一些问题上达成了战略伙伴关系。

1997年工党大选获胜使得他们建立区域议事厅的构想很快变成现实,但是要建立一个选举性的区域议事厅显然存在一定困难①,因此布莱尔政府采取的战略是分两步走。首先是建立一个志愿性的区域议事厅,吸纳地区各个方面的代表,尤其是地方政府的议员。在1997年年底发布的白皮书《为了繁荣建立伙伴关系》和1998年《区域发展处法》为区域议事厅的建立提供了法律依据。《为了繁荣建立伙伴关系》要求区域议事厅的成员必须要保

---

① 保守党政府坚决反对建立区域性的政府,认为这样是对地区经济发展的干预。因此在撒切尔执政期间就撤销了大伦敦郡(一个区域性的政府),直到21世纪新的大伦敦郡又重新产生。

证在性别和民族上的平衡,而且要遵循以下原则来保证区域伙伴都能够被涵盖到区域议事厅:第一,议事厅成员中的地方政府议员要能够反映地区的、地方的和政治上的平衡;第二,议事厅成员中非地方政府议员的一部分要对与区域发展处工作的相关利益人开放,这些相关利益人也是主要区域经济发展的代表;第三,议事厅成员中的地方政府议员占主导地位,但是整个成员应该能代表广大非地方政府的利益;第四,所有成员能够有机会参与到议事厅的辩论之中。① 因此在区域议事厅成立之初就要求它的广泛代表性,同时也确定了其工作最为重要的特点——协商。

不过和区域政府办公室与区域发展处不同,区域议事厅并不是一个法定的组织,它只是由中央政府区域议事厅鼓励和推动地区去成立区域议事厅,而是否成立由环境、交通和地区部的国务大臣来决定。虽然最后在英格兰除伦敦郡外的其余 8 个地区都成立了区域议事厅,但是区域议事厅在最初所能发挥的作用非常有限,而且《为了繁荣建立伙伴关系》与《区域发展处法》也没有赋予区域议事厅多少权力和责任。尽管它们成立的主要职责是对区域发展处的活动进行监督与检查,但是缺乏自己独立的预算,这种情况在 2001 年中央政府公布《加强区域责任》后得到改变。它承认区域议事厅在地区中开拓出一个有价值的角色,议事厅不仅仅为区域发展处的工作,而且为区域发展处的区域战略提供了一个论坛,同时它也成为在区域层级上制定一个更广泛战略的焦点。② 正是

---

① DETR. *Building Partnerships for Prosperity*,转引自 House of Commons, *Regional Government in England*, London:House of Commons,1998,p. 12.

② DETR. *Strengthening Regional Accountability*, London: DETR, 2001, para. 2.5.

第六章 布莱尔新政析论之二:英国区域合作治理之道

因为区域议事厅的作用开始显现出来,中央政府决定设立一个新的基金,让每一个地区的区域议事厅每年能够得到 500 万的资金。获得独立的资金资助对于区域议事厅而言具有标志性意义,它为议事厅具有完整的组织能力提供了保障。首先,很多工作团队第一次被任命,在此之前的工作人员都是提供兼职帮助。其次,议事厅的成员开始获得差旅费,委员会主席也开始获得特殊的津贴,当然这也意味着他必须承担相应的责任。再次,对区域发展处的监督检查也开始更为有效地进行,而且还发布了一些有价值的报告。最后,区域议事厅能够单个或者集体就区域问题去游说中央政府。①

此后,中央政府对区域议事厅逐步重视起来,区域议事厅在地区事务中扮演的角色也越来越重要。首先,区域议事厅扮演着一个监督审查者的角色。这个角色最初是在 1998 年《区域发展处法》中确立,该法案要求区域发展处必须回答区域议事厅对其工作和行为提出的有关问题。② 此后在 1999 年的《大伦敦郡法案》和 2000 年的《地方政府法》中明确赋予区域议事厅以监督审查的功能。议事厅在选择监督审查的方式上有着一定的灵活性,不同的地区选择了不同的方式。如在英格兰的中东部地区、中西部地区以及约克郡和亨伯郡地区,主要是通过拟定一个协议来规定对区域发展处监督审查的目标和方式方法。而在东南、西南和东北地区则是通过组成一个特别委员会来进行。其次,区域议事厅负

---

① Mark Sandford. *The New Governance of the English Regions*, New York: Palgrave Macmillan, 2005, p. 55.

② *Regional Development Agencies Act 1998*, London: The Stationery Office Limited. 1998, p. 8.

责区域规划和交通事务。区域规划最初是由区域规划会议制定区域规划指导来完成。但是在区域议事厅成立后,区域规划的第11条指导性说明建议由区域议事厅来代替区域规划会议更为合适,因为它有全职的规划小组。① 2002年的政府白皮书《你的地区,你的选择:复兴英格兰地区》和2004年的《规划与强制性购买法》中进一步强化了区域议事厅在规划和交通中的角色。议事厅可以就区域规划向国务大臣提出建议,可以对区域空间战略进行监督,在制定次区域规划中发挥作用,是区域交通规划任务组的成员,参与区域铁路局规划评估,并且领导区域货运战略的制定,与区域发展处联合起来就区域交通基础设施向中央政府游说。再次,区域议事厅担当区域政策的协调者。由于各种区域公共组织的成立以及各种区域战略的发展,为了避免各种政策之间的冲突和重叠,对区域政策进行协调就成为区域议事厅的重要职责。一些地区通过让区域议事厅参与各种区域政策和区域战略的制定来加强协调,另一些地区的区域议事厅则是制定整体型的区域战略避免冲突和重叠问题。然后,区域议事厅强化区域伙伴关系的建立。建立伙伴关系是第三条道路的一个重要特点,这也体现在区域治理之中。伙伴关系的建立主要是通过和其他区域以及国家组织进行有效的合作,在制定区域战略过程中将更多的利益相关者吸纳进来,建立一种强有力的区域认同感。最后,区域议事厅扮演着本地区发言人的角色。所有的区域议事厅都在欧盟总部所在地布鲁塞尔设有区域办公室,游说欧盟资助地区项目。它们同样也通过游说白厅来影响国家的区域政策。在本地区,它们通过建立地区网站并提

---

① Office of the Deputy Prime Minister. *Evaluation of the Role and Impact of Regional Chambers: Feasibility Study*, 2005, p. 11.

第六章 布莱尔新政析论之二：英国区域合作治理之道

供一些有用的出版物来扮演地区发言人。

正是因为区域议事厅的功能不断拓展,同时对区域政策的影响不断扩大,布莱尔政府开始着手推进区域治理的第二步,即建立选举性区域议事厅,这也是作为在野党的工党在竞选宣言中对英格兰区域治理的最初设想。在布莱尔再次执政以后,他在《你的地区,你的选择:复兴英格兰地区》的白皮书中提出建立选举性的区域议事厅,"中央政府将在那些投票支持建立区域议事厅的地方建立选举性的议事厅","选举性的议事厅在区域治理上将更为有效,同时对地区选民将更为负责"。[①] 选举性的议事厅拥有两种权力:一种是具有执行功能的权力,如地区经济发展、欧盟基金项目、规划等;一种是具有影响功能的权力,如对企业发展的支持,通过与地方政府"减少犯罪伙伴关系"协商来降低犯罪等。《区域议事厅法案》很快于 2003 年在国会获得通过,该法案是"为英格兰地区就成立选举性议事厅举行公民投票提供规则"。[②] 决定是否建立一个选举性区域议事厅的公民投票于 2004 年 11 月举行,超过四分之三的投票人否决了布莱尔政府在区域治理问题上的一个重要政策选择。

大多数公民投票否决建立选举性议事厅的一个很重要的原因是它的权力非常有限。尽管它获得了一些执行性和影响性的权力,但是"选举性议事厅的实际执行权力主要由区域发展处控制,

---

[①] Cabinet Office and DTLR. *Your Region, Your Choice: Revitalising the English Regions*. London: DTLR, 2002, p.31.

[②] *Regional Assemblies (Preparations) Act 2003*, London: the Stationery Office Limited. 2003, p.1.

而且区域住房预算占据了议事厅预算的 90%";①其影响性的权力是通过"监督审查高等教育对积极发展的影响,在地方交通基金分配上建议中央政府,就战略规划的运用要求进行电话交谈,和其他伙伴进行协商……通过将相关参与者聚集起来在区域范围内进行协调活动"。② 因此这些权力被认为在实际中难以发挥作用,它不能真正代表区域利益,在欧盟中的影响力也值得怀疑。英国经济与社会研究会的一项调查显示,反对者认为建立选举性区域议事厅是一种浪费,它会导致税收更高,对推进区域经济并没有好处,公众的区域自豪感也不会增强。③ 而且此时的布莱尔政府正陷入伊拉克战争的泥沼,公众对布莱尔政府以及政治家的信任正急剧下降,这也是导致公众不支持建立选举性区域议事厅的一个重要原因。

这次公民投票对布莱尔政府的区域治理政策的影响较大,此后工党在进一步拓展区域议事厅功能和地位上的积极性不大。同时它也激起了公众对区域议事厅的反对热情,作为布莱尔政府的另一个重要核心的财政大臣布朗也倾向于停止区域议事厅的运行,通过壮士断臂的方式扭转公众对布莱尔政府在区域治理问题上的态度。

试图建立选举性区域议事厅的失败并不意味着布莱尔政府在区域治理上的真正失败,它更多地体现出保守党和新工党在国家

---

① Mark Sandford. *The New Governance of the English Regions*, New York: Palgrave Macmillan, 2005, p. 65.
② Cabinet Office and DTLR. *Your Region, Your Choice: Revitalising the English Regions*. London: DTLR, 2002, p. 37.
③ Economic and Social Research Council. *Why the North East Said "No": the 2004 Referendum on an Elected Regional Assembly*, http://www.devolution.ac.uk/pdfdata/Briefing%2019%20-%20Rallings.pdf, 08-09-2006.

治理方略上的不同选择。前者希望国家的干预越少越好,组织层级越多越是官僚化;而后者相信国家在经济、社会发展中的作用。同时在英国这样一个富有浓厚保守自由主义的国度,让公众接受一个新的政府层级还需要一个长期的过程。

第三节 英国区域治理的机制

布莱尔政府建立一个承上启下的区域层级治理结构,其目的在于既能满足向下放权的要求,又能使国家目标在区域层级得到整体性执行,防止治理的碎片化。区域治理组织一直处于一种尴尬的地位。如果英格兰的三个区域治理组织按照从国家控制到区域自治这样一个系谱排列,将是区域政府办公室、区域发展处和区域议事厅。在一个缺乏足够资源(财政预算权和行政执行权)的区域治理框架内达到既要控制又要放权的目标,主要通过区域规划与战略的制定、监督审查和协商治理等机制完成。

一、制定区域规划与战略

区域规划与战略的制定在英格兰地区的兴起源自于1994年区域政府办公室的成立,其目的主要是为了对区域的土地利用进行规划。不过在布莱尔入主白厅以后,区域规划开始突破传统的通过区域规划指导(Regional Planning Guidance, RPG)对土地利用情况进行区域的协调。1998年的政策文件《现代化规划》提出对保守党时期的区域规划指导进行改革,"已存在的区域规划指导被批评为太多的'自上而下',缺乏区域(关注的)焦点以及将太多的时间用在重申国家政策上,而且过于狭隘地定位于土地利用,规划指导会花费过长的时间,并没有获得区域各利益相关者的信任和承诺。"①此后,区域规划指导强化了考虑社会与经济相关因素在内的土地使用规划,赋予区域有关组织更多的责任,并在区域规划过程中将更多的区域组织包容进来,同时一系列的关于制定区域规划的政策文件相继发布,包括《为了未来社区进行规划》、《规划:提供一个根本性的改变》、《规划政策指导性说明11:区域规划指导》等等。其中,最后一个政策文件为区域规划改革作出了最为权威性的规定,区域发展规划指导应该提供"一个跨越15到20年的广泛的区域发展战略,以及确认关于提供新的住房、环境偏好、交通、基础设施、经济发展、农业、矿业和废弃物的处理问题上的范围和贡献,这种确认是通过制定一个空间战略来完成"。② 而且该指导性说明还要求区域议事厅要承担起区域规划功能,在制定和执行统一的区域空间规划时,区域议事厅的监督和评估小组应该处于领导地位,同时也要求增强区域规划的地位,使其由一个自愿性的规划变为具有法律性的地位。

  从2003年开始,所有的区域议事厅都设立了区域规划组织,并且开始获得国家拨款,专门负责制定区域规划与战略。2004年《规划与强制性购买法案》让区域规划获得强制性的法律地位,而且区域规划指导也被升级为区域空间战略(Regional Spatial Strategies,RSS)。区域空间战略要为本地区提供一个清晰的量化的主要目标,这些目标更多地体现本地区的独特的需求。为了便于保证目标的获得和对区域空间战略实施的监督,区域空间战略

---

① DETR. *Modernising Planning*, London: DETR, 1998, p. 6.
② DETR. *Planning Policy Guidance Note* 11: *Regional Planning Guidance*, London,转引自 Land Use Consultants, *Reflecting Diversity in Governing the Regions: Final Report*, http://www.communities.gov.uk/documents/Corporate/pdf/142349, 08-09-2007.

第六章 布莱尔新政析论之二:英国区域合作治理之道

还必须制定清晰的战略获得机制、指标。① 区域空间战略要求在纵向和横向上协调区域发展战略。在纵向上,区域规划组织有责任监督地方政府的地方发展框架(Local Development Frameworks,LDF)与区域空间战略一致,同时还要与区域内的其他战略协调一致,包括将区域交通战略合并进来。

与区域空间战略平行的是区域经济战略(Regional Economic Strategies,RES),最初产生于1996年的米兰报告(Millan Report)。新工党执政后,区域经济战略由区域发展处每三年制定一次,确定该地区区域发展处以及其他区域组织的目标和优先发展的对象,确保该地区的可持续性发展。区域发展战略主要是通过协商、评估、运用绩效指标等方式来达成和运行。

除了区域空间战略和区域经济战略外,区域议事厅还制定了一系列的战略,包括可持续性发展框架、区域交通战略、区域住房战略、区域就业和技能框架、文化战略、废物处理战略、生物多样性战略、旅游战略、农村行动计划、能源战略、卫生发展战略和体育战略。其中既有具备法律效应的战略,如区域空间战略、区域经济战略、文化战略等等;也有一些虽然不具有法律地位,但是被中央政府所批准的战略,如可持续性发展框架、区域交通战略、区域住房战略等;还有一些是纯粹的志愿性战略,只是区域治理网络组织的一个志愿性协定。

在一个地区战略太多容易导致战略间的冲突,因此在一些区域出现了整体性区域战略(Integrated Regional Strategy,IRS)。整体性区域战略也是一个志愿性战略,它是要确保区域型政策与战

---

① ODPM. *Planning Policy Statement 11:Regional Spatial Strategies*,London:The Stationery Office,2004,para. 1. 7.

略之间不是彼此孤立而是互相兼容,为未来的各种区域战略确定一个指导方向,其目的在于保证区域发展的可持续性。整体性区域战略由各个区域战略组成,如中部内陆地区的整体性战略由区域经济战略、区域空间战略、区域能源战略、区域环境战略等等构成;而英格兰东部地区则是由区域空间战略、区域经济战略、区域住房战略、区域社会战略、区域文化战略、区域卫生战略和区域环境战略构成。不过整体性区域战略并不为单个的战略提供一个具体细致的政策、建议和目标,而是为本地区的可持续性发展提供一个整体的规划图景。

区域战略的制定主要是通过区域议事厅或者政策论坛的方式协商产生,参与区域战略制定的各方是区域发展的利益相关者,因此它能够在制定战略的过程中达到信息的交换、获得互信。同时它通过一个较低的成本为区域发展提供了正式的长期规划,避免不同的区域执行部门在政策过程和目标中的冲突。但是,由于很多区域战略是志愿性质,缺乏执行权力;而中央政府派驻区域的执行机构也缺乏根据区域战略调整其在本区域执行政策的权力。这导致两个后果:其一是战略之间缺乏一致性,容易互相冲突;其二是区域战略对于区域组织的影响比较有限。尽管此后在很多区域制定了整体性区域战略,但是"像其他一些志愿性战略一样,整体性战略没有法律地位,因此它不能总是纠正现存战略之间的矛盾"。① 要想改变这种状况主要依赖于中央政府能否赋予区域战略更多的权力,包括执行能力和预算的获得。随着建立选举性区域议事厅的失败,区域战略要想获得更大的影响力将会比较困难。

---

① Mark Sandford. *The New Governance of the English Regions*, New York: Palgrave Macmillan, 2005, p. 162.

二、监督审查

监督审查作为一种治理机制是在1997年布莱尔执政以后才经常被英国政府频繁使用,并且被赋予了特定的程序:由一个政治性议会或者议事厅的选举成员对执行机构的决定进行询问、批评或者评价当前或者未来的政策,并且提供改变政策的建议。监督审查机制在英国议会、苏格兰议会、威尔士国民公会、地方政府(议会)中被广泛运用,大伦敦郡以及区域议事厅也采用监督审查机制来加强对区域的治理。

在区域治理过程中,区域议事厅的监督审查对象主要是区域发展处,这可以追溯到1998年《区域发展处法》的有关规定。不过《区域发展处法》对区域议事厅的监督审查功能并没有提供一个明确的法律依据。因此直到2001年《加强区域责任》的出台之前,区域议事厅的监督审查功能还只是一纸空文。该文件提出了政府计划加强区域议事厅对区域发展处在提高经济绩效以及英格兰区域竞争力上的监督审查,并建立一个每年500万的区域议事厅基金来为其工作提供资金资助。自此,议事厅的审查监督工作真正开始运作起来。

区域议事厅的监督审查是在一个由区域议事厅和区域发展处共同制定的协议框架内进行。这个协议将规定监督审查的目的,提供区域议事厅和区域发展处官员参与监督审查的规则,并强调在信息上的共享。协议同时还确立了监督审查机制的基调,即它帮助区域议事厅和区域发展处建立一个合作伙伴关系,推动区域发展处的绩效。

根据这个协议,不同的地区建立了两种不同的监督审查结构:常设性的委员会和临时委员会。英格兰西南地区、中部内陆地区、西北地区和东部地区主要采用的是常设性的委员会,尽管它们的名称不尽相同。委员会的成员一般来自于区域政府办公室、区域发展处和区域议事厅以及地方政府的议员。常设性的委员会有助于对区域发展处的工作进行日常监督,而且能够积累更多的关于对区域发展处的绩效进行监督审查的知识;与此同时,这也为委员会的成员提供了更多的机会参与监督审查,因此也容易培养出专门的监督审查人才。① 还有一些区域采用临时性委员会的方式。临时性委员会的成员资格被限定在议事厅成员和官员范围内。它们首先接受对区域发展处工作进行调查的委托,然后邀请相关伙伴组织以及公众向临时性委员会提供各种书面资料,随后向伙伴组织以及相关利益者发放调查表,一些地区还要求对目击证人进行口头调查,在收集了一定的证据后再对区域发展处进行审查。因此临时性委员会在监督审查过程中,更多的人将参与其中,并且有明确的结果导向,能够运用区域范围内各种力量来推动监督审查的顺利进行。

区域议事厅的监督审查和其他层级政府的目的不同。对中央政府的监督审查主要是要求它对行政、开支以及政策执行的效率和有效性负责。但是对于区域议事厅而言,监督审查是与政策工作联系在一起。《区域发展处法》的目的是赋予区域议事厅一定的作用,让其确保区域发展处的行为和战略能够适当的与其他活动很好地联系起来。换句话说,区域议事厅的监督审查目的是保

---

① Stemhanie Snape, Rachel Ashworth, Sundeep Aulakh, Lynn Dobbs and Craig Moore. *The Development of Regional Scrutiny—Final Report*, Birmingham: English Regions Network, 2003, pp. 40 - 41; English Regions Network. *Regional Scrutiny Handbook*, Birmingham: English Regions Network, 2004, p. 40.

证整合不同的区域战略,而不是正式要求区域发展处对其行为负责。① 法律只是要求区域发展处重视区域议事厅的观点,但是并不必须要回答或者同意它们,工业贸易部才是区域发展处的主管部门,因此不要混淆它的民主责任。

正是因为区域议事厅的监督审查权力非常有限,"在每一个区域,议事厅采取了一个合作的途径进行监督审查,其主要目的是避免(议事厅和区域发展处)产生冲突,从而走上一条互相敌对的道路"。② 因此在区域范围内的监督审查往往被冠以"建设性的合作"、"建设性的参与"以及"诤友"等名称,这些名称在区域监督审查的协议中广泛出现,如中部内陆地区经济评论团(负责监督审查的常设性委员会)的协议中认为"监督审查意味着努力通过'建设性参与'去确保区域的经济战略……适当地回应区域发展偏好",西南地区的监督审查协议同样强调议事厅承诺采取"合作性的途径"。③ 这种合作途径还影响到监督审查的组织建设,在很多区域负责监督审查的常设性委员会中,大量的区域发展处和区域政府办公室的人员占据很大比重。除此之外,区域发展处还参与到监督审查过程的设计和运行之中。

从以上的分析我们可以看出,与英国其他治理层的审查监督机制不同,在区域层级的监督审查机制具有以下一些特点:第一,作为负责区域监督审查的组织,区域议事厅只是一个志愿性而不

---

① House of Commons. *Is There a Future for Regional Government?* London: the Stationery Office Limited. 2007, p. 31.

② Stemhanie Snape, Rachel Ashworth, Sundeep Aulakh, Lynn Dobbs and Craig Moore. *The Development of Regional Scrutiny-Final Report*, Birmingham: English Regions Network, 2003, p. 23.

③ Ibid., p. 24.

是选举性的组织;第二,区域议事厅三分之二的成员是地方政府议员,最后三分之一的成员来自区域经济、环境和社会伙伴组织;第三,相比较其他层级的监督审查机制,区域层级的法律基础相对薄弱;第四,由于区域发展处的责任体系安排涉及区域政府办公室、区域议事厅和英国议会,因此对其的监督审查比较复杂;第五,议事厅的监督审查是一个百分之百的外部监督审查,即监督审查行为和效果是由议事厅外部组织决定(虽然监督审查是由议事厅来组织完成);第六,区域监督审查的重点是影响关键的区域战略的发展;最后,所有以上的这些特点决定监督审查将是沿着一条高度合作化的途径进行。[1]

这种合作化的途径对于区域治理的发展发挥了重要的作用。议事厅和区域发展处建立起强有力的关系:区域议事厅认真对待议事厅的看法,并且联合工作使发展处的工作方式发生了真正的变化。在一些地区,区域议事厅对于一些特别问题(如可持续性发展、社会包容以及社区发展)的关注对于区域发展处的战略和行动起重要作用。[2] 但是要具体测量区域监督审查的影响比较困难,"非正式监督审查机制能有效地获得改变,但是本质上是难以进行记录和追寻……在一种区域治理的合作伙伴关系环境下,确定绩效的'所有权'非常困难"。[3] 由于议事厅的监督审查缺乏强

---

[1] English Regions Network. *Regional Scrutiny Handbook*, Birmingham: English Regions Network, 2004, p. 12.

[2] ODPM. *Interim Report: Evaluation of the Role and Impact of Regional Assemblies*, London: ODPM, 2005, p. 25.

[3] Stemhanie Snape, Rachel Ashworth, Sundeep Aulakh, Lynn Dobbs and Craig Moore. *The Development of Regional Scrutiny—Final Report*, Birmingham: English Regions Network, 2003, p. 81.

制性的执行力,因此它更多的是去影响而不是强制改变区域发展处的战略制定,这在2001年英格兰东部地区议事厅和区域发展处的争执中可以反映出来。议事厅在六个月内两次拒绝区域发展处的区域经济战略,而区域发展处也寸步不让,媒体对此事广泛报道,称为"东部起义"。① 由于《区域发展处法》和《加强区域责任》都没有对这种情况提供解决问题的法律性基础,最后在内政部长的干预下,一个修改的经济战略才被议事厅接受。

三、协商治理

20世纪90年代以来,民主理论明显走向了协商。② 当今西方政治思想界的领军人物,如美国政治哲学家约翰·罗尔斯、英国社会政治理论家安东尼·吉登斯以及德国思想领袖于根·哈贝马斯等人,无不是协商民主的积极倡导者。民主协商是对当前西方代议制民主、多数民主和程序民主的一个重要的完善和补充。协商民主要求在公共决策过程中排斥因权力运用而形成的支配、控制、灌输、宣传等因素,人们在交往过程中偏好的表达是非强制性;同时它为公众提供一个平等表达的平台,通过运用协商、讨论和对话来形成公共理性。协商治理机制是指在英格兰区域治理过程中伙伴关系的参与和政策制定中的对话,它强调通过一种非强制性的协商以及在一个平等舞台上的对话来制定区域发展的战略与政策。

---

① Tomaney J. and Hetherington P. *Monitoring the English Regions*: *May 2001*, London: Constitution Unit, 2001, pp. 16 – 17.
② 约翰·S. 德雷泽克:《协商民主及其超越:自由与批判的视角》,北京:中央编译出版社,2006,前言第1页。

赋予不同地位和不同影响的组织以同样的话语权是英格兰区域治理中的一大特色,在英格兰三大区域治理组织区域政府办公室、区域发展处和区域议事厅中的论坛、网络体系和委员会中吸纳大量的区域伙伴组织的参与,这也是英格兰区域治理的一个基础。选择伙伴关系参与模式与其说是布莱尔政府第三条道路执政理念的主动体现,倒不如说是对英国区域治理格局的一种被动选择。保守党反对建立区域政府,在其执政期间,为了保证国家目标的实现,它们设立了大量代表不同部门提供不同服务的区域层级执行机构。这些林立在区域的各种执行机构导致的直接后果是区域治理的碎片化,无论是对区域政府办公室的改革还是设立区域发展处和区域议事厅,其主要目的就是为了解决这个问题。由于这三大组织缺乏政治上的合法性以及必要的法律权力,因此必须通过与这些区域执行部门以及地区其他相关利益的组织(包括第三部门和地方政府)建立一种合作伙伴关系,为区域治理提供一个整体性框架,这种在区域治理中合作伙伴关系的参与尤其体现在区域议事厅的组织结构和运作过程中。

区域议事厅是一个志愿性、多党派的包容性组织,代表本地区的利益。它是由70%的地方当局成员(包括国家公园管理局)以及30%的区域利益相关组织(包括高等教育部门和进修学校、英国工业联盟、英国工会联盟、商会、小企业部门、教区和镇议会、英国国民医疗服务部门、志愿者组织、知识与技能委员会、区域文化公会、农业与环境团体以及其他组织)组成,表6.2显示了在英格兰8个地区的议事厅中区域相关利益者的人数分布情况,它们在区域议事厅工作的根本性指导原则是协商。

第六章 布莱尔新政析论之二:英国区域合作治理之道

表6.2 区域议事厅中社会与经济伙伴团体人数表①

(单位:人)

	NE	NW	YH	WM	EM	EE	SE	SW
商业	5	10	3	11	8	6	12	7
志愿者组织	2	1	1	3	5	5	7	4
环境	1	2	1	2	2	4	3	3
文化	1	1	1	1	2	3	3	2
工会联盟	5	3	1	2	4	2	2	4
卫生	1	1	1	1	2	2	1	1
高等教育部门	1	1	1	2	3	1	1	1
教会	1	1		1	1	2	1	1
进修学校	1	1	1			1	1	1
住房				1	1	1	1	
公平	1		2	1				2
农业	1							
知识与技能	1			1				2
青年人				1				1
交通				1		1		
旅游				1				1
警察					1			
选派					5	2		
总计	21	21	14	29	35	29	33	33

注:NE—东北地区　NW—西北地区　YH—约克郡与亨伯郡地区　WM—中西部地区　EM—中东部地区　EE—英格兰东部地区　SE—东南地区　SW—西南地区

另一个区域协商治理机制是政策论坛,它设立在区域议事厅

---

① Mark Sandford. *The New Governance of the English Regions*, New York: Palgrave Macmillan, 2005, p. 191.

之外,能聚集一些更为广泛的政策相关利益伙伴就特定的政策议题进行协商,这些政策论坛包括 2001 年口蹄疫爆发后设立的区域农业事务论坛、区域住房论坛、区域住房委员会、可持续性发展圆桌会议、区域卫生观察站、区域文化联盟、区域交通委员会等等。

正如制定区域战略一样,建立政策论坛的机会成本相对比较低,而效果非常好,它能将特定区域政策的相关利益者聚集起来共同协商,有利于制订政策的民主化和科学化,增强区域政策的合法性和执行力,因此很多政策论坛作为一个咨询和参与的有效方式很快建立起来。例如,2000 年建立的西南地区区域住房论坛,它将西南地区区域政府办公室、房产公司、房产开发商联合会、国家房产公司联合会以及其他相关组织的成员召集起来组成一个非正式的团队,共同讨论每年由区域政府办公室发布的区域房屋报告书,这个报告书主要是关于如何分配区域政府办公室的住房贷款基金。由于住房论坛在制定区域房屋报告书中的作用越来越大,区域政府办公室将报告书的制定权完全委托给这个政策论坛。此后其他各个地区也相继设立区域住房论坛,并形成一个区域住房论坛网络。在英格兰区域层级还存在着其他区域治理网络,这些由政策论坛组成的区域治理网络具有一定的自治能力,并且能够代表区域特定政策的利益群体。它们会就特定政策向中央政府提供建议,如果它们提供具有一致意见的建议与中央政府的期待相冲突,这会对中央政府产生一定的压力,因此中央不得不考虑其建议。

区域协商治理机制拓展了区域制定过程中组织的代表性,为区域各个组织提供了一个平等表达意见的舞台,其目的是影响区域的政策制定,尽管这种影响的程度目前还难以测量和评估。可以肯定的是协商治理机制为英格兰区域治理提供了一些新鲜的经验,改变了保守党时期区域治理更多依赖中央强制性规定的状况。从宏观政策流动来看,它不仅有自上而下的政策制定,同时也有更多自下而上的政策推动,尽管这种推动还缺乏足够的法律权力保证。当然这也许是中央政府能够允许区域治理网络发展的原因,因为中央仍然拥有最后决定权。

第四节 对英国区域治理发展的评论

布莱尔政府的英国区域治理发展规划可谓雄心勃勃,其大刀阔斧的改革让保守党政府在区域问题上的谨小慎微相形见绌,尤其是它在解决北爱尔兰问题上的卓越贡献将是留给英国的一个恒久遗产。不过正是为英国区域治理带来新气象的改革措施,无论是对苏格兰的放权还是在英格兰的区域治理革新,都遭受到了新工党内外的质疑和批评,因为前者被认为带动了苏格兰的民族情绪从而推动了它的独立倾向,而后者被认为是官僚化和缺乏效率。那么事实是否如此呢? 正如前文所述,本章的重点在于考察英格兰的区域治理,因此下面将主要对此进行评析。

一、区域治理体制的特点

布莱尔政府在推进区域治理过程中最为突出的是建立一个以区域政府办公室、区域发展处和区域议事厅为三大支柱的治理网络,它们的能力和运行的结果直接影响到是否能够为区域治理提供一个清晰的领导关系,以及是否能够为区域发展提供一个整合性的具有明确优先发展目标的区域战略。为了在区域治理过程中既能够为区域培养一种本土化的权力从而达到以上目标,同时又能够保证中央政府对区域治理的控制权,布莱尔政府创立了一个独具特色的区域治理体制。

首先是在区域治理中明确的制度分工,这体现在三个主要的区域治理组织在职能分工中的清晰。区域发展处主要是负责领导地区的经济发展,同时还监察各个次区域的伙伴关系及其在地方实现的机制。区域政府办公室的职责是领导和解决社会排斥和邻里关系发展问题上的事务,同时监督区域、次区域以及地方执行局的一些活动,这些活动涉及跨越设置在区域政府办公室的十个中央政府部门的政策领域范围。区域议事厅最为重要的是对区域土地使用进行规划,同时对区域发展处进行监督审查。虽然在制定区域战略的过程中它们将互相影响、互相参与,但是这种影响和参与缺乏法律地位,最后的结果是不同组织的区域战略彼此孤立。

其次,区域治理组织在责任体系中的多重性。区域政府办公室的工作人员主要来自于中央政府的不同部门,因此他们的工作首先是要向自己所在的部门负责。但是区域政府办公室不是简单地将部门政策在区域层级执行,它必须同时既要能够在国家层面将不同的部门政策进行跨部门的整合,同时还必须能够体现区域优先发展的重点。区域政府办公室这三重责任是由其工作所属部门、组织设立的目的以及所代表的地区所决定。区域发展处首先必须通过目标设置、绩效管理和审计向其上级主管部门贸易工业部负责(最初的主管部门是环境、交通和地区部)。但是区域发展处也从中央其他部门获得很多资金,因此它不得不为这些部门完成任务。与此同时,区域议事厅获得了对区域发展处进行监督审查的法律地位,从而确保它能够让区域经济战略和区域的其他战略协调一致;而区域政府办公室则是代表中央政府对其进行绩效评估。区域议事厅成员主要是本地区内的地方当局及其他一些经济、社会伙伴构成,主要是对本地区的整体事务负责。但是很多时

第六章 布莱尔新政析论之二：英国区域合作治理之道

候它往往成为地方当局以及教区之间利益角逐的论坛。

最后,区域治理组织在财政权力上的有限性。区域政府办公室的成员主要来自于中央的十个政府部门,其财政开支权力主要是由这些所属的部门控制。区域政府办公室的财政支出总数是由各个不同的项目资金组成,每一个项目都是由某个部门所资助,它们拥有对资金的所有权,而"区域政府办公室能够将项目资金从一个项目转到另一个项目的总数额度在一个可以忽略的范围之内"。① 区域发展处可以支配较多的资金,并且可以向中央政府贷款,但是对其进行拨款以及贷款都必须经过其主管的贸易工业部(最初是由环境、交通和地区部)部长同意,部长拥有最终的决定权。区域议事厅在建立之初,其获得的政府拨款非常有限,以至于其活动能力非常有限,对区域发展处的监督审查基本无法正常进行。直到 2001 年中央政府发布《加强区域责任》之后,区域议事厅获得的资金才能保证其功能的正常发挥。

二、区域治理的政策分析

区域治理体制的这些特点对区域政策的制定和执行影响较大,它决定了区域政策过程中所体现出的价值选择、政策决策的影响因素发挥的作用,同时它也影响哪些政策问题将被列入政策议程。下面主要是以英格兰北方三个区域(西北地区、东北地区、约克郡和亨伯郡地区)为例,分析区域治理结构对区域政策的影响。

1. 更多的区域主义,更少的治理

布莱尔政府创立的区域治理结构一方面是让国家政策能够在

---

① PIU. *Reach Out : the Role of Central Government at Regional and Local Level*. London : Cabinet Office. 2000 , para. AB. 5.

区域层级以整合的方式得以执行,另一方面是能够在区域培养出"本土化"的能力,让其在本区域的治理过程中将各方利益相关者吸纳到治理过程中来,以区域的整体利益为出发点来制定本地区的战略规划。

  总体而言,区域政策制定框架在决定区域政策优先发展目标上努力提供一个具有凝聚力的战略规划,但是由于区域组织制定的战略框架很多缺乏强制性的约束力,同时也缺乏必要的资金保证,因此在执行过程中区域战略对相关政策的制约力比较有限。例如在东北地区,由于交通政策是由地方政府、中央的一些执行局(如高速公路管理局)、一些非部门性的公共组织(如战略铁路局)以及一些私营组织(公共汽车公司)等部门来制定,尽管该地区已经制定了区域交通战略,交通政策仍然碎片化甚至出现冲突。同样,西北地区成立科学委员会,其目的在于推动西北地区的科学发展,并负责管理新的西北地区科学基金。但是一些非常重要的部门没有进入到科学委员会,这包括负责高等教育创新基金的组织部门,它们与高校联系紧密。此外西北能源委员会也没有被吸纳进来,它们也是努力推动区域科技发展的一个潜在影响部门。因此在一定程度上,在英格兰地区的确推出了一些从区域整体角度出发的创议,不过这些创议为区域内部的进一步协调带来了挑战。

  区域内部的协调还因为本地区的不同层次的区域政策安排而变得更为复杂,因此需要将其整合在一个更为广泛的区域规划安排中。在西北地区,曼彻斯特城市区域在区域经济发展中扮演一个重要的角色,它同时也有着自己推动次区域科技发展的规划与资金支持。如曼彻斯特知识资金,这个资金有自己的项目以及战略理事会,它将次区域的地方政府、工业和高校代表都吸纳进来。曼彻斯特城市区域与西北地区的联系比较松散,在一些项目上还存在着竞争关系,因此只有将其纳入到地区的战略规划内才能真正发挥区域优势。

区域战略和决策制定框架的价值获得本地区内部有关参与者的认可,但是一些区域组织对此还是表示沮丧,因为它并没有发展出一个完全整体性的区域战略构想,而且缺乏机制来保证这些战略能够最后得到执行。

2. 区域主义的音符,国家主义的旋律

区域战略是协调区域发展最为重要的机制,它明确地区在发展上的需求,并确定其发展方向,但是在区域发展的资源分配上却是由对国家部门负责的相关区域执行局掌握。在东北地区,主要的交通基础设施投资是由中央执行局如高速公路管理局和战略铁路局来完成。这些组织参与区域交通战略制定,而且负责其中相关的项目,但是它们自身的规划功能和资金调配都由中央部门严格控制。尽管布莱尔政府立法强调在决策制定过程中的分权,但是对交通投资资金的分配和评估在很大程度上仍然是由英国交通部直接控制,而有限的灵活性主要是体现在根据地方交通规划将国家目标和优先发展计划如何在地方实施,并且这个灵活性必须是在国家交通计划的框架内。

在西北地区,区域科学委员会成立的主要目的是为了重新平衡国家研究基金的分配比例,并且发展基金合作上的机制,而不是建立科学与区域发展之间的复杂关系。但是中央政府很快将一些重要的实验室从西北地区转移到东南地区,这样国家并不需要对西北地区进行大量的资金投入,通过这种方式中央政府仍然维持原有的科学资金在区域分配上的比例。

3. 地方主义挑战区域主义

区域主义主张从区域整体的角度来制定本地区的发展规划,

当然也包括从区域整体发展的视野来分配资源,这就意味着区域治理层在区域内部必定难以对资源进行平均分配,这显然会对一些地方利益构成挑战。作为缺乏足够行政执行力的区域治理层而言,目前还难以克服地方主义的阻碍去制定区域发展的优先目标,它更多体现出一种调和主义的色彩。如在东北地区达成的共识是推动航空运输的效率和能力,因为它对于提升本地区经济的竞争力有着举足轻重的意义。而在东北地区,纽卡斯尔飞机场对区域发展具有重要的战略意义,因此应该是本地区交通战略确定的发展重点。相比较而言,达拉谟T形山谷机场无论是在航空吞吐量上还是对区域经济发展的重要性上都不如纽卡斯尔机场。但是在区域交通战略中,它们被同等看待,似乎二者在规模和经济影响力上没有什么分别。这事实上说明制定的战略如果看上去有利于纽卡斯尔,达拉谟会对此不满,区域治理层担心这样会挑起地方当局之间的冲突。

三、区域治理的效果

布莱尔政府在区域层级的努力对于中央政府而言的确是富有成效,它们发现区域治理结构对于中央政府政策的执行以及和地方政府进行协商而言非常便利。一个区域行政结构是非常吸引人,并且可以帮助解决中央在每一个领域的问题。[1] 区域治理结构的发展也有利于更多自下而上的政策制定,并且能同区域层级的其他组织和地方当局之间形成良好的治理关系。一项调查显示,78%的地方当局认为它们同区域政府办公室的合作关系非常

---

[1] Harding et al. *Regional Development Agencies and English Regionalisation: the Question of Accountability*, "Environment and Planning C 17", p.673.

第六章 布莱尔新政析论之二：英国区域合作治理之道

好,64%的地方当局认可区域发展处与它们的合作关系,只有与区域议事厅的合作关系较低,但也获得43%的地方当局认可。此外区域治理层提供的服务也为地方当局所接受,区域政府办公室、区域发展处和区域议事厅所提供的服务被地方政府所接受的比例分别是86%、83%和73%。① 而且从总体而言区域治理层在发展经济、教育和提供就业等方面也是令人满意的,这在前文已有论述。

但是区域治理层在获得如上成效的同时对于解决英格兰南北差距问题上却不尽如人意。英格兰区域之间发展的差异很大,"英格兰最穷的区域东北地区的人均GDP为7000英镑,比英国最为富裕的地区——大伦敦郡地区要低40%"。② 而且这种区域经济的不平衡会恶性循环,增长快的地区对劳动力的需求增加,有利于解决就业;而经济发展缓慢的地区不仅可能在资源使用上效率低下,而且就业压力增加。正是因为如此,消弭英国南北发展差距一直以来是英国政府关注的重点。作为继承20世纪70年代在区域政策开支中较高的政府,保守党和新工党政府,都努力使南北之间的差距缩小。③

布莱尔政府设立区域治理层级,尤其是设立区域发展处的主要目的不仅仅在于推动地区的可持续性发展,而且还要缩小区域之间发展的不平衡,但是取得的效果并不明显,南北之间的差距目前仍然很大。在教育方面,16—17岁青少年受到全日制教育的在

---

① Local Government Association. *Regional Governance—A Survey of Local Authorities*, London:Local Government Association,2003,p. 5.

② HM Treasury, DTI (The Department of Trade and Industry). *Productivity in the UK:3-The Regional Dimension*, London:HM Treasury,2001,p. Ⅴ.

③ Kevin Morgan. *The English Question-Regional Perspectives on a Fractured Nation*, Regional Studies,2002 (36).

北方地区(东北地区和西北地区)的比率不到60%,而伦敦、东南和英格兰东部地区的超过70%。在企业发展上,东北地区每10000人中拥有不到200个企业,而伦敦地区则超过425个企业,是东北地区的两倍多。而在就业率上,尽管布莱尔执政期间就业率提升,但是东北地区的就业率仍然比伦敦地区低10%左右。① 可以说,对于英国政府而言,在解决区域发展差距问题上仍然任重道远。

尽管在布莱尔前两个任期内中央政府给予区域治理较多的注意力,并且也取得了一定的成效,但是区域治理的意义和效果还是不能被高估,它只是中央政府经济、社会和环境政策的次要部分。英国区域治理运用的战略制定、监督审查和协商治理机制对于区域公共政策的影响比较有限。有学者认为区域治理层的"自治是有界限,而且被中央确定的方向和控制的资源所限制;要受到监视和评估,而且容易被终止和替换"。② 区域治理层制定的战略往往由于缺乏资源或者缺乏区域战略所涉及组织的同意而不容易被执行。而缺乏法律效应的区域战略的结果更多依赖于各个区域组织的善意才能接近理想的效果。区域议事厅的监督审查功能同样也不具备约束性,更多的是依靠它与区域发展处的关系及其合作来完成。

---

① Frontier Economics. *Regional Growth: A Report Prepared for the ODPM, HM Treasury and DTI*, London: Frontier Economics Ltd. 2004, p. 9, p. 19, p. 52.

② Clarke M. and Glendinning C. *Partnerships and the Remaking of Welfare Governance*, in Glendinning C., Powell M., Rummery K. (eds) "Partnerships, New Labour and the Governance of Welfare", Bristol: Policy, 2002, p. 46.

第六章 布莱尔新政析论之二：英国区域合作治理之道

小　结

将国家权力下放既是国际社会的一个潮流，也是第三条道路思想和工党政策的一个重要方面，同时也符合英国国内政治的需要。因此无论是在苏格兰、威尔士、北爱尔兰建立区域型政府还是在英格兰建立区域政府性质的治理层级无不反映了英国国内外政治形势的要求。当然在区域主义的表现上，英国又体现出丰富多彩的一面，无论是苏格兰议会、威尔士国民工会、北爱尔兰议会及其政府还是英格兰区域治理层级，它们在内部权力安排、国家政治权力中的比重以及区域统一性的认识上都各不相同。可以说英国的区域主义既满足了地域性民族主义的需求，同时也保证了国家权力的完整与统一。

就英格兰的区域治理而言，它主要是为了解决这一地区的发展赤字和民主赤字而次第推进。解决发展赤字主要是区域发展处和区域政府办公室的职责，它们分别负责解决经济发展和社会发展问题，这是布莱尔在第一任执政期间在英格兰区域治理中的政策重点。不过，这并不是布莱尔区域治理政策的全部，建立一个选举性的区域政府是布莱尔区域治理中的另一个重点。尽管这个选举性的区域政府所获得的权力还不如威尔士国民公会（它在苏格兰、北爱尔兰和威尔士三个区域性议会中权力最小），但它是弥补英格兰地区民主赤字的一个重要举措，这些举措的推行主要体现在布莱尔的第二任执政期间。在此期间，作为代表地区声音的治理组织——区域议事厅在区域战略制定和对区域发展处的监督审查中获得了前所未有的能力，并成为区域各利益相关者就区域公共政策制定的协商对话平台。

不过,新工党在英格兰推行区域治理问题上比较矛盾。一方面中央政府希望赋予区域治理层一些自治权力,以此来培养英格兰各个地区本土化的能力,更为重要的是中央政府希望这个治理层能成为中央政府推行国家目标的便利帮手。事实上,英格兰区域治理的权力是由中央政府牢牢掌握,而区域治理层级能够独立控制的资源非常有限,尤其是区域议事厅,这极大地限制了区域治理层的治理能力,因此在治理效果上并不能被寄予太大的期望。为了改变这种状况,布莱尔政府打算建立选举性的区域政府。在这个问题上新工党内部也较为矛盾,他们并未达成一致。因此,它不仅仅是遭到包括保守党在内的反对派的抵制,同时也遭到一些新工党党员的排斥,最后在 2004 年年底所进行的公民投票中,建立选举性区域政府的改革胎死腹中。布莱尔政府也开始转移政策重点,区域治理在国家政策中的重要性直线下降,而地方治理,尤其是社区治理成为布莱尔政府新的焦点,这将在下一章中详细分析。

第七章 布莱尔新政析论之三：英国地方政府的合作治理之道

在上一章我们讨论了布莱尔政府对于区域政府改革的一些想法与尝试。事实上，在公共服务提供上，地方政府承担着更多更具体的责任①，因此，地方政府改革也就成为布莱尔政府的一个重头戏，其改革的核心词汇是"现代化"。早在1997年英国大选时，新工党就打出了明确的地方政府现代化的宣言：第一，去掉（地方政府）开支的封顶政策；第二，地方政府要促进经济、社会与环境的改善；第三，每年举行地方议会选举；第四，实验选举市长；第五，引入"最佳价值"（Best Value, BV）；第六，废除强制性竞争投标；第七，获得公正的中央拨款；第八，为伦

---

① 在英国,地方管理的组织体系是一个复杂的网络,它包括:(1)一些中央行政部门的地方和地区的分支机构;(2)通常要完成某种特殊任务的一些非部门的公务机关;(3)分散经营的国营企业单位;(4)无数能在决策过程中起作用的自治和半自治的官方组织和半官方组织;(5)由选举产生的地方政府。参见[英]约翰·格林伍德、戴维·威尔逊:《英国行政管理》,北京:商务印书馆,1991,第121页。本书讨论的地方政府主要是指第五类,由选举产生的地方政府。这里选举产生的政府并不是我们一般而言的立法、行政和司法相分立的行政机构,而是地方议会,其在地方管理里中扮演着核心作用。

敦直接选举市长或议会。① 上台后的新工党于1998年公布了白皮书《现代化的地方政府：紧密联系公民》，表明了布莱尔政府地方改革的议程。运用"现代化"履行两个功能：强调改革议程的根本意图，去创造一个更为相关和更为有效的公共机构，同时，对保守党政府那些年的改革以及对地方政府的当时形势做一个清晰的判断。② "紧密联系公民"这个短语送出的一个清晰信号就是布莱尔政府领导下的地方政府改革是为所有的公民服务，这与保守党政府提出的强调为消费者服务的宗旨有着明确的区分。此后在2001年和2006年又两次发布了地方政府白皮书。这三个政府白皮书清晰地勾勒出布莱尔政府关于地方变革的轨迹：从一个适度强化中央控制的地方政府经过新地方主义向社区治理转化。

本章首先简要梳理二战以来英国地方政府改革的变化过程，为分析布莱尔政府改革提供一个背景。然后从地方政府新的政治框架、地方民主复兴、公共服务改革等几个方面具体分析布莱尔地方政府的"现代化"过程。

第一节 战后英国地方政府改革历程

英国选举地方自治政府的原则最初是在1835年颁布的《地方自治法案》(*Municipal Corporations Act*)中确立，根据这一法案，首先建立了78个地方选举政府。此后根据1888年和1894年的地方政府条例以及1899年的伦敦政府条例构建起英国地方政府的

---

① Anthony Seldon. *The Blair Effect*. London：Little, Brown and Company, 2001, p.119.

② Helen Sullivan. *Local Government Reform in Britain*. http://www.uni-stuttgart.de/soz/avps/rlg/papers/UK-Sullivan.pdf, 07-30-2007.

第七章 布莱尔新政析论之三：英国地方政府的合作治理之道

基本框架。从组织结构而言，地方政府包括三个层级：第一级是郡、郡级市和大伦敦郡议会；第二级为自治市镇、城市以及农村的区议会和伦敦地区自治市镇、伦敦市政府；第三级为教区和社区议会。虽然根据这些条例建立了地方自治政府，但是，"地方的一切权利都来自于议会的法令，实际上，地方政府本身的存在完全依靠议会同意，而且议会常会改变它的权限和职责，任何没有得到议会明确许可的地方政府行为，就是违法或者越权的行为"。①

地方政府既是一个自治组织，同时也是地方服务的主要提供机构，它主要承担三个方面的职责：维护公共秩序、提供公共设施以及福利。具体而言，地方政府的公共服务涉及警察、消防、保护消费者、环境保护、公共交通、修筑公路、码头、桥梁、停车场、地方教育、社会福利、清理垃圾等等。

上述这些事务主要由地方议会来管理，它一般是通过地方议会的全体会议以及各种委员会或者小组委员会来组织进行的。由于地方议会并不是经常召开全体会议（一般每年召开5次左右，每次仅3个来小时），不可能有足够的时间来对各部门的工作实行严格的检查和监督②，因此，英国地方事务往往是由各种委员会来完成，这与中央行政管理的部长负责制完全不同。与中央部门还有不同的是，地方议会不受官方秘密法的限制，其工作和会议完全向公众和新闻媒体开放，这不仅可以发挥舆论监督以防止地方议员营私舞弊，同时也极大地推动了地方民主参与的进程。

---

① 约翰·格林伍德、戴维·威尔逊：《英国行政管理》，北京：商务印书馆，1991，第128页。
② 胡康大：《英国的政治制度》，北京：社会科学文献出版社，1991，第121页。

一、战后至 20 世纪 70 年代末地方政府变革

第二次世界大战并没有在结构上改变地方政府,不过在功能上面,由于工党政府谋求建设福利国家,并且成为"共识政治",地方政府的职责有了一些新的变化。地方政府不仅要提供一些具体的公共产品和服务,而且参与到公共福利的具体分配活动之中,这也使得中央对地方政府的许多控制开始有所放松。从 1958 年开始,中央放松了对地方现金开支的控制,"即中央采用税收支持拨款的办法代替了对地方每一项服务的指定款项拨款,允许地方政府按其认为合适的办法在各项服务中分配资金"。① 这一新的政策意味着地方政府拥有了相对比较自由的地方财政支配权,地方政府对具体的每一项服务的自由裁量权得到了保证。当然,地方政府的这种自由裁量权仍然受到中央的控制,它必须保证公共服务达到全国水平标准,并且在总量上受到中央限制。

随着福利国家的不断推进,财政支出逐渐扩大。然而,自石油危机以来英国经济每况愈下,因此中央政府开始越来越关注地方政府执行政策的情况,同时对地方资金项目的审批也越来越严格,尤其是在住房和教育政策方面。而地方政府为了提供更好的公共产品以满足中央政府的要求以及本地公民的需求,他们要求自己在公共服务以及福利分配上拥有更多的自主权,这样中央和地方的冲突开始增加。如 1964—1970 年期间,工党政府要求地方执行综合性教育政策,但是遭到保守党控制的地方政府的抵制。随后保守党上台后要求取消中等学校学生一贯享受的免费牛奶,但是

---

① 胡康大:《欧盟主要国家中央与地方的关系》,北京:中国社会科学出版社,2000,第 4 页。

第七章 布莱尔新政析论之三:英国地方政府的合作治理之道

工党控制的地方政府却并不理睬。

中央与地方政府在财政上的这种冲突主要是它们在财政体系中职责权限的模糊所致,当然也受到英国政党政治的影响。1976年莱菲尔德委员会(The Layfield Committee)就地方财政体系公布了一项报告,根据当时英国中央与地方财政责任体系不清晰的情况,该报告认为,"如果地方政府要负责,它应该对它的选区的开支以及收入负责","地方政府的责任要求中央的拨款不应该占优势地位……如果中央拨款占优势地位,中央必须承担主要责任"。① 莱菲尔德报告所透露出的核心思想就是"谁出钱,谁做主"。根据这个核心思想,报告很自然地得出的两个政策建议是:"要么是直接由中央政府最后决定的中央集权制,要么是真正的地方主义,地方享有收入所得税支持的责任。"② 不过,中央并没有采取这其中的任何一种措施,而是走中间道路,即在给予地方一定财政自主的基础上,开始采取措施限制地方财政的现金开支,它采取参考物价水平而不是通货膨胀因素来调整对地方的拨款数量。受此政策的影响,1975年中央对地方的财政拨款所占地方开支的比重一下子增加了5.2%。③ 同时,地方贷款必须要得到中央的批准。通过在收支两条线上的调控,地方的资金流动受到了很大的限制。

---

① Layfield Committee. *Report of the Committee of Enquiry into Local Government Finance*. Cmnd 6543. London:HMSO. 1976. p. 245,281.
② Jim Gallagher、Kenneth Gibb、Carl Mills. *Rethinking Central Local Government Relations in Scotland:Back to the Future?* http://www.davidhumeinstitute.com/DHI%20Website/publications/hop/local%20Govern-ment.pdf. 07 – 28 – 2007.
③ 胡康大:《欧盟主要国家中央与地方的关系》,北京:中国社会科学出版社,2000,第50页。

在加强对地方财政控制的同时,地方政府结构也在不断地调整之中。首先受到调整的是大伦敦郡。由于工业化的不断发展,很多居民纷纷向郊区迁移,这使得伦敦郡议会的行政系统受到挑战。根据1963年颁布的伦敦政府条例,一个扩大的大伦敦郡议会(the Greater London Council,GLC)建立起来。此后英格兰和苏格兰地方政府也开始调整。雷德克利夫—莫德皇家委员会(the Redcliffe—Maude Royal Commission)1969年报告建议成立新型的地方政府,废除现存的两级制(这里的两级不包括教区或者社区议会);新型的地方政府由58个一级制的综合服务型机构组成,另外包括三个二级制的大城市议会。工党政府支持这个建议,但是还没来得及实施就下台了。

1972年到1974年间,地方政府结构经历了一场巨大的变革。1972年的地方政府条例废除了英格兰与威尔士的83个郡级市,并把58个郡议会缩减为47个。在各个郡的管辖范围内,原来的1250个自治市镇、城市和农村的区议会被调整为333个区议会。而有卫星城镇的大城市地区组成了6个郡级市,共有36个辖区。教区议会被保留下来,大约有11000个教区,其中约有8000个由选举产生的议会。[①] 这样新的地方组织机构就有这样三个层级:第一级是大城市郡议会、非大城市郡议会以及大伦敦郡议会;第二级是大城市辖区议会、非大城市辖区议会和伦敦自治市镇议会以及伦敦市,第三级是教区或者社区议会。

英国地方政府的发展是由实用主义和政治意识形态共同推动的,这种政治意识形态很少是由共享的目的性的声明或者共同同

---

① 约翰·格林伍德、戴维·威尔逊:《英国行政管理》,北京:商务印书馆,1991,第125页。

意的地方政府原则所灌输的。结果地方政府经常发现自己随着国家行政的变化而不断在结构和功能上产生相当大的变革。① 但是无论受到何种政治意识形态的影响,英国地方政府越来越多受到中央的管制,尤其是在财政上。英国中央和地方在职责权限上的划分仍然不清晰,进一步限制地方权力成为随后保守党政府政策的选择。

二、20 世纪 80 年代后的地方政府

撒切尔是在整个政府面临着巨大的管理危机、财政危机以及信任危机的情况下步入唐宁街 10 号的,"她最初的风格是解制与分权"。② 不过在随后 18 年的时间里,我们看到的是中央政府加强了对地方的更为严格的控制,尤其是在财政上。在这段时期里,英国地方政府经历了巨大的变革。

为了加强对地方的控制,保守党政府首先强化了中央的财政控制力度。撒切尔政府改革的一个重要倾向就是减少政府开支,提高政府效率。为此,1980 年政府颁布了《地方政府、计划与土地条例》,在 1982 年和 1983 年又先后颁布了《地方政府财政条例》、《地方税:限制收税与改革税制的计划》。这三个政府文件改变了中央对地方的财政政策。为了削减地方财政开支,1980 年的条例规定,如果地方的开支超过了中央规定的标准,作为惩罚,中央将根据超支的经费额减少给地方的财政拨款。但是很快,中央发现

---

① Helen Sullivan. *Local Government Reform in Great Britain*. http://www.uni-stuttgart.de/soz/avps/rlg/papers/ UK-Sullivan. pdf. 07－30－2007.

② Gerry Stoker. *Transforming Local Governance:From Thatcherism to New Labour*,Basingstoke:Palgrave Macmillan,2004,p. 28.

了这一政策的漏洞:它会鼓励开支低于标准的地方政府增加支出。为此,中央又决定采取订指标的方法来限制地方的支出,如果超过了指标将受到处罚,"人均支出每超过一英镑,就要按人头计算减少拨款"。① 1982 年的条例强化了这一规定。不过仍有一些地方的支出大大超过了指标,尤其是工党控制的地方。1983 年的文件则规定了更为严厉的控制地方收支的措施,并且政府开始把努力的重点由开支转向收入。它规定,政府有权给一些地方的税收额封顶,这就意味着,中央政府几乎全盘控制地方政府的收支水平。尽管封顶政策受到地方政府,尤其是工党控制的地方政府的强烈抵制,但是在这场战斗中中央获得了成功。"这个结果标志着'地方社会主义'试验结束的开始,地方政府逐渐变得更为温顺,虽然对中央严格和专横的控制有着不满。"②

尽管如此,保守党政府并没有停止地方财政改革的进程。进入 20 世纪 90 年代后,中央推行了三项措施:征收全国非土产税(The National Non-domestic Rates, NNDR);采取标准开支估计额(Standard Spending Assessment, SSA)确定地方政府开支需求的基准水平;开征人头税(Poll Tax)。③ 征收全国非土产税的结果是地方丧失了对其的决定权,由中央政府确定税率。不过引起争议最

---

① 约翰·格林伍德、戴维·威尔逊:《英国行政管理》,北京:商务印书馆,1991,第 174 页。
② Hugh Atkinson, Stuart Wilks-Heeg. *Local Government from Thatcher to Blair: The Politics of Creative Autonomy*, Cambridge, Polity Press, 2000, p. 95.
③ 人头税的征收在英国有着悠久的历史,但其开征往往遭到人们的反对。1381 年英国的起义实际上就是源于人们对当时人头税的痛恨。英国现代人头税也叫社区费(Community Charge),最初于 1989 年在苏格兰开征,1990 年扩展到英格兰和威尔士。

第七章 布莱尔新政析论之三:英国地方政府的合作治理之道

大的是人头税,它被认为是"战后所有政府中最不受欢迎的政策"。① 由于人头税的征收额与纳税能力无关,它"将对每一个年满 18 岁以上的公民每年征收 120 镑,或者是对在业人员多征一倍的税"②,因此是很不公平的,被很多人认为是一种倒退。有人认为这是一种政策灾难,而且是最坏的一个灾难。果然,人头税受到地方政府和公众的强烈抵制,并在一些地方引起了骚乱。此后人头税被取消,取而代之的是议会税(Council Tax)。

在加紧对地方收支进行控制的同时,保守党政府对地方政府进行了重组。20 世纪 70 年代的地方政府的重组并没有得到撒切尔政府的认可,他们寻求建立只有一个层级体系的地方政府。1983 年中央政府发表声明:六个大城市郡议会和大伦敦郡议会都已被证明是造成浪费的一级多余组织。③ 1986 年,大伦敦郡议会以及其余的六个大城市郡议会被废除。到 20 世纪 90 年代,这种重组在其他非城市地区也开始推行开来。在苏格兰和威尔士,中央政府直接负责建立了只有一个层级体系的地方政府。在英格兰,由于许多地方政府的抵制,仍有一部分地区保留了两个层级的地方政府体系。在地方政府重组的过程中,政治因素起到很大作用,很多被取消的郡议会是由工党控制。

作为新公共管理的先驱,公共管理的市场化和管理主义的精神也渗透到地方政府的管理之中,尤其是它改变了地方公共产品

---

① Butler,D., Adonis, A., and Travers, T., Failure in British Government: the Politics of the Poll Tax. Oxford:Oxford University Press,1994,p. 1.

② 胡康大:《欧盟主要国家中央与地方的关系》,北京:中国社会科学出版社,2000,第 64 页。

③ 约翰·格林伍德、戴维·威尔逊:《英国行政管理》,北京:商务印书馆,1991,第 174 页。

和服务的提供模式。长期以来,英国地方政府在地方公共产品和服务提供中处于垄断地位。撒切尔政府对此颇为不满,他们认为这种垄断地位不利于公共资源的有效利用。为了追求公共管理过程中的"3E"(economy, efficiency and effectiveness),撒切尔政府在1980年的《地方政府、计划与土地条例》中介绍了强制性竞争投标(Compulsory Competitive Tendering, CCT)计划①,并在1988年和1992年的《地方政府法》中强制要求地方政府必须运用竞标的方式确定公共产品和服务的提供者,参与竞标的包括政府组织、志愿者组织以及公司企业,这打破了地方政府的垄断地位。同时,通过强制性竞争投标,在地方公共产品和服务的提供中引入了竞争机制,并且采用契约、合同等方式,丰富了公共产品和服务的提供方式,节约了成本。

在引入竞争的同时,中央政府也加强了对地方公共服务的管制。在实行强制性竞争投标时,英国成立了审计委员会(the Audit Commission)。审计委员会最初是为了确保地方政府的财政运作在法律范围内,后来拓展到对地方政府绩效进行评估。此外,中央还派出了一系列的监督员,对地方的消防与警察、教育等领域进行管制,以确保地方公共服务的经济、效率与效益。

在新公共管理的市场主义和管理主义影响之下,1991年保守党推出了公民宪章运动(the Citizen's Charter)。公民宪章运动就是授权给消费者,让消费者而不是公共服务的提供者居于主导地位。在47个郡级地方政府中,有30个已经或准备采用公民宪章

---

① 尽管强制性竞争投标与撒切尔政府联系密切,但是在1977年工党就将投标引入地方政府直接劳动组织(一个地方政府部门),工党认为地方政府可以如商业组织一样控制直接劳动组织,让它们进行竞争投标来获取资金回报。

作为提高服务水平的手段,其中不乏反对党工党控制的地方政府。① 公民宪章运动赋予公民权以新的意义,它使纳税人有权要求地方政府在提供公共服务时重视经济、质量,向消费者负责的精神。

三、地方政府改革的后果

战后至20世纪70年代,英国地方政府经历了一段短暂的快乐时光。但是随后的石油危机以及全球经济危机让中央政府加强了对地方的控制。在撒切尔上台后,保守党政府为地方带来了意义重大的变化。它打破了地方政府在地方公共服务提供中的垄断地位,通过强制性竞争投标和公民宪章运动,运用市场机制和私营企业的管理方法,将各种主体(地方政府、准政府机构、第三部门、私营企业和公民个人)引入到地方公共服务的提供中来,改变了传统地方政府的官僚文化,为地方送入了一丝丝治理的凉风。

但是不可否认的是,在保守党连续18年的执政中,地方政府变革更引人注目的是它强烈的中央控制的趋势。② 地方政府在与中央进行博弈的过程中权力受到很大的削弱,一种对地方的不信任始终存在于保守党控制的中央政府之中。尽管中央对地方的控制很严,但是地方政府在公共服务提供中仍然获得了更多的期待。采用市场主义、管理主义和严格的中央控制的办法的确在一定程

---

① 周志忍:《当代国外行政改革比较研究》,北京:国家行政学院出版社,1999,第117页。

② Hugh Atkinson 与 Stuart Wilks-Heeg 认为,事实上保守党政府在中央控制中是失败的,因为很多具体的政策在具体的执行过程中是大打折扣的。具体参见 Hugh Atkinson, Stuart Wilks-Heeg. *Local Government from Thatcher to Blair: The Politics of Creative Autonomy*, Cambridge, Polity Press, 2000, pp. 76 – 78。

度上能够降低成本,提高效率,但这只能是一个短期的战术的考虑。莱菲尔德报告所揭示的关于权限与责任的问题并没有在保守党政府中得到很好的答案,而新的问题即地方民主的复兴也开始逐渐被人们所关注。无论地方公共服务是由中央政府还是地方政府,无论是由政府部门还是非政府部门来提供,无论是按照传统的官僚体制还是市场机制,公共服务都应该是贴近公民,以满足公民需求为宗旨。而撒切尔以来的保守党政府创建了一个限制地方自由裁量权的地方政府体系,并且导致公众对地方政治的冷漠。强制性竞争投标在地方公共服务提供上一方面更多是围绕着服务的提供者而不是使用者来设计的,并且"在强制性竞争投标模式下,服务质量经常被忽视,效率的获得也是不均衡和不确定的"[1];另一方面则是缺乏一种整体的、合作的方式。这既需要地方政府承担相应的责任,同时也需要公民的积极参与,只有如此才能发展有效的地方治理。

第二节 改进公共服务

提供优质高效的公共服务对每个政府而言都是一个极大的挑战。新工党认为,"一个将公民放在第一位的现代化的地方政府,应该提供相比较而言最佳的公共服务"[2]。为了建立一个这样的现代化地方政府,新工党接受了保守党政府在提供公共服务时以

---

[1] DETR (Department of the Environment, Transport and the Regions of Britain). *Modern Local Government: Improve Local Service through Best Value*. London: Department of the Environment, Transport and the Regions. 1998, p. 5.

[2] DETR. *Modern Local Government: In Touch with the People*. London: Department of the Environment, Transport and the Regions. 1998, para. 7. 1.

第七章 布莱尔新政析论之三:英国地方政府的合作治理之道

提供者为中心来统治公共服务的教训,他们试图建立一个综合的绩效管理体系来代替保守党政府的 CCT 计划。这个综合的绩效管理体系是由地方政府来建立并负责运行。不过其中最为关键的要素是"有紧迫感的巡视员以及国家绩效指标,他们为公共服务的提供者提供如何来应对这一挑战的信息基础"。[1] 这个体系的赏罚标准是由国家制定,通过一种自上而下的途径来提高公共服务的质量,同时加强对公民需求的回应。不过这种自上而下的方式更多的是通过审计的方式而不是纯粹的国家强制规定。

地方公共服务体系的执行模式主要包括"最佳价值"和"灯塔地方政府计划"(Beacon Council Scheme)[2]。最佳价值是替代保守党时期的 CCT 计划而提出的一个基本的公共服务提供模式,灯塔地方政府则在中央指导下地方政府公共服务评比的方式。此外,在制定地方公共服务目标的过程中,《地方公共协议》扮演着核心作用。在 2001 年地方政府白皮书《加强地方领导》中,他们又提出了一个新的全面绩效评估(the Comprehensive Performance Assessment),用以设定公共服务的目标,对单个的地方政府执行情况进行评估,并根据评估结果进行赏罚。

一、最佳价值

最佳价值是在 1999 年的《地方政府法》中提出,并于 2000 年 4 月正式开始在英格兰和威尔士实施,它取代了原来的强制性竞

---

[1] Gerry Stoker. *Transforming Local Governance: From Thatcherism to New Labour*, Basingstoke: Palgrave Macmillan, 2004, p. 86.

[2] Beacon Council Scheme 根据字面意思应该翻译为"灯塔议会计划",但是鉴于英国地方议会实际上承担的就是地方政府的功能,而且本书中的地方政府就是指 Local Council,因此翻译为"灯塔地方政府计划"。

争投标。最佳价值传出的一般信息与近20年来新管理主义的言辞合拍的,它要求重建公共服务使之更为有效地使用公共财政,并且更为有效地满足使用者的需求。① 最佳价值必须有职责去提供一个有着清晰的既包括成本也包括质量方面标准的公共服务,这个标准就是"3E"。地方政府不仅要对本地公民负责,同时也有责任代表更为广泛的国家利益。

1998年的地方政府白皮书《现代化的地方政府:紧密联系公民》为最佳价值建立了绩效管理框架。第一,确立本地区的目标和绩效测量方法。第二,同意最佳价值评价项目,制订地方绩效计划。第三,对选定地区的开支进行最佳价值的评价。第四,在最佳价值绩效计划中制订并公布绩效与效率目标。第五,要有独立的审查监督与证明。第六,国务大臣有权对实行最佳价值地区进行干预。② 前面四个步骤主要由地方政府来完成,后面两个则是由中央政府来实施。在这个绩效管理框架中,最为重要的部分是制订年度绩效计划和五年期的最佳价值评价。1999年的《地方政府法》要求,年度绩效计划必须包括:一个关于地方目标及其功能的摘要,一个当前绩效的摘要,与前一个财政年度绩效的比较部分,获得推动有效公共服务方法的介绍,一份描述评价项目的声明,竞争性评价的重要成果,未来绩效目标的设定等等。而作为五年期的最佳价值评价则要求必须遵循以下四个原则:③

• 挑战——我们为什么提供这些服务?我们如何提供这些

---

① Gerry Stoker. *Transforming Local Governance: From Thatcherism to New Labour*, Basingstoke: Palgrave Macmillan, 2004, p. 86.

② DETR. *Modern Local Government: In Touch with the People*. London: Department of the Environment, Transport and the Regions. 1998: p. 51.

③ Ibid., p. 55.

第七章 布莱尔新政析论之三：英国地方政府的合作治理之道

服务？

● 比较——跨越指标和其他的绩效进行比较，既要考虑服务的使用者，也要考虑潜在的提供者。

● 协商——在设定绩效目标时与地方纳税人、服务的使用者以及更为广泛的商业社团进行协商。

● 竞争——为确保一个有效果和效率的服务进行公平的竞争。

为了确保最佳价值模式能够得到有效的实施，一系列的外部管理不可缺少。最佳价值绩效指标（Best Value Performance Indicators, BVPIs）是一个重要的外部管理工具。绩效指标最初是在1992年开始使用，但是最佳价值模式发展了自己的重要绩效指标，并要求地方政府绩效水平的整体年增长率达到2%。这些指标有些是由中央政府设定，有些是由审计委员会设置，也有一些是由审计委员会、地方政府以及其他组织共同协商产生。但是无论这些绩效指标是怎样产生，它们"制定出来是国家利益在地方服务中的反映，当地方政府公布与绩效指标相反的数据时，当地公民能够将本地区与其他地区的绩效进行比较，并看一看本地区的绩效是怎样随着时间的推移进行改进"[①]。换言之，最佳价值绩效指标是中央政府为了确保地方绩效水平持续增长的工具，它让地方政府将更多的注意力集中在国家而不是地方优先发展的目标上来，它更多地提供一种同一的而不是不同的公共服务。

在对最佳价值模式进行外部管理的过程中，审计与监督是常

[①] George Boyne. *External Regulation and Best Value in Local Government.* "Public Money and Management", 2000 (July-September): p. 8.

用的方法。外部审计员要求对如下几项进行审计:地方绩效计划中关于绩效与资源的信息是否准确,计划的制订以及目标的设定是否与法定要求相符合,计划是否可行,是否有相应的资源①。这表明最佳价值最为核心的部分都要受到外部审计员的审计,而审计委员会将对外部审计进行指导。审计委员会不仅仅要对审计进行指导,它还要对最佳价值的实施进行检查,这是 1999 年的《地方政府法》赋予审计委员会的权力。此外,一个新的重要的检查部门——最佳价值检查服务部(Best Value Inspection Service)于 1999 年成立。这两个部门联合 1997 年成立的福利与欺诈监督员(Benefit Fraud Inspectorate)以及原有的社会服务检查员(the Social Service Inspectorate)、教育标准办公室(the Office for Standard in Education)、改革和发展署(the Improvement and Development Agency,IDeA)等检查机构组成督察网络。这些监督机构的主要目标包括:检查地方政府的目标是否明确以及是否有挑战性? 这些服务适合这些目标吗? 它的绩效如何进行比较? 最佳价值评价能推动改进吗? 这些改进计划有多好? 地方能够提供这些改进吗?② 由于在执行最佳价值过程中大量地使用了审计与检查,很多人都抱怨这个代价太大。英国首相代理办公室于 2001 年对 1800 多个地方官员进行调查,有三分之二的人认为检查所花费的费用太大,有一半的人认为在最佳价值中大量运用检查造成

---

① DETR. *Modern Local Government*: *In Touch with the People*. London: Department of the Environment,Transport and the Regions. 1998,para. 7. 37.

② Audit Commission of Britain. *Seeing is Believing*:*How The Audit Commission will Carry Out Best Value Inspections in England*. London:Audit Commission. 2000,p. 10.

第七章 布莱尔新政析论之三：英国地方政府的合作治理之道

的结果就是它花费的成本远远大于它得到的好处。①

作为替代强制性竞争投标的最佳价值，它与前者有着很大的不同。首先，强制性竞争投标只是适用于有限的项目，而最佳价值拓展到几乎所有的地方政府服务，因此，对地方政府提供更高质量的公共服务具有更大的压力。其次，强制性竞争投标主要是运用市场机制来降低成本，而最佳价值则是反复对绩效进行评估，以期获得公共服务的持续改进。再次，强制性竞争投标要求公共服务必须是进行强制投标，而最佳价值则认为只要是能够提高公共服务质量的方式都可以去尝试。然后，这两者之间重要的不同在于后者更强调在地方政府与私营组织之间建立一种长期的战略伙伴关系，而强制性竞争投标则是使很多地方政府与私营承包者之间充满矛盾和冲突。最后，强制性竞争投标关注的重点在于不同服务提供者的成本，而最佳价值除了关注成本外，还关注提高服务的标准。并且在确定公共服务项目和绩效标准方面，最佳价值让服务的使用者和社区扮演了重要的作用，这是最佳价值最为核心的目标之一，而强制性竞争投标则对此重视不够。② 尽管两者之间有着种种的不同，不可否认的是，最佳价值从强制性竞争投标中获益匪浅。在服务提供中运用竞争，采取合同外包，这些方式都是强制性竞争投标给最佳价值的最为丰厚的遗产。

最佳价值的推行给地方公共服务注入了新的活力。它运用了

---

① Gareth Enticott, Richard M. Walker, George A. Boyne, Steve Martin and Rachel Ashworth. *Best Value in English Local Government: Summary Results from the Census of Local Authorities in 2001*. [2007-07-25]. http://www.clrgr.cf.ac.uk/publications/odpm/execsummary.pdf.

② Steve Martin. *Implementing "Best Value": Local Public Services in Transition*. "Public Administration", 78(1): pp. 212-213.

新的信息与沟通技术,并使地方公共服务中形成了一种注重绩效评估的管理文化,在服务提供过程中重视服务提供的利益相关者,尤其是公共服务使用者的参与,这一切让地方公共服务的提供发生了很大的变化。不过,最佳价值的实施也带来了一些问题,这些问题既包括这一制度本身的,也有因为执行所产生的问题。就制度本身而言,最佳价值的年度绩效计划过于琐碎和关注细节因而很容易导致一种官僚化的管理路径,而最佳价值评论被认为是浪费时间,因为有太多的评论要去执行,而很多根本没有价值。2001年的地方政府白皮书《加强地方领导》中提出,改进最佳价值,使地方政府以此挑战为契机而不是运用官僚化的程序,要鼓励公民去推进公共服务。[1] 此外,为人所诟病的还有最佳价值中广泛使用的检查与审计。尽管在2001年后中央政府减少了一些检查和审计项目,但是这个问题并没有得到根本解决。正因为如此,最佳价值成为地方政府很大的负担,他们的所有活动不得不围绕着最佳价值进行而忽视了对本地区自身的回应,有人认为"最佳价值制度并没有提供最佳价值"。[2] 在具体的执行过程中,相对较小的地方政府难以对不同的创新进行有效和迅速的回应,而且,各种政策也不是有效地根据各个地方自己的情况以及不同服务的绩效决定因素进行实施。[3] 正是因为最佳价值具

---

[1] DTLR(Department for Transport,Local Government and the Regions). *Strong Local Leadership-Quality Public Service*,London:DTLR,2001,p. 34.

[2] John Stewart. *Modernising British Local Government:An Assessment of Labour's Reform Programme*. Basingstoke:Palgrave Macmillan,2003,p. 131.

[3] DCLG(Department for Community and Local Government). *The Long-term Evaluation of the Best Value Regime:Final Report*. London:Community and Local Government. 2006,p. 117.

第七章 布莱尔新政析论之三:英国地方政府的合作治理之道

有这样或者那样的问题,中央政府觉得不能仅仅采取这一种方式来推进地方公共服务的质量,其他的措施在此同时和随后相继推出。

二、灯塔地方政府计划

在推行最佳价值模式的同时,另一个旨在提供地方公共服务质量的计划——灯塔地方政府计划也开始执行起来。灯塔地方政府计划最早是在1998年《现代化的地方政府:紧密联系公民》中提出来,并于1999年正式开始实施。灯塔地方政府计划是通过评比的方式,选出在地方公共服务提供中表现突出的地方政府,由英国环境、运输和地方事务部授予其"灯塔"的荣誉称号,希望它们能够像灯塔一样,为其他地方政府在公共服务的提供上指明方向。灯塔地方政府计划为其他地方政府就提高公共服务质量问题上提供了一个学习的榜样,从而最后能够提高整个英国公共服务的水平。正因为如此,灯塔地方政府计划被工党寄予厚望,它被期待处于"现代化议程的中心";环境、运输与地方事务部也认为"灯塔地方政府的特殊是因为它是处于在向整个全国地方事务中推广最好经验的国家项目的中心"。①

灯塔地方政府的评选分为五个步骤。第一是确定候选名单,所有的申请者要将自己的材料送给相关的顾问小组专家、相关的政府部门以及改革发展署。由顾问小组对获得的材料进行详细的审查并确定候选名单。无论是否进入候选名单,所有的申请者将会得到顾问小组详细的反馈信息。顾问小组会将他们的决定向外

---

① DETR. *First Report of the Advisory panel on Beacon Council*. London: Department of the Environment, Transport and the Regions. 1998, p. 3, p. 18.

公告。第二步是由来自灯塔小组和相关的中央政府部门的官员对候选的地方政府进行参观访问。这次参观能够进一步考察申请材料中的关键因素,并近距离地感受这些被顾问小组认为是关键的方面。参观后这些官员必须给小组提供一份书面报告。第三步是由候选的申请者向顾问小组进行有关的陈述,陈述的内容主要集中在申报获得"灯塔"称号的公共服务的先进事迹。当然,要想进入候选名单,地方政府的公共服务必须在总体绩效上良好;同时一个有效的分享提供良好公共服务经验的计划也必不可少。第四步为顾问小组的推荐。在经过参观和陈述后,顾问小组开会讨论评估的结果并决定向部长推荐获得灯塔称号的地方政府。同时,小组推荐的结果以及对每个申请者评估的基本情况将会公布出来。最后,部长根据顾问小组推荐的结果和其他的相关信息确定灯塔地方政府荣誉称号的归属,并将这个结果以书面形式告知所有的候选者。在获得地方政府灯塔称号以后,必须举行全国性的展示活动,由相关大臣和专家做一些专题讲座,并举办灯塔地方政府研讨会,分享一些公共服务提供方面的经验。获得的灯塔地方政府的称号只能维持一年,不过在这一年里地方政府可以获得一定的资金和处理地方公共事务的自由权限作为奖品。

在灯塔地方政府计划实施的第一年,参与评选的主题共有7个,既有单个的公共服务也有跨领域的部分,它们分别是社区安全、住房、教育、社会服务、规划、可持续性发展等等。不过,灯塔地方政府计划参评的主题每年不尽相同。2000年,根据顾问小组的建议,参评的主题增加到11个:社区安全,现代化服务的提供,竞争力和企业,老人问题,教育,规划,健康,社会服务,地方环境质量,青少年问题以及如何最大限度地发挥文化、体育和旅游的作用。①

2000年7月,共有269个地方政府申请灯塔地位,其中68个申报者进入候选名单,最后42个地方政府获得灯塔称号。② 灯塔地方政府计划到2007年共评选了九轮。据统计,到2005年7月,共有1200多份来自不同地方政府的申请,产生了将近250个灯塔称号。③ 在这九轮的评选过程中,灯塔地方政府计划的实施也在发生改变。首先,作为特别工作小组的顾问小组于2002年被升格为一个咨询性的非部门公共组织(Advisory Non-Departmental Public Body,NDPB)④,通过强化顾问小组的地位让其持续稳定地发挥作用。其次,中央政府适度增加了财政支持,将原来拨给每个地方当局的16500英镑增加到75000英镑,以此来推动地方更为有效地推进相关服务以及更为有效地推广公共优质服务的经验。再次,将参与评选的灯塔服务主题提前三年公布,这样能够给申请者更充分的准备时间。最后,从第五轮开始,灯塔服务主题更多地倾向于跨领域的公共服务。⑤

灯塔地方政府计划在刺激和提升公共服务质量上扮演着重要

---

① 罗之芹:《英国"灯塔地方政府计划"及其启示》,《中国行政管理》,2001(4):第45页。

② Lyndsay Rashman and Jean Hartley. *Leading and Learning? Knowledge Transfer in the Beacon Council Scheme*,"Public Administration",80 (3):p.525.

③ ODPM(Office of the Deputy Prime Minister). *Government Response to the Review of the Beacon Council Scheme*. London:ODPM. 2005,p.7.

④ 咨询性非部门公共组织就某些特别的主题向部长提供独立和专业的建议。它们除由支持它们工作的部门提供当值人员外没有自己的职员。它们也没有自己的预算,机构运作费用来自整个部门的预算。

⑤ Jean Hartley and James Downe. *The Shining Lights? Public Service Awards as an Approach to Service Improvement*."Public Administration",80(3):p.337.

的角色。在 2005—2006 年度,超过 95% 的英国地方政府参与其中,这既包括申请评选的,也包括和被授予灯塔称号的地方政府一起工作来推动本地区公共服务的地区。94% 的第一层级的地方政府参见了第六轮的灯塔开放接待日(专门介绍灯塔服务经验的时间),并且由 149 个英国地方政府受到了来自于灯塔地方政府不同形式的详细的经验介绍。①

三、地方公共服务协议

地方公共服务协议是由单个的地方政府与中央政府之间就地方政府提供哪些服务目标进行协商,并达成一致后签署的相关协议。这些服务目标既反映了中央的偏好,同时也照顾到了地方的情况,因此中央政府会给予地方一些新的自由和灵活性以帮助它们获得这些目标,并且在地方政府获得这些目标后给予地方一定的财政奖励。

正如前面所述,无论是最佳价值还是灯塔地方政府计划,无不反映出一种自上而下的中央控制色彩。最佳价值是通过监督、审计等手段来控制最佳价值的过程不要偏离中央的轨道,而灯塔地方政府计划则是以评比的方式将地方公共服务的主题牢牢地掌握在中央手中。这些新出炉的地方公共服务的提供和控制方式显然与新工党最初竞选时提出的中央与地方建立伙伴关系的口号不相一致。在 2001 年的地方政府白皮书中,布莱尔政府再一次提出建立中央与地方的伙伴关系,"中央政府需要从一个碎片化和不协调的途径中转移出来,建立一个基于清晰的标准、共同的偏好、给

---

① ODPM. *The Beacon Council;Application Brochure 2006*. London:ODPM. 2006, p. 9.

第七章 布莱尔新政析论之三：英国地方政府的合作治理之道

予地方政府更多自由的伙伴关系"①，而建立这种伙伴关系的一个重要的政策创意就是地方公共服务协议。

地方公共服务协议最初是由地方政府协会（the Local Government Association②）提出，其目的在于平衡国家目标和地方自治之间的冲突。很快这个提议被中央政府采纳，并于 2000 年在 20 个地方开始试运行，在随后的两年里又在所有的地方政府包括大都市政府、非大都市政府以及大伦敦政府中推行开来。

地方政府服务协议最为关键的是确定地方公共服务的目标。一般而言，一份地方公共服务型协议一般包括 12 个服务目标。在这 12 个目标中间，大多数应该与国家优先关注的目标有关，其中必须至少有一个是关于教育、一个关于社会服务、一个关于交通、一个关于成本效率的目标。③ 这些目标必须能够准确地量化，以便最后能够进行清晰的绩效评估，而且主要是对结果进行评估，而不是投入和产出。

当然，为了保证能够达到这些目标，中央政府必须在财政、立法和行政上予以支持。中央在财政上的支持主要包括绩效奖励拨款、启动资金拨款以及不确定的信贷拨款。④ 绩效奖励拨款不容易全额得到，它需要地方政府在所有项目（既包括地方公共服务协议中的项目也包括其他项目）的绩效评估中都要达标，否则按

---

① DTLR. *Strong Local Leadership—Quality Public Service*, London: DTLR, 2001, p.56.

② 地方政府协会是一个代表英格兰和威尔士地方政府的志愿性议会游说组织，于 1997 年 4 月 1 日成立，在中央和地方政府之间承担着政策的承上启下作用。

③ DTLR. *Local Public Service Agreements: New Challenges*. London: DTLR, 2001, p.9.

④ Ibid., p.11.

比例减少拨款。如果绩效评估中绩效达标率低于60%,地方政府将没有绩效奖励拨款。在考虑地方公共服务协议后,中央最多给每个地方启动资金75万英镑,然后再按照该地区的人口总数,每人拨款1英镑,以此作为地方公共服务协议的启动资金。为了鼓励地方政府能够获得一种尽可能拓展的结果,中央政府额外再拨款给地方政府。不过这个公共服务目标必须是符合国家偏好,或者是一个跨领域的服务目标,并且能够显著地推动这一公共服务,这样一般才能获得3万英镑的款项。此外,为了确保地方服务协议能够更好地达到预期目标,中央政府会给予地方政府法定的和行政的需求,放松对地方的管理。不过这种潜在的放松是由中央来确定,并且这种放松也可能成为中央对地方绩效强加的一种限制。

地方公共服务协议的推行给中央和地方关系带来了一定的改观。首先,它让中央意识到地方参与的重要性以及地方工作环境的复杂性。尽管许多公共服务具有全国性,但是毕竟地方政府在公共服务的提供中占据重要的位置,必须让地方参与到公共服务的政策决策中来。其次,它推动了中央和地方的协商讨论。自20世纪60年代以来,中央对地方的控制逐步加强,尤其是保守党的改革使地方在国家决策中处于从属服从的地位,而地方公共服务协议让地方政府坐在中央的对面来讨论协商公共政策,在一定程度上淡化了中央强制命令的色彩。最后,地方公共服务协议也强化了中央各个部门之间以及中央部门与地方之间的合作。由于地方公共服务协议涉及不同的中央部门以及地方组织,协商讨论的过程让这些公共组织合作起来以便更为有效地提供服务。

不过,地方公共服务协议的实施并没有完全得到设计者所期待的目标。它的提出是地方政府协会旨在改变中央和地方之间的

第七章 布莱尔新政析论之三：英国地方政府的合作治理之道

关系，试图运用协商和讨论的方式谋求建立中央和地方的伙伴关系。不过在地方公共服务协议过程反映出来更多的是强调国家公共服务的目标，而不是地方政府协会所希望的——在一个更广泛的范围内讨论该地区的需要和机遇。① 尽管更多的中央部门承诺使地方在公共政策的角斗场中有更多的声音，但是地方政府确认的事实是它并没有在中央和地方中改变太多。② 地方公共服务协议带来的不是中央和地方的伙伴关系，更多的是成为中央控制地方的又一个制度化工具。同时地方公共服务协议本身也存在着另外一个问题，就是服务目标的狭隘性。由于协议本身主要关注的是 12 个目标，这些目标获得了中央和地方的双重关注和刺激，因此地方会忽视其他公共服务目标的重要性，可以说协议让地方公共服务更为分立而不是加强地方公共服务提供的联合。

四、全面绩效评估

自 1997 年新工党上台以来，他们不遗余力地推动地方公共服务质量的提升，先后推出了最佳价值、灯塔地方政府计划以及地方公共服务协议。为了确保这些计划能保质保量地得到执行从而提升公共服务质量，中央政府运用了大量的审计与检查等管制手段。这不仅加大了中央和地方的负担，而且极大地削弱了地方自治能力。2001 年大选后，布莱尔政府开始调整中央与地方的关系。他们意识到提高人们生活质量是一个共同的目标，地方政府需要更

---

① John Stewart. *Modernising British Local Government: An Assessment of Labour's Reform Programme.* Basingstoke: Palgrave Macmillan, 2003, p. 147.

② ODPM. *Evaluation Local Public Service Agreements: Central-local Relations and LPSAs.* London: ODPM. 2006, p. 21.

多的自由和更广泛的权力去提供公共服务。① 为此,在 2001 年的《加强地方领导》中,全面绩效评估被提出来。全面绩效评估是用来测量地方政府给公民和社区提供公共服务的好坏,同时减少整个管制的负担。② 在全面绩效评估过程中,中央将整合各种对地方的监督、审计功能,提供一个对地方的全面的绩效评估,这样一方面能够对各地的最佳价值执行的结果进行一个明确的好坏分类;另一方面,给予那些绩效良好的地方政府更多的自由与灵活性,对绩效不好的地方则采取更多的干预,因此审计委员会认为它是"为推动公民生活质量的一个新起点"。③

全面绩效评估由核心服务绩效(Core Service Performance)、地方政府绩效评估(Corporate Performance)组成,然后再根据这两个评估的结果给出最后的全面绩效评估的得分。全面绩效评估首先要对包括教育、社会服务、环境、住房、社会保险救助金、资源利用以及图书馆与休闲在内的 7 个核心公共服务进行绩效评估④,这几乎涵盖整个地方的公共服务领域。教育、社会保险救助金和社会关怀这三个核心服务长期以来就有巡视员督察,它们的绩效指标就按原来的体系执行。其余三个核心服务的绩效指标采用最佳价值绩效指标以及地方交通计划的指标体系。每项服务的绩效评

---

① DTLR. *Strong Local Leadership—Quality Public Service*, London: DTLR, 2001, p.40.

② Audit Commission. *Proposals for Comprehensive Performance Assessment from 2005*. London: Audit Commission. 2005, p.2.

③ Audit Commission. *Comprehensive Performance Assessment: Scores and Analysis of Performance for Single Tier and County Councils in England*. London: Audit Commission. 2002. p.1.

④ Audit Commission. *The Final CPA Assessment Framework for Single Tier and County Councils*. London: Audit Commission. 2002. p.8.

第七章 布莱尔新政析论之三：英国地方政府的合作治理之道

估中最低的给 1 分,最高 4 分,然后再根据每项服务的权重算出核心服务绩效得分数。地方政府绩效评估主要是对地方改进能力进行测量。它首先是要进行一个自我评估,然后再加上已存在的来自于地方督察机构、审计以及绩效评估材料让审计委员会形成一个初步的印象。在此基础上,审计委员会就地方的四个问题设计出 9 个绩效评估主题。这 4 个问题分别是:地方政府试图获得什么？地方政府怎样来着手来提供优先发展的服务项目？到目前为止地方政府已经获得(或者没有获得)什么？根据目前地方政府在公共服务提供中的经验,下一步的行动计划是什么？然后在这 4 个问题中设计出 9 个关于地方改进能力的主题:雄心、关注焦点、优先发展目标、能力、绩效管理、已经获得的改进、投资、得到的经验以及未来的计划①。最后根据各地在这 9 个主题上的情况以及各自的权重进行评分。全面绩效评估的总成绩就是将以上两个方面的得分综合而成,并根据得分的多少将各地的绩效分成五类:优秀、良好、普通、较差和拙劣。为了突出国家对地方公共服务的重视和对优先发展项目的关注,作为一个绩效优秀的地方政府,全面绩效评估要求必须在核心服务的教育、社会服务以及资源三个单项上获得高分。

全面绩效评估为优秀的地方政府将会被邀请参加一个革新论坛,讨论将给予地方一些自由与灵活性,同时还可以享受三年检查假期(Inspection Holiday),而绩效拙劣的地方政府将会受到来自中央更为严厉的干预。首先,首相代理办公室将会任命一个联络管理员,负责中央与该地区的沟通。其次还有一个促进管理委

---

① Audit Commission. *The Final CPA Assessment Framework for Single Tier and County Councils.* London: Audit Commission. 2002. p. 11.

会被任命,这个被任命的管理委员会在地方的工作将会比选举的地方官员的工作更为重要。

全面绩效评估体系在以后的几年中不断调整,尤其是在2005年,审计委员会对它作出了重大的修改。第一,在方法上,绩效评估强化对使用者关注焦点的重视,更多使用消费者调查、公民小组和其他协商的方法。第二,通过采取每年的资源评估来对资金使用进行清晰的评价。第三,在测量地方政府绩效中已经得到改进的部分将考虑中央和地方共同的优先发展项目,并制定出联合领域评价(Joint Area Review),同时更详细地评估地方政府伙伴工作情况。第四,增加绩效进度说明,清晰地告知公众绩效评估推进的情况。最后,对全面绩效评估的分类将采取基于规则而不是以前的大多数用算术的方法。[①] 新的全面绩效评估体系更多地关注公共服务使用者的参与,更多地关注地方利益及其自治能力,同时谋求对地方更少但是更为有效的战略管制。

全面绩效评估体系在推动地方公共服务质量方面发挥了重要的作用,被认为是"处于绩效评估最顶层"。[②] 它以一个更为宽泛的评估体系回应了一直以来人们对绩效评估过于狭隘的批评,它从不同的角度来测量绩效,然后将这些不同的测量结果整合成一个整体的绩效图景,用以反映地方政府以及它所提供的公共服务的实质,同时在绩效测量体系中还包含了确保公共服务质量提高

[①] Audit Commission. *CPA—the Harder Test*:*The New Framework for Comprehensive PerformanceAssessment of Single Tier and County Councils from 2005 to 2008*. London;Audit Commission. 2005. p. 9.

[②] Jane Broadbent. *Comprehensive Performance Assessment*:*The Crock of Gold at the End of the Performance Rainbow*?"Public Money and Management". 2003 (January):p. 5.

的措施。在这个绩效评估体系中,它既有用以评估整体绩效的办法,同时也包括反映不同服务在整个公共服务体系中重要性的权重比例,为我们提供了一个结构更为精细的评估体系。在这个评估体系中,它不仅对地方政府已经采取的行动以及公共服务进行评估,而且还对即将可能进行的行动进行评估,评估地方政府在加强地方社区领导方面的能力,因而这种评估体系具有前瞻性和推动改进的功能。

不过,全面绩效评估体系在得到官方青睐以及一些人赞誉的同时,也遭到了怀疑和批评。对地方政府首席执行官和领导的一份调查显示,尽管77%的受访者认为全面绩效评估是一个富有成效的任务,但是53%的人相信它没有意识到地方优先发展的项目和各个地方的特殊情况,更为重要的是80%的人确定全面绩效评估并没有准确地反映地方的绩效。[1] 的确,地方政府绩效受到社会、经济、环境以及地方政治的影响,它不仅仅是由地方政府的管理水平决定的。从审计委员会评估的结果来看,一般而言,面临着不同服务需求的地方政府发现要想获得很好的绩效比较困难,而那些面积大已经经济繁荣的地方往往能够获得更好的绩效评价。[2] 而且,各个地方的外部环境因素往往共同作用对地方绩效产生影响,而全面绩效评估体系基本忽视了这些外部环境的影响,因此绩效评估会有失偏颇。它不仅对一些地方不公平,而且还会产生后续的影响,因为那些因为外部环境因素导致得分很低的地

---

[1] John Wilson. *Comprehensive Performance Assessment—Springboard or Deadweight*? "Public Money and Management", 2004(January): p. 65.

[2] Rhys Andrews, George A. Boyne, Jennifer Law and Richard M. *Walker. External Constraints on Local Service Standards: The Case of Comprehensive Performance Assessment in English Local Government.* "Public Administration", 83(3): p. 653.

方政府会受到中央政府的干预和管制,降低了他们提供公共服务的热情以及地方自治的能力。此外,从方法上来看,不同的核心服务项目和地方政府评估主题在评分标准中的权重不一样,这会导致即使它们能够获得同样的绩效但是最后的得分不一样,最高的得分之间有 12 分的差别。① 这必然会刺激地方政府将更多的注意力集中在权重较大的项目上,评估结果并不能完全代表真正的地方绩效,因此对于全面绩效评估体系而言,还需要不断改进。

第三节 发展地方民主

第三条道路认为当前的民主制度国家是一个"没有了敌人的国家"(吉登斯语),它面临的最大危险是不得不重新去寻找新的合法性资源。在一个后传统的社会或者说后工业社会里,必须寻求"民主制度的民主化"(吉登斯语)来挽救当代民主国家的危机。民主制度的民主化首先要求强化公民的责任。责任是健全社会的基石②,对于公民而言,无责任则无权力,它"必须不仅仅适用于福利的受益者,而且也适用于每一个人"。③ 其次,民主制度的民主化要求将权力下放,下放给地方、社区以及公民,鼓励更为积极的公民参与与协商。最后,一个有力的公民社会也是健全的民主制

---

① 在对核心服务进行测量时,教育这项最高可以得到 16 分,而最低的如图书馆与休闲以及资源利用最高只能得到 4 分,同样的情况也出现在地方政府绩效评估中。

② 托尼·布莱尔:《新英国:我对一个年轻国家的展望》,北京:世界知识出版社,1998,第 276 页。

③ 安东尼·吉登斯:《第三条道路:社会民主主义的复兴》,北京:北京大学出版社,2000,第 68 页。

第七章 布莱尔新政析论之三：英国地方政府的合作治理之道

度所必需的。

信奉第三条道路的布莱尔在他的三任执政期间，不遗余力地推动英国民主化的进程，尤其是地方民主的复兴。如果一个地方政府缺乏公民支持，它是难以作为一个有效的社区领导者而行动。因此，寻求代议制民主的合法性和有效性是复兴地方民主的一个重要环节，它不仅要通过各种便利的投票措施来增强公民投票的积极性，更要提升民选治理机构即地方政府工作的有效性来满足公民对地方政府的期待。加强公民协商和参与是布莱尔政府第一任期间推动地方民主复兴的核心。正如 1998 年地方政府白皮书《现代化的地方政府：紧密联系公民》所说："中央政府希望看到协商与参与能够嵌入到所有的地方政府的文化中，包括教区，并且成为广泛的每个地方政府许诺的责任。"[1]当然，仅仅是提高公民投票以及协商参与的热情对于"民主制度的民主化"而言远远不够，它需要在此基础上走得更远。2006 年，新的地方政府白皮书《强大而繁荣的社区》表明在地方民主复兴的道路上，布莱尔政府希望"社区能够在更多关于它自身的事务上有发言权"，以此"能够创造一个强大而繁荣的社区，通过平衡中央、地方以及公民的关系来提供更好的公共服务"。[2]

一、振兴代议制民主

英国被称为"议会之母"，是较早实现代议制民主的国家之

---

[1] DETR. *Modern Local Government: In Touch with the People*. London: Department of the Environment, Transport and the Regions. 1998: para. 4. 6.

[2] Department for Community and Local Government. *Strong and Prosperous Community*. London: Community and Local Government. 2006, p. 2, p. 4.

一。代议制民主政体是这样一种政体,在这种政体中,"全体人民或一大部分人民通过由他们定期选出的代表行使最后的控制权"①。由此看来,代议制民主是一种间接民主,其合法性来自于人民的选举,因此选举就成为这一政体合法性的关键。

然而,相比欧盟其他成员国而言,英国地方政府选举的投票率非常低。1996年英国地方政府投票率为40%,仅仅是丹麦和比利时的一半,比卢森堡低53个百分点。在1998年的地方选举中,这个比例继续下降。伦敦地方选举的投票率不到三成,三个都市郡的投票率低于20%,还有其他一些地方行政区的投票率只有10%左右。② 虽然投票率低是目前代议制政体所面临的一个普遍问题,但是如英国这般低的投票率还是少见,致力于推动地方民主复兴的布莱尔政府不能对此坐视不理。

在1998年的地方政府白皮书中,布莱尔政府开出了复兴地方政府的三剂良方,其中有两个与选举有关:其一是更为频繁的选举,其二是发展选举程序。③ 为了更为频繁的选举能够吸引更多的公民参与,最初布莱尔政府建议每年进行一次地方选举。不过这个建议很快就遭到地方政府的强烈反对。一方面是因为很多地方已经习惯于四年一度的地方选举,过于频繁的选举会让公民产生选举疲劳;另一方面一些以前推行过每年进行选举的地方认为,这并不能解决问题。尽管此后布莱尔政府强烈建议年度选举,但是都没能得到实施。

---

① 密尔:《代议制政府》,北京:商务印书馆,1982,第68页。
② DETR. *Modern Local Government: In Touch with the People.* London: Department of the Environment,Transport and the Regions. 1998:para. 1. 12.
③ Ibid. ,para. 4. 2.

第七章 布莱尔新政析论之三：英国地方政府的合作治理之道

不过布莱尔政府在发展选举程序中推出的新选举方法倒是吸引了很多地方的关注,其主要目的在于使投票更为便利。在 1998 年的地方政府白皮书中,包括电子投票、邮递投票在内的新的投票方式被提出来,并在其后的地方选举中采用。此外,在选举过程中可以采取流动投票站,同时,地方政府也可在本地区之外的邻近地区设立特别的投票点。这些新的举措在一定程度上对提升投票率发挥了作用。一项调查显示,运用邮递投票地区的平均投票率普遍高于使用传统投票方式投票率①,在一些地区甚至是传统投票方式的两倍。

不过总体而言,英国地方政府选举投票率一直都在 40% 左右。因此,新工党政府用来刺激公民投票的措施被批评为只是抓住了问题的表面,用便利投票的方法并不能真正解决公民缺乏投票动力的问题。选举委员会 2002 年的一份报告显示,只有 48% 的人认为地方选举的确不同于全国大选,近七成的人不知道候选人的竞选政策,还有 45% 的人承认因为没有时间所以缺席投票。报告中指出:"地方选举相比大选被认为是并不重要也没有兴趣,而且并不能产生真正的变化。"②这被认为是投票率低的最为关键的原因,那么为什么会这样呢?

首先,英国地方政府被认为是中央政府的派出机构,并不能在本地区的事务中发挥重要的作用。英国是一个单一制的国家,中央政府自 20 世纪 60 年代以来加强了对地方的控制,地方更多是

---

① Electoral Commission. *Modernising Elections. A Strategic Evaluation of the 2002 Electoral Pilot Schemes. Executive Summary.* London：Electoral Commission. 2002, p. 2.

② Electoral Commission. *Public Opinion and the 2002 Local Elections：Findings.* London：Electoral Commission. 2002, p. 2.

扮演着提供一系列主要国家服务的角色,缺乏自主性。要想提高地方选举的投票率,就应该给予地方政府真正的自主选择权,尤其是在地方事务上,这样才能改变公民对地方选举的态度。其次,地方政府缺乏竞争性也是一个重要的原因。在1998年的西北都市区的地方选举中,22个行政区中有7个是没有竞争性,有几个区只有两个竞选人,其中一个只是陪选。因此不用奇怪为什么投票率那么低①。此外,在很多地区都存在着某一政党在当地占据统治地位,其他政党处于劣势的情况。因此,在选举过程中,公民普遍认为占据优势地位的政党会在选举中获胜,投票选举的意义已经不存在。再次,英国地方政府中的代表密度也成为投票率低的一个原因。在英国,平均每2603位公民中才产生一位议员,而法国的代表密度为每118位公民产生一位议员。② 由于地方议会中代表密度不大,民选代表难以紧密地联系本选区的公民,因此选民认为自己选举出的代表并没有真正反映自己的利益诉求,投票的积极性自然就会降低。最后,就是代议制民主本身的问题。正如我们所知,代议制民主要求通过选举代表进行社会治理,公民在代议制民主中扮演的角色更多的只是一个选举者,因此它是一个消极的概念,它并不鼓励公民对社会治理的积极参与。卢梭早就指出,英国公民只有在选举时是自由的,选举之后就成为奴隶。③ 虽然在今天卢梭的断言有失偏颇,但是却在一定程度上反映出公民在选举后对公共事务的影响非常有限的事实。

---

① ODPM. *Turnout at Local Elections: Influences on Levels of Voter Registration and Voting*. London: ODPM. 2002, p. 73.

② John Stewart. *Modernising British Local Government: An Assessment of Labour's Reform Programme*. Basingstoke: Palgrave Macmillan, 2003, p. 44.

③ 卢梭:《社会契约论》,北京:商务印书馆,1982,第37、125页。

第七章 布莱尔新政析论之三:英国地方政府的合作治理之道

正是因为当前的英国民主代议制度存在着以上的问题,布莱尔政府决定对其进行修正。除了推出新的选举方法以外,他们还开始着手构建新的代议机构,谋求建立新的政治框架。

作为英国地方传统的代议制机构,委员会制的地方政府一直以来就遭受人们的批评和质疑,并且成为投票率较低的一个重要原因。首先,委员会制的效率成为批驳的重要标靶。议员们把大量的时间用于会议、文牍之中,而这些并不能对最后的决议有多少帮助。其次,委员会制的决策不透明。在很多地方政府中,重大的决策都是由政治团体或者多数党中的关键人物组成的小团体关起门来作出。因此,大多数议员,即使是多数派,对于地方决议也没有多少影响。① 最后,正是这种由一群人进行的关门决策导致责任模糊。总之,当初设计用以提供一个公开的公共决策的传统委员会制度,在实际的运行中变成一个不透明的体系。人们对地方政府的决策失去信任,单个的议员也开始醒悟到他们对当地决策和居民的影响受到阻碍。不透明和不清晰的决策削弱了当地居民和他们的民选代表之间的联系。② 因此,要想提升代议制民主的合法性和有效性,改革必不可少。

作为一个面向 21 世纪的英国地方政府的改革应该走向何处呢? 布莱尔政府提出的期望是地方政府应该是有效、透明、负责任以及高标准的行为要求。具体而言,地方决策必须能够尽快地负责任地制定,并准确地迎合当地的需求与期待;公众应该能清晰地

---

① DETR. *Modern Local Government*: *In Touch with the People*. London: Department of the Environment, Transport and the Regions. 1998: para. 3.4.

② Department for Communities and Local Government. *Local Leadership*, *Local Choice*. London: Department for Communities and Local Government. 2006, para. 1.14 – 1.15.

知道谁对决策负责;公民能够测量在政府政策和计划中选举的官员所应该承担的责任;要确保公众对政府的信任与信心。那么,究竟怎样的代议制机构才能够具备这些特征呢?

布莱尔政府给出了三个选择:一个直接选举产生的市长以及内阁(可称为市长制或者市长——内阁制),由地方议会选举产生的领导和内阁(可称为领导——内阁制),以及直接选举的市长和内阁管理者(可称为市长——议会管理员制)。① 其中,市长制是一个相对比较激进的制度。市长是直接选举产生,并且可以任命一个用以执行市长意志的内阁,内阁成员来自于议会,不过并不需要议会的同意,而且市长可以随时免除这些成员。在市长和内阁之外还存在地方议会以及议长,他们与市长有相同的权力。不过地区的预算以及政策框架主要是由市长推动,当然最后还是要议会同意才能执行。民选的市长与英国其他选举产生的行政官员不同,他的任期为四年,除非是因为入狱、破产或者其他类似的条款,他不可以被免职。领导——内阁制被认为是最为接近传统委员会制的选择。它有两种运行模式:一种是内阁由行政领导任命,并且由他来决定委托计划;另一种是内阁由全体地方议会任命,并由地方议会决定委托计划。② 不管是哪种方式,内阁及其领导都有明确的决策权。不同于市长制的是,它的权力来自于议会,强调的是集体责任。市长——议会管理员制是一个独特的建议,其中市长由直接选举产生,不能随意免去,他的角色更像是一个公司

---

① DETR. *Modern Local Government: In Touch with the People*. London: Department of the Environment, Transport and the Regions. 1998:para. 3. 17.

② DETR. *New Council Constitutions: Guidance Pack*, Volume 1. London: DETR. 2000—2,para. 4. 62

第七章 布莱尔新政析论之三:英国地方政府的合作治理之道

里的非执行主席,主要负责领导与影响,而不是具体执行;日常的行政执行权被议会管理员掌握,他由地方议会任免,并向议会负责。

2000年的英国《地方政府法》要求居民人口在85000以上的地方政府(绝大多数英国地方政府的人口都在85000以上)要在这三种制度中选择一个。经过一段时间的讨论酝酿以后,83%的地方政府选择了领导——内阁制,只有3%的地方政府采取了直接选举市长的制度,其中,10个地方政府选择市长制,1个选择了市长——议会管理员制。[1]

可以说这个结果多少让人感觉沮丧,因为被认为最有效率并且责任清晰的市长制并没有得到大多数地方政府的回应。造成这个结果首先是从议会议员到普通公众对市长制的怀疑。在一份民意调查中,大多数人认为直接选举市长的办法并不一定能够使得地方政府更多地反映本地区的呼声以及推动地方责任。[2] 其次,市长制运行特点成为反对者最为关心的问题。直接选举的市长在地方事务中拥有更多的权力,并且有更为清晰的责任。但是,它造成了权力的集中。这种权力的集中一方面对民主制度构成了挑战,因为长期以来英国地方政府中形成的原则是一人一票,票值相等,但是现在不一样了;另一方面,将更大的权力赋予一个人将会使普通的议员被抛弃在重要决策之外,使得他们对公共事务的影响力大大降低。这种既挑战传统原则又对现有权力结构平衡造成

---

[1] Gerry Stoker. *Transforming Local Governance: From Thatcherism to New Labour*, Basingstoke: Palgrave Macmillan, 2004, p. 127.

[2] Nirmala Rao. *Modernising Local Government*. "Economic Affairs March", 2006, p. 20.

巨大威胁的直接选举市长制当然不会受到公众尤其是地方政府官员的欢迎。最后,在具体推动地方新的政治框架过程中,中央政府态度暧昧,这成为直接选举市长的重要障碍。主管地方事务的代理首相办公室的长官明确反对选举市长,而首相办公室和代理首相办公室也没有给出一个具体推行地方政治框架的明确执行框架。

尽管如此,无论是官方还是民间的研究表明,直接选举的市长制相比较领导——内阁制而言的确具有一定的优势。代理首相办公室对新的地方政府的研究显示,三分之二的地方议员证实,市长制在更快的决策上有优势,几乎一半的议员认为市长制的确具有更清晰的责任。[①] 根据曼彻斯特大学的研究,市长制在内部人士看来能够更为有效地处理对外职能方面,包括处理错综复杂的问题和改进与合作伙伴的关系。市长制可以提供一种更为有效的外向型治理模型。所有的市长制政府都报道说决策更快了,并且在这种制度下,可以把目标资源使用在最需要的地方,市长制下的合作关系也更成功。[②] 总之,市长制相比较领导——内阁制而言,其管理绩效得到更多正面评价,因此,在 2006 年的地方政府白皮书中,这种新的地方政治框架被继续推广。

二、强化协商和参与民主[③]

参与和协商是古典共和主义民主最为核心的价值,也是民主

[①] Nirmala Rao. *Modernising Local Government.* "Economic Affairs March", 2006, p. 21.

[②] 杰瑞·斯托克:《英国地方治理的新发展》,《中共浙江省委党校学报》, 2007(1):第 10 页。

[③] 本书此处主要是讨论非组织化的公民协商和参与。

第七章 布莱尔新政析论之三：英国地方政府的合作治理之道

得以实现的具体手段。不过到19世纪后，民主被视为公民选举代表来治理国家的一种手段，尤其是约翰·斯图亚特·密尔在理论上将大众参与和精英统治结合起来，设计出代议制民主政府的模式。美国联邦党人麦迪逊认为参与协商民主只能在小国寡民中实现，并在实际政治生活中建立起代议制民主政府。此后，参与协商民主被认为是"民主的原教旨主义"（萨托利语）而几乎只是一种纯粹的理论思辨，代议制民主则成为主流。但是代议制民主具有强烈的精英主义倾向，它只不过是"多重少数人的统治"（达尔语），熊彼特更是认为，民主政治就是政治家的统治，民主政治的意思只是人民有接受或者拒绝来统治他们的人的机会。代议制把统治者与被统治者的身份撕裂，却给人民冠以国家主人的虚名，本身就是一种悖谬。① 正因为如此，作为古典共和主义民主的协商和参与并没有完全被代议制民主所掩盖，其中卢梭作出了卓越的贡献。但是协商和参与民主成为政治生活中的重要话题则是二战后的事情。二战后福利国家的盛行使国家对个人生活的干预和影响不断扩大，而不断拓展的公民需求希望得到国家更好的满足，因此公民对政治生活的参与就不再仅仅停留在选举活动上。随着后工业生活的来临，社会日益多元化、碎片化和差异化，公共决策所需要的"重叠共识"（罗尔斯语）不再仅仅是关乎程序与规则，更需要一种内容上的共识，这就需要哈贝马斯所说的"交往行动"，因此协商成为达成共识的民主方式。而现代公民权的发展、教育的普及以及现代交往工具的便捷化为协商民主提供了智力和工具上的可能。这样，"协商打开了先前封闭的论坛"，"协商会鼓励持有冲突观点的人们去理解别人的观点，减少道德不一致，

---

① 张凤阳：《政治哲学关键词》，南京：江苏人民出版社，2006，第63页。

寻求共同基础"。① 可以说,代议制民主为国家确立了一个整体的政治框架,而协商和参与民主则为国家政治生活的具体操作提供了一种新的方法,以此来增强其合法性和有效性。

从20世纪60年代的新公民参与运动开始,协商和参与民主越来越受到西方国家的重视,而寻求民主制度民主化的布莱尔政府当然也是如此,尤其是在地方治理过程中。自从1997年新工党上台后,他们通过内政部的公民复兴小组推行"为了积极的公民而积极学习"(Active Learning for Active Citizenship)计划,以支持公民参与。布莱尔也在1998年强调,不仅要重视代议制民主,同时也必须加强社区领导能力的其他的民主创建,公民陪审团能够帮助在解决困难的问题上建立一致,地方民意测验被经常用来确定地方所关心的问题,而地方公民投票则成为帮助政府行使其领导功能的工具。② 此外,在1999年中提出的最佳价值将协商作为其测量公共服务的四个原则之一,《犯罪和混乱法案》要求在地区范围内就减少犯罪和混乱进行公民协商,公共健康白皮书也强调,要想推进公民健康获得更好的健康服务需要公众的参与。根据2002年的一项调查显示,这些参与协商主要在与公民生活息息相关的政策领域内发挥作用。66%的地方政府经常鼓励参与与公共服务提供相关的领域;其次是环境和社区治理,占65%;再次,44%的地方鼓励在住房进行协商;最后是防止犯罪和维护社会安

---

① 毛里西奥·帕瑟林·登特里维斯:《作为公共协商的民主:新的视角》,北京:中央编译出版社,2006,第8页。
② Department for Communities and Local Government. *Guidance on Enhancing Public Participation—Full Report.* 2006, para. 1. 2.

第七章 布莱尔新政析论之三:英国地方政府的合作治理之道

全,占41%。① 公民参与和协商在提供公共服务、制定公共政策、解决各种社会和经济问题上发挥着重要的作用。

表7.1 地方政府1997年和2001年使用的公民协商与参与方法百分比表

公民协商与参与方法	地方政府于1997年的使用百分比(%)	地方政府于2001年的使用百分比(%)
传统方法:		
公众会议	85	78
问答会议	47	51
咨询公文	85	84
共同选择委员会	61	48
顾客导向方法:		
服务满意度调查	88	92
抱怨或者建议项目	92	86
其他观点调查	46	56
协商创新方法:		
公民评判委员会	5	6
社区计划或需求分析	45	58
特定问题论坛	50	42
调查技巧的创新方法:		
互联网站	24	52
公民座谈小组	18	71
公民投票	4	10
中心团体	47	81

资料来源:ODPM. *Public Participation in Local Government*:*A Survey of Local Authorities*. London:ODPM. 2002,p. 13.

在治理地方公共事务中被广泛使用的公民协商与参与的方法大致可以分为四类。第一类是长期被使用的传统办法,包括公众会议,咨询公文,共同选择委员会,问答会议等;第二类主要是在公

---

① ODPM. Public Participation in Local Government:A Survey of Local Authorities. London:ODPM. 2002,p. 23.

共服务中被用到的顾客导向方法,包括服务满意度调查,抱怨或建议项目;第三类是用来进行新的调查技巧的创新办法,包括互联网站、公民座谈小组、中心团体和公民投票;第四类是用来鼓励公民在一些问题上进行协商的创新方法,包括公民评判委员会,社区计划或者需求分析以及特定问题论坛。表 7.1 提供了在地方政府中 1997 年和 2001 年这些公民协商与参与方法的使用情况。从表 7.1 我们发现,顾客导向方法中的服务满意度调查和抱怨或者建议项目一直以来都是一个比较流行的做法,在 2001 年分别达到 92% 和 86%,这表明在地方公共服务提供中,市场主义色彩已经嵌入到地方政府的管理文化中。传统的公民参与方法在新工党上台后仍然受到青睐,在英国地方政府中非常普及,咨询公文方法达到 84%,公众会议达到 78%(比 1997 年略有下降)。不过最引人注目的是调查技巧的创新方法,从 1997 年到 2001 年,其使用普及率上升非常快,互联网站、公民座谈小组和中心团体的增幅分别为 53%、75% 和 42%。作为两种创新方法的公民评判委员会和公民投票方法,在地方公民参与中使用的并不多,其中重要的原因是采取这两种方法所耗费的资源过于昂贵,它需要动员大量的人力、物力和财力。

不仅大量的公民参与和协商的方法被采用,而且大量的公民也参与到地方公共事务管理中来。2002 年英国政府对 216 个地方政府的调查发现,2001 年大约有 800 万公民参与到地方公共事务中,如果不考虑各个地区之间的差异,那么整个英国在 2001 年参与的人数约有 1400 万[1]。如此众多的公民在如此众多的地方

---

[1] ODPM. *Public Participation in Local Government:A Survey of Local Authorities.* London:ODPM. 2002,p. 5.

第七章 布莱尔新政析论之三：英国地方政府的合作治理之道

参与到公共事务中来，那么他们是否对公共事务产生影响呢？地方政府给出了一个清晰的答案，他们认为公民参与影响了地方公共事务，尤其是在公共服务提供和地方决策上。70%的地方政府认为，公民参与和协商"经常"和"相当的"影响了最后决策。① 地方政府也相信，公民参与推动了公共服务，使它更以消费者为中心。在2002年的一项调查中显示，26%的地方政府认为公民协商最为重要的一个好处就是推动公共服务。②

不过，地方政府更多的是想通过公民参与和协商获得公民对地方事务的一些看法。因此，推动地方公民参与的一个最为重要的原因就是要更多地从公民的视角来确定地方整体战略。其次，是因为公共服务提供离不开公民的参与，特别是政府推行的一些公共服务要求必须将公民参与列入法定的位置，比如最佳价值等。当然，公民参与和协商也碰到一些阻碍，其中最大的困难在于公民参与所需要的资源和时间。个案研究发现地方政府所动用的资源和它对公民参与的雄心并不相配，而且在碰到紧迫的社会和经济问题时要证明使用公民参与资源的正当性总是很困难。③ 因此他们往往会采用滚动策略，今年用这种参与方法，明年则采用另一种参与方法，这显然在很大程度上限制了公民协商和参与的机会。公民参与和协商碰到的另外一个问题是它缺乏公众的兴趣，很多

---

① ODPM. *Public Participation in Local Government: A Survey of Local Authorities*. London: ODPM. 2002, p. 6.

② ODPM. *New Localism-Citizen Engagement Neighborhoods and Public Services: Evidence from Local Government*. London: ODPM. 2005, p. 74.

③ Viven Lowndes, Lawrence Partchett and Gerry Stoker. *Trends in Public Participation: Part 1-Local Government Perspectives*. "Public Administration", 79(1): 211-212.

地方政府将这个问题列为阻碍公民参与的最为重要的原因。政治冷漠是英国长期以来所遇到的一个难题,大量使用公民参与和协商的方法并没有使这个问题得到彻底的解决。在介绍许多方便的参与协商办法、创造更多的参与机会的同时,需要刺激公众积极参与的需求,恐怕这样才能真正解决这个问题。

三、推进公民社会的民主治理

托克维尔在分析美国民主时指出,公民社会在推进和维护民主上发挥着重要的作用,它为公民自由免于受到来自于国家权力的侵害提供了一个缓冲带和庇护所。而共和民主主义更是认为,公民社会是民主得以实现的一个重要的环节,它为公民权利的实现提供了舞台,而素有自治传统的英国,公民社会在国家政治生活中的作用也是不容低估。不过历史上公民社会这个概念在英国并没有被广泛地使用,更常用的是慈善部门、志愿部门,今年来英国更多的是使用志愿和社区部门或者第三部门。在2004年出版的《英国志愿部门年鉴》中,公民社会是一个比较宽泛的概念,指的是"居于国家和市场之间的所有组织",包括志愿部门和社区部门[1],本书在论述公民社会的民主治理过程中,主要是分析这两种组织。

在过去的半个世纪里,英国的志愿与社区组织在国家治理过程中的作用发生了重大的变化。二战后英国政府在推动国家福利计划的过程中不断膨胀,原来由志愿组织和社区提供的卫生福利等项目逐步由国家掌控,"志愿和社区组织再也不被看成是填补

---

[1] Wilding K et al. *UK voluntary sector almanac*, London: the National Council for Voluntary Organisations (NCVO), 2004.

第七章 布莱尔新政析论之三:英国地方政府的合作治理之道

国家体系中缝隙的一种组织,即便这种体系是有效的"。① 到20世纪六七十年代,非常清晰的是不仅由国家提供公共服务存在着缝隙,而且它经常不能满足公民的需要。志愿和社区组织意识到这一点,希望自己能够提供一种可以选择的其他的公共服务的供应方式。不过,随着哈耶克等人的新自由主义思想在全球的复苏,倾向于市场的解决办法开始逐步占据主导地位。保守党上台后,大力推行新公共管理,市场机制和管理主义成为公共服务提供的主要方式,志愿和社区组织被定义在市场和合同的范围之内,而其所能带来的协商、参与和民主精神完全被抛在脑后。在20世纪90年代以后,新公共管理对经济理性的纯粹追求在解决社会问题上显得捉襟见肘,保守党也着手调整其战略,主张进行社区授权,比如实行城市挑战和个别重建预算两个项目,以此强化志愿和社区组织的参与作用。不过,在保守党的领导之下,地方政府和志愿与社区组织之间的伙伴关系与固有的中央集权议程联系在一起②,因此这种伙伴关系更多地体现出中央政府的意愿,而社区组织的能力的欠缺也妨碍了它们作用的发挥。

1997年布莱尔政府高举第三条道路的大旗,主张"政府、国家同市场一样也是社会问题的根源","只要以上三者有一者居于支配地位,社会秩序、民主和正义就不可能发展起来"。③ 因此在作为公共服务的创造者、资助者和规制者的国家与公共服务提供的

---

① Deakin, Nicholas, *Voluntary Action: Meeting the Challenges of the 21st century*, London: NCVO, 2005, p. 22.

② Kathleen Ross, Stephen P Osborne. *Making a Reality of Community Governance: Structuring Government-Voluntary Sector Relationships at the Local Level*. http://www.york.ac.uk/depts/Poli/pac/papers/ross.htm, 10-01-2007.

③ 安东尼·吉登斯:《第三条道路及其批评者》,北京:中共中央党校出版社,2002,第29、57页。

关键机制的市场之间,志愿与社区组织应该能发挥一种显著的作用。它不仅是公民热情的真实代表,而且是一种能够敏锐地反映和提供地方公民需求的方法。

新工党在竞选期间和执政以后,都将志愿和社区组织作为一个独立的部门而尊重,尤其是"积极的社区"已经成为1997年以后的一个流行的词语。1998年英国内政部成立了积极社区小组,清晰地表达了政府支持建立积极社区的决心。与此同时,中央政府和志愿社区组织之间关系的契约在英格兰出炉,这个协议书为中央政府各部门、区域政府办公室、执行局等政府组织与志愿和社区组织之间确立明白无误的关系准则和承诺,再一次用协议的形式确立了它们的独立性,同时也为它们获得资源和参与治理提供了法律依据。不过真正将推动志愿和社区组织参与到地方事务治理的政策固定下来是在布莱尔的第二任执政期间,中央政府关于志愿与社区组织的整个政策框架是在2002年公布的两个评论中确定下来的,其一是内阁办公室公布的《私人行动,公共受益:关于慈善团体和更广泛的非营利性部门的评论》,其二是英国皇家财政部的《志愿与社区组织在公共服务提供中的任务:一个跨领域的评论》。这两份公文在强调志愿与社区组织与政府关系以及参与提供公共服务带来附加价值的同时,它们一致认为要真正发挥志愿的作用,需要加强它们的能力建设,同时强化基础组织以及提供财政支持。

首先,内政部设立了一个2.15亿英镑的投资基金,命名为"未来的建设者",该基金由政府部门之外的一个协会来管理,其目的在于培育志愿与社区组织的能力,以此来推动它们在公共服务(比如犯罪、教育与学习、社区凝聚力、卫生与社会关怀、对青少年的支持等)方面的参与,其次,内政部还设立了一个8000万的项

第七章 布莱尔新政析论之三：英国地方政府的合作治理之道

目,主要是用来支持志愿与社区组织的基层部门,使其能够提供有效的、高质量和多元的公共服务。再次,为了建立一个包容性的社区,财政部还专门设立了预算,优先执行关于移民融合、老年人的健康与社会关怀、少数民族的雇用、流浪者的住宿等问题。

此外,在复兴邻里关系战略中,中央政府还专门制订了社区参与计划(The Community Participation Programmes,CPPs),一方面是为了刺激和支持落后地区的社区活动而提供资金,这样更多的人将会参与到社区以及邻里关系重建之中;另一方面,帮助这些地方的居民获得他们所需要的技能与知识,支持志愿与社区组织在地方战略伙伴关系中处于平等地位。① 这个项目由社区福利基金(Community Chest,CC)、社区学习基金(Community Learning Chest,CLC)和社区授权基金(Community Empowerment Fund,CEF)三个部分组成,其中,社区福利基金和社区学习基金提供小额的、容易获得的拨款来支持地方自治和社区活动,发展社区的知识、技能;社区授权基金主要是支持社区授权网络能够有效地与地方战略伙伴关系(Local Strategic Partnerships,LSP)②合作,并发展地方邻里复兴战略(Local Neighbourhood Renewal Strategies,LNRS)③。为了增强分散的志愿与社区组织在治理过程中的力

---

① ODPM. *Making Connections: An Evaluation of the Community Participation Programmes.* London:ODPM. 2005,p.6.
② 地方战略伙伴关系是一个非法定的、没有行政机构的伙伴关系,其目的是在地方层面将不同的公共部门、私人部门、商业部门以及志愿和社区部门联合在一起。它一方面重视地方战略决策的制定,另一方面也鼓励在各个单个的社区的参与活动。每个地方都建立有战略伙伴关系。
③ 地方邻里复兴战略是地方战略伙伴关系的一个关键任务,它是在英格兰88个比较落后的地方实施,主要是为了缩小这些地方社区与其他地方的差距,对其进行评价的指标主要是教育、犯罪、卫生和环境。

量,社区授权网络(Community Empowerment Network,CEN)建立起来,其目的在于使志愿与社区组织能够在社区治理中有一个强有力的声音,保证它们能够真正处于社区政策制定中的重要地位,通过信息互享、网络会议等方式将不同的志愿与社区组织联合起来,并选举出一个领导团体,这样不同的志愿与社区组织,尤其是那些比较小的组织就都能够包容进来并能够在社区授权网络中拥有发言权。

志愿与社区组织在政府的帮助下积极地参与到地方事务的治理中来。首先,为了让居民知道并参与更多的关于地方事务的决策,会通过时事通讯、互联网站、巡回宣传等方式来告知更多的有关信息。其次,会通过民意调查或者访谈、消费者满意度信息反馈等方式来研究地方公共服务的质量等情况。再次,通过运用协商会议、工作组、要求给一些政策提供建议和意见等方式与公众对当前地方公共政策进行协商。然后,通过伙伴关系或者作为地方事务管理委员会的成员参与到地方事务的管理中。最后是直接获得中央或者是地方的授权对一些地方公共事务比如地方房屋租赁等进行管理。这样志愿与社区组织形成了对地方公共事务进行治理的一个谱系:提供信息、调查、协商、参与和授权。[①] 正是因为志愿和社区组织在公共事务治理中的作用得到了极大的发挥,它积累了大量的社会资本,增强了社区的凝聚力。80%的居民认为他们能够和社区里不同背景的人很好地相处,65%的居民认为他们非

---

① Hilary Russell. *Voluntary and Community Sector Engagement in Local Strategic Partnerships*. London: ODPM. 2005, p. 53.

第七章 布莱尔新政析论之三：英国地方政府的合作治理之道

常好地享受邻里之间的关系。① 与此同时，相比较 1996/1997 年度，在 2002/2003 年生活在贫困中的儿童减少了将近 70 万，露宿街头的减少了 70%，街头犯罪自 1997 年下降了 30%，对公园和公共空间的满意度也从 2000/2001 年的 62.5% 增加到 2003/2004 年度的 71%。② 当然，并不是说这些成就的获得完全是得益于公民社会的民主治理，但不可否认它的确在这些方面发挥了重要的作用。

布莱尔在上台以后大力提倡公民权，培育公民社会，推行伙伴关系的民主合作治理，事实上这与他所倡导的第三条道路不无关系。无论是新右派的市场中心主义还是老左派的国家中心主义，它们都忽视积极的公民权和公民社会的作用。第三条道路就是要复兴公民社会，通过激发地方的主动性而实现社区复兴。国家和公民社会应当展开合作，每一方都应当同时充当另一方的协作者和监督者。③ 公民社会治理功能的复兴是代议制民主制度存在着结构性问题的必然回应，后者强调一种消极的公民权利，将公共治理权拱手让给社会精英，而公共领域的结构转型挤占了公民社会的民主治理空间。英国在撒切尔上台后推行的新自由主义政策高举市场主义的大旗，这并没有解决公民社会的复兴问题。而日益走向后现代的英国在社会日益多元化、小型化的情况下，代议制民主机制在解决社会排斥、犯罪率上升、贫困化的居民生活缺乏保障等社会问题上呈现出边际效应递减。因此布莱尔政府不失时机地

---

① DCLG. *2005 Citizenship Survey*: *Community Cohesion Topic Report*, London: DCLG. 2006, p. 4.
② ODPM. *Sustainable Communities*: *People*, *Places and Prosperity*. London: ODPM. 2005, pp. 5 – 13.
③ 安东尼·吉登斯：《第三条道路及其批评者》，北京：中共中央党校出版社，2002，第 83 页。

提出复兴公民社会,倡导积极的公民权,一方面能够将公众纳入到现代政治轨道,避免政治冷漠,增强政府的合法性;另一方面,这也能解决政府的管理危机,公民社会的网络治理模式更能够适应多元化的社会。

第四节　地方政府现代化：中央集权主义还是地方主义

在布莱尔上台执政以来,英国地方政府及其治理经历了重大的变化,它是新工党推行的一个重要制度变革。早在1997年大选时,新工党就宣称要改变保守党时期中央对地方的严格控制,要通过复兴地方民主将权力归还给公众,要变革地方政府使之适应21世纪的挑战。工党认为:"一个成功的地方政府优先的是领导它的地方社区,它通过组织和支持伙伴关系来发展地方蓝图,并实现它。它要为持续地改进地方服务而努力奋斗。它应该对地方公民及其利益予以回应。它和地方商业团体以及其他的利益团体的关系良好有效。"[1]布莱尔并没有将他的誓言变成空谈,地方政府在改变地方公共服务质量、变革地方公共决策框架以及振兴地方社区治理方面进行了意义深远的改革。但是无论是学术研究者还是政治实践者都指出,布莱尔的地方政府现代化在中央集权主义与地方主义之间存在着一定的紧张关系,这种紧张关系包括地方政府现代化的各种政策与新工党其他政策之间的潜在矛盾。这种潜在的矛盾表现在一种自上而下和自下而上的管理途径中,表现在

---

[1] DETR. *Modern Local Government: In Touch with the People.* London: DETR. 1998: para. 1.1.

第七章 布莱尔新政析论之三：英国地方政府的合作治理之道

中央制定的国家标准与鼓励地方学习和创新之间，表现在强化地方政府的行政领导能力与复兴地方公民参与和复兴公民社会的治理之间。不过这种中央集权主义和地方主义之间的矛盾在布莱尔执政的十年期间表现的程度并不一样，它从一个中央集权主义向地方主义慢慢地过渡。

一、从过度的控制到赢得的自治

政府改革公共服务的雄心壮志是不容置疑的，并且赋予地方政府更多的权力去执行。不过在地方政府现代化的过程中，管制和控制扮演了一个非常重要的角色。它们既是自新公共管理运动以来绩效管理的一个持续影响，也是一直以来中央对地方的长期不信任的继续发展。

布莱尔政府的一个特点是对各种公共部门管制者的非常信任[1]。他不仅从保守党政府继承了一些管制部门（如教育标准办公室，the Office for Standard in Education），而且还设立了一些新的管制部门（最佳价值检查服务部，Best Value Inspection Service），这些管制主要是通过设立目标、基准以及标准，然后由各种监督部门进行检查、审计来完成。在最佳价值的执行过程中，审计委员会通过设立一系列的监督和绩效指标来对地方政府进行复杂的监督，这包括224个法定的最佳价值测定方法，而且审计委员会有权对没有达到指标的地方政府进行干预。[2] 中央对地方政府的管制涉

---

[1] Anthony Seldon. *The Blair Effect*. London: Little, Brown and Company. 2001, p.132.

[2] Mary Bowerman, Amanda Ball and Graham Francis. *Benchmarking as a Tool for the Modernisation of Local Government.* "Financial Accountability and Management", 17(4): p.324.

及教育、住房、交通、警察、消防、福利基金、公共设施等等各个领域，并且耗用了大量的资源。根据审计委员会的年度报告，每年大约有 3000 个最佳价值评论，600 份检查报告，这大约花费 5000 万英镑。而每年估计在检查管制方面将用去 6 亿英镑，这还不包括无法预算的机会成本。①

此外，中央对于地方的财政控制也是一个重要的战略。虽然作为重建地方责任的一个重要措施是废除保守党时期的全面资金使用封顶，但是内务大臣还是拥有权力限制地方政府的征税和开支水平。同时通过增加栅栏式的特殊拨款（Ring-fencing Special Grants）和不允许设立地方税的措施进一步强化了地方对中央的财政依赖，然后继续采用中央宏观经济计划来加强中央对地方的控制。

尽管对地方的大量管制在一定程度上推进了地方公共服务的质量水平，并且保证地方政府不至于偏离国家政策的目标，但是它对地方政府而言也是一种危险，因为它降低了地方创新的积极性，并且将大量用于提供公共服务的资金转移到不必要的地方。同时，中央政府对地方的过度管制也降低了地方政府在地方事务中的决定权，因此地方公民参与到地方政府中的热情会大大降低，比如地方选举投票率的低下就是最好的佐证。一位地方官员曾说过："如果我提到地方政府是一个好的（提供公共服务）机会，75% 听到这句话的居民将会是一种强迫症似的跳过或者去看议会频

---

① Howard Davis, James Downe and Steve Martin. *External inspection of local Government: Driving Improvement Or Drowning in Detail?* York: Joseph Rowntree Foundation. 2001, p. 14.

第七章 布莱尔新政析论之三：英国地方政府的合作治理之道

道。"①在地方政府现代化的旗帜之下，大量的管制工具的使用不仅耗费了大量的资源，而且也使得烦琐、刻板和效率低下的官僚体制又开始兴盛，它不仅压缩了地方政府的期待和责任，同时也使得管理者更多关注中央的管制而不是公共服务的使用者以及当地居民。

2001 年，新任的内政大臣在向下院介绍新的地方白皮书时强调："我想解决过多的中央规定和干预的趋势，这种趋势在 20 世纪八九十年代一直处于统治地位。我们要改变这种途径。白皮书标志着在远离中央集权方面迈出了重要的一步。"②在随后的地方白皮书中，新工党认识到过多的中央要求和规定带来了副作用，决定给予地方政府更多的自由，尤其包括给予地方在财政收支方面更多的自由。不过这些新的自由并是有条件的获得，因此被称为"赢得的自治"。

所谓的"赢得的自治"是指那些能够提供更好公共服务的地方政府能够在地方治理上获得更多的自由和灵活性，中央将减少对它们的管制。2001 年的地方白皮书建议将根据审计委员会的绩效评定将地方政府分为四个等级，给予最高等级的地方一定的自由，而对最糟糕的地区予以干预，这个建议在随后的全面绩效评估中被采用。审计委员会根据各个地方的绩效指标数据、检查和审计报告以及地方政府绩效自评形成对地方绩效的最后评判，根据得分分为五类：优秀、良好、普通、较差和拙劣。被评为优秀的地

---

① Gerry Stoker. *Transforming Local Government：From Thatcherism to New Labour*, Basingstoke：Palgrave Macmillan, 2004, p. 217.

② David Wilson. *Unravelling Control Freakery：Redefining Central-local Government Relations.* "British Journal of Politics and International Relations". 5(3):p. 330.

方将度过三年的"管制假期",同时也将免于来自于中央的对地方支出最高封顶的限制;而被评为拙劣的地方政府将受到来自于中央的大力干预。赢得的自治不仅仅存在于对地方政府的一个整体评估中,而且在某些单个的政策中也同样适用,比如在公共卫生服务体系中。为了鼓励公共服务部门基层组织提高绩效,中央对被评为三星信任级的医疗组织将减少监督,同时给予它们不用经过中央核准的投资权力,如建立私人公司,接管绩效不好的医疗部门等等。

"赢得的自治"被中央看成是赋予地方自治的一个重要突破,而且也的确能给一些地方政府在财政收支以及地方事务上更多的自主权,放松了对地方的控制。这是新工党对其过于中央集权式地方政策批评的一个回应,它在不放弃中央政府目标的同时也给予了地方相应的自主权,并且刺激地方为获得更多的自由而不断提高政府绩效。但是归根到底,这种赢得的自治其实是一种胡萝卜加大棒的政策,它事实上是向地方政府传递了这样一个信息,"将地方政府好好组织起来以提供中央政府想要的公共服务,这样你会有回报;如果不能提供中央政府想要的,你的日子将会是数着天数地过"①。

二、从新地方主义到网络社区治理

正如前面所述,赢得的自治实际上仍然是一种自上而下的途径来解决地方事务,尽管它一再强调赋予地方更多的自由和灵活性。正因为如此,在布莱尔第二任的中后期,一个被称为"新地方

---

① David Wilson. *Unravelling Control Freakery: Redefining Central-local Government Relations*. "British Journal of Politics and International Relations". 5(3):p. 331.

第七章 布莱尔新政析论之三：英国地方政府的合作治理之道

主义"的词汇被英国的学者和政治家们热衷使用。早在 2000 年，新地方政府网络（一个智囊团）就发表了一篇题为《迈向新地方主义：讨论稿》的文章。这种新的地方主义要求地方政府和地方的其他组织共同合作来解决公共政策问题，虽然它在一定程度上还是要以国家目标为导向，但地方政府在这个过程中更应该是一个领导者，而不仅仅是国家目标实现的代理机构。新地方主义的特点是将权力下放给一线的管理者、地方民选的政府以及地方消费者和社区，让他们远离中央的控制，在一个一致同意的政策偏好框架内使国家标准最小化①。新地方主义的这些特点体现在布莱尔第二任的地方政府白皮书中。新工党强调，要为高质量的服务提供国家标准和责任，下放权力给地方政府，以及赋予更多的自由来满足地方需要，在地方层面建立一种能够提供更好的服务能力以及能够担当有效的社区领导。在新地方主义中有五个重要原则：不能进行一刀切；责任的互相接受；进行绩效管理；有效的地方领导是绝对的核心原则；下放权力不能仅仅停留在市政厅。②

作为将权力下放的首要步骤就是要减少来自中央的控制，这种控制主要是中央通过各种目标、绩效指标、审计和检查报告来完成，这意味着新地方主义首先要获得的是一种"免于……的自由"（free from）。其次，新地方主义的一个制度选择是考虑更多直接选举的地方政府组织。新地方主义强调地方政府在本区域内的领导作用，因此一个高效的、民选的行政执行机构将是一个必然的选

---

① Gerry Stoker. *New Localism*, *Progressive Politics and Democracy*, "The Political Quarterly", 75 (supplement 1) : p.117.

② Martin Powell. In Search of New and Old Localism, http://www.apsoc.ox.ac.uk/Espanet/espanetconference/papers/ppr%5B1%5D.8. MP. pdf. ,03 - 04 - 2007.

择。事实证明,直接选举的市长在地区治理中责任更为明晰,效率更高。最后,公民参与以及地方伙伴关系的建立是新地方主义的一个重要的战略选项。因为新地方主义要将权力下放,地方应该得到"去做……的自由"(free to)。公民参与对于复兴公民社会,培育积极的公民有着重要的意义。因此新工党在积极提高地方选举投票率的同时,也在不断创新参与和协商民主的各种手段。同时为了增加地方政府以及公民"去做……的自由"的能力,建立一个战略伙伴关系是工党的重要举措。战略伙伴关系是将各种私人组织、政府组织(包括地方政府以及中央派驻地方的各种执行部门)以及志愿与社区组织联合起来,形成一个新的地方制度框架,用以解决犯罪、住房、教育、公共卫生等跨部门的问题。另外一个创新是把焦点放在纵向伙伴关系,而非横向伙伴关系上。这一新的安排称之为"地区协议"(Local Area Agreements, LAAs),它的主要任务就是改善地方政府、中央政府的地方机构(基层护理信托、特别就业中心、确保开端计划以及中介部门在地方的代表机构)与它们的伙伴之间的协调关系,以改善服务并减少地方服务供给中的官僚性。

新地方主义给地方自治带来了新的希望,不过它受到来自于中央集权主义和地方自治派两方面的指责。在《赞扬中央集权主义:对新地方主义的批评》一文中,大卫·沃克认为,由于地方的差异性,推行新地方主义必然带来不平等和碎片化,难以形成合力去推动国家的发展。而中央集权主义在提供国家标准和经济计划上有着无可比拟的优势,因此要继续推行中央集权主义[1]。而地

---

[1] G. W. Jones. *The Multi-Dimensional Constitution in the United Kingdom: Centralisation and Decentralisation*, http://www.lse.ac.uk/collections/europeanInstitute/articles/jonesg2.pdf. ,07 - 03 -2007.

第七章 布莱尔新政析论之三：英国地方政府的合作治理之道

方自治派却认为新地方主义给予地方的权力是不够的，它事实上是一个"掌舵的中央集权主义"①，即新地方主义是在中央的掌控中进行的，仍然没有摆脱中央的控制。

要想真正建立一种平等的中央与地方关系，实现自下而上的治理机制，就必须培育能动积极的公民，强化社区的力量，最后形成一个强有力的公民社会，这是英国内政部2003年的报告《公民复兴：一个新的议程》所透露出的最为核心的观点，而这个观点在2004年中央政府出版的《地方政府的未来》中得到进一步的阐述。作为强有力的公民社会，网络化的社区治理成为一个重要的环节。

中央政府开始推行一系列的旨在拓展以社区为基础的政策。首先设立各种基金用以帮助志愿和社区组织发展包括提升社会资本、提供公共服务、增强社区凝聚力的能力。其次，允许志愿和社区组织管理和拥有自己的资产，使其成为一个独立的地方自治机构。再次，授权给志愿和社区组织让其管理地方公共房屋的租赁业务，同时让其在复兴邻里关系中扮演重要的角色。最后，建立一个社区授权网络，将各个社区组织联合起来，使其能够作为一个重要的力量加入到地方政策制定之中，增强社区组织的影响力。

布莱尔第二个任期着力推行的社区治理和公民社会的复兴是其第三条道路的进一步体现，表明新工党将向下授权，运用参与和协商民主来改变代议制民主所导致的公民政治冷漠。同时它将多元的治理机制根植于基层的政府管理之中，希望能走出传统的官僚制偏重于国家管制和新公共管理偏好市场竞争的误区，开辟一条通往后现代社会公共管理的"第三条道路"，建立一个国家、市

---

① Gerry Stoker. *Transforming Local Government: From Thatcherism to New Labour*, Basingstoke:Palgrave Macmillan,2004,p. 220.

场和社会的三维治理模式。

当然这对于布莱尔和新工党而言才刚刚开始,而且这条道路并不平坦。事实表明无论是赢得的自治、新地方主义还是网络社区治理模式都没有改变英国地方选举中投票率过低的现状。不过值得庆幸的是越来越多的人开始参与到地方治理过程之中,尤其是参与到基于志愿与社区组织的各种活动中。2003 年大约有 18% 的公民参与到各种公民活动中,在 2004 年,至少有 79% 的人参与到至少一项公民活动中。① 基于志愿社区组织的网络社区治理将会变得逐步自信,并会在公共事务治理中发挥更好的作用。

小 结

自 20 世纪 70 年代以来英国地方治理经历了过山车一般的变化,信奉第三条道路的布莱尔上台后进行了一系列的改革。首先,他废除了保守党推行的带有浓厚市场主义色彩的强制性竞争投标模式,取而代之的是最佳价值作为地方公共服务的基本模式。其次,他终止了带有强烈中央集权主义色彩的地方资金封顶政策,在一定程度上放松对地方财政的限制。在布莱尔的执政期间,他考虑更多的是如何来提高地方公共服务的质量,无论是最佳价值还是地方政府灯塔计划,以及全面绩效评估模式都是围绕着这个目标进行。这的确让英国的地方公共服务供给有了显著的提高。

为了强化地方政府的领导能力,推行新的地方政治框架是布莱尔政府的另一个政策关怀。市长制和领导——内阁制受到了更

---

① ODPM. *Citizen Engagement, Neighbourhoods and Public Services: Evidence from Local Government.* London: ODPM. 2005, p. 38.

第七章 布莱尔新政析论之三:英国地方政府的合作治理之道

多的青睐,尤其是领导——内阁制成为英国大多数地方政府的领导框架,传统的委员会制度遭受到前所未有的挑战。虽然市长制在目前看来更有效率,是一个更能够肩负在21世纪领导社区重任的组织模式,不过具有强烈的传统意识和尊重习惯的英国接受这个制度框架恐怕还需要假以时日。

第三条道路注重民主制度的民主化,强调国家要向上和向下两个方向放权。对英国而言,尤其是需要培育积极的公民和复兴公民社会,这个问题也是新工党地方政策的重要主题之一。虽然政府推行了一系列旨在方便公民投票的选举办法,但是英国地方选举投票率较低是一直以来存在的事实,布莱尔在这个问题上的得分并不高。但在推动公民积极参与公共事务治理,尤其是推动志愿和社区组织参与到地方事务的治理问题上,布莱尔政府的努力是有目共睹,并且也取得了一定的成效。

当然,在布莱尔执政的十年期间,他对地方治理的理解是一个渐进发展的过程,我们可以从中央的三个地方白皮书的名称中约略把握住这个发展脉络:1998年的《现代化的地方政府:紧密联系公民》,2001年的《加强地方领导——公共服务的质量》以及2005年的《强大而繁荣的社区》。在其第一个任期,布莱尔的地方政策有更多的保守党的色彩。虽然他明确提出要将地方政府从保守党的中央控制中解放出来,但是无论是最佳价值还是全面价值评估,都大量运用目标、指标、监督、检查和审计报告等方式将地方牢牢控制在中央手中,尤其是他给予地方政府的财政自由支配权十分有限。在2001年开始的第二个任期,他开始意识到过度的中央控制带来的负面效应,逐步对地方进行有限的放权。无论是"赢得的自治"还是新地方主义,穿透其间的是在中央控制下的地方分权。真正带有更多自治色彩或者说更能体现第三条道路的是他在第二任后期重点发展的网络社区治理,它更多地强调一个强大和繁荣的社区以及一个积极的公民社会在地方治理中的作用。不过要想能够应对 21 世纪地方公共事务的挑战,地方政府改革远远没有结束,新的领导者将在这条道路上继续前进。

第八章　对英国合作政府的评价

2007年5月10日,托尼·布莱尔在当年当选下议院议员的塞奇菲尔德小城宣布卸任工党领袖,随后于6月27日向英国女王递交辞呈提前结束首相任期。10年前,布莱尔打着"第三条道路"的旗号率领工党结束了18年的在野地位,并在随后的2001年和2005年的大选中继续领导工党获得胜利,这成为英国工党1900年成立以来的第一个三连胜。在这10年里,布莱尔政府倡导变革与创新,寻求发展与公正、权利与义务的平衡,并以"现代化"为口号重组政府组织,建立合作政府,取得了不俗的成就。合作政府模式相之于保守党推行的新公共管理运动有着自己的特点,并且成为西方众多国家政府改革的一个新的取向。当然合作政府也存在着一些问题,因此需要新的理论即整体型治理理论对其进行完善。

第一节　合作政府的成就及其与保守党
政府改革模式的比较分析

布莱尔自1997年上台组阁以来,着力建构合作政府,强调跨领域部门间的协作,重点关注英国各种棘手的社会问题,10年的努力取得了一定的成就。合作政府和保守党推行的新公共管理运动相比,二者既有着相关性,同时彼此也有自己的特色。当然,合作政府的运行也存在着自身的问题与不足,这在一定程度上削弱了它的功能,与英国社会对政府的期待还存在差距。

一、合作政府所取得的成就

布莱尔政府最为显著的成就当属经济领域。布莱尔在此继承了撒切尔主义的改革路线,重视市场和私营企业在经济发展中的作用。首先是降低企业税,包括对中小企业实行税额减免的政策,以此来鼓励企业创新和降低成本;其次,政府简化对企业的管制;最后,为吸引外资,布莱尔政府授权英格兰银行自行决定利率,以确保英国宏观经济环境的稳定。布莱尔执政以来,英国经济持续稳定发展,GDP 连续 50 多个季度增长,是英国近 300 年历史上绝无仅有的现象。1994—2004 年年均 GDP 增长达到 2.8%,超过了英国的主要竞争对手(同期日本、德国、法国分别为 1.2%、1.5%、2.3%)。更重要的是,1992 年以来英国是 G7 中经济增长最稳定的国家,而此前的几十年却恰恰相反。到 2004 年,英国通货膨胀率和失业率降到 30 年来的最低水平。2004 年 12 月英国的失业率约为 4.6%,不仅远远低于 20 世纪 80 年代和 20 世纪 90 年代初期 11% 左右的失业率,也明显低于欧盟 15 国 8.3% 和 G7 国家 6.4% 的平均水平。工党执政以来英国的通胀率始终保持稳定的低水平。"9·11"恐怖袭击事件和近期的石油价格飙升等给西方工业国家经济带来很大冲击,出现了不同程度的经济衰退和失业率、通胀率上升,而英国的经济却一枝独秀,仍呈现平稳增长的态势。[①] 在

---

① 胡昌宇、陈晓律:《试论布莱尔工党政府的成功之道》,《经济管理文摘》,2006(12):第 36 页。

第八章 对英国合作政府的评价

保持经济持续增长和较低通货膨胀的基础上,布莱尔政府还大力推行国家创新战略,重点推动能源、生命科学、信息通讯技术等高科技行业。资料显示,2006年,英国生命科学产业的市场规模达到870亿美元,其中具有传统优势的制药业直接从业人员达到6.8万名,并创造了26万个相关就业机会;在基因、干细胞、生物信息工程等新兴研发领域,有480多家私人公司,24000名雇员。①

与此同时,布莱尔政府在社会政策方面也取得了相当的成绩。首先,在消减贫困人口方面,布莱尔政府的努力获得了回报,1997年有138万人生活在贫困中,这是在扣除住房支出后计算的;如果把住房支出计算进去,则是102万;这些数字已经下降到114万和92万。现在有1/5的居民生活在贫困线以下(平均收入的60%),而1997年是几乎达到1/4。到2005年,英国又有70万儿童摆脱了贫困,儿童贫困的总数减少到自20世纪80年代以来的最低点。② 其次,布莱尔执政期间,英国的犯罪率也开始下降,尤其是暴力犯罪下降,社会治安逐步好转,具体见图8.1。再次,布莱尔政府加大在医疗体系中的投入,试图解决英国国民医疗服务体制(NHS)中一直存在的资金不足问题。自1996年以来,英国政府加大了对NHS的投资力度,投资额由1996—1997年度的330亿英镑增加到2004—2005年度的674亿英镑,医疗设施及设备的花费也从11亿英镑提高到了34亿英镑。在国民生产总值中的比例也大幅提高,超过所有欧盟其他国家近年来的平均数。③ 最后,

---

① 张锐:《布莱尔的丰厚"经济遗产"》,《观察与思考》,2007(13):第57页。
② 安东尼·吉登斯:《为什么现在应当让富人出钱?》,《国外理论动态》,2007(12):第43页。
③ 于杉:《英国对过高医疗费痛下手术刀》,转引自李和中、马秀玲:《布莱尔政府的国民医疗服务体系改革及其借鉴意义》,《新视野》,2007(6):第70页。

布莱尔政府大力扶持教育,加大教育投资,改善校舍,同时通过推行"工作福利"和"青年新政"等措施来鼓励人们就业。

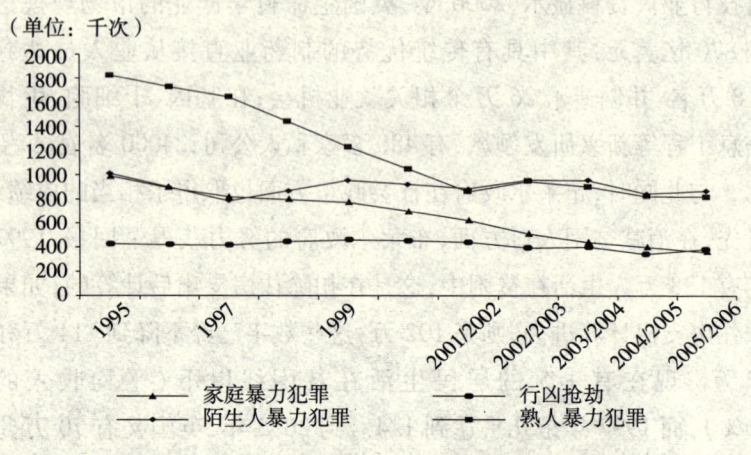

图 8.1　英国 1995—2005 年暴力犯罪趋势图①

二、合作政府与保守党政府改革模式的比较分析

对于布莱尔政府改革,很多人认为他相对于保守党的新公共管理运动而言只是新瓶装旧酒,并没有多少创新,更有人认为,这次改革只是延续了撒切尔主义,和梅杰政府一样,它并没有多少贡献。上述的观点在一定程度上有其合理性,却也不尽其然。下面我们将合作政府与保守党政府的新公共管理运动进行比较,探析二者之间的趋同性和不同之处。

不可否认的是合作政府与保守党政府的改革之间存在着趋同性,这种趋同性首先表现在对绩效评估的运用上。英国政府从 20

---

① Alison Walker et al. *Crime in England and Wales 2005/2006*, London: Home Office, 2006, p. 74.

第八章 对英国合作政府的评价

世纪 60 年代开始对公共部门的生产力进行测定,不过大量地采用绩效评估则是撒切尔政府之后的事情。雷纳评审拉开了保守党政府重视绩效评估的大幕,此后在公共服务提供的各个领域,从医疗、教育等国计民生领域到监狱管理等司法体系都引入并强制实行绩效评估,以至于英国被称为一个评估性的国家。作为保守党政府改革的重要遗产,布莱尔政府完全继承下来。无论是推行"最佳价值"还是"灯塔地方政府计划",以及随后的全面绩效评估都反映出合作政府对绩效评估方法的重视。保守党政府推行绩效评估的动力以及着重点是降低成本,这是当时政府面临的财政危机、信任危机和管理危机下作出的选择;而合作政府推行绩效评估除了追求降低成本的目标外,一个更为重要的目标是如何有效提供公共产品和服务的质量,以及如何让公民更为便捷地获得这些公共产品和服务。二者的趋同性其次表现在运用市场的方式来提供公共产品和服务,尤其是采用私营企业来提供。撒切尔上台后最为引人注目的改革就是私有化,通过将大量的国有企业出售来削减政府规模,同时也将公共服务和产品的提供推向市场,当然对于一些重要的领域撒切尔政府采取了一定的措施来保证国家的控制。布莱尔上台之后推行的合作政府没有否定私人部门在公共产品和服务提供中的功能,并且进一步拓展了活动的领域。一个显著的例子是市场力量被介绍到司法系统,包括部分监狱服务的提供。这里市场被嵌入到国家的核心之中——朝着在撒切尔时代只有右翼思想团体支持的领域迈进。在这里,布莱尔推行的政策,如给邮政服务放松管制以及推动市场力量进入到国民医疗服务体制之中等,这些政策比撒切尔敢于做的甚至是她想做的都走得更远。[①] 合

---

① John Gray. *Blair's Project in Retrospect*,"International Affairs",80(1):p.43.

作政府与保守党政府改革模式最后的趋同性表现在中央集权上。无论是撒切尔还是布莱尔都强调必须要有一个强有力的中央政府,并且这个强有力的中央政府还必须要有一个强有力的核心,他(她)都试图抛开文官体系以及内阁来推行自己的政策,通过扩大首相自己的智囊团来强化首相的政策制定能力。不过布莱尔政府在实现中央集权的同时也有意识地赋予地方一定的权力,这在他"赢得的自治"中体现出来;2004年在英格兰地区建立区域性政府的努力失败以后,他在地方分权上又向前迈进了一步。

我们不能仅仅凭借以上的分析就认为合作政府只是保守党政府改革模式的翻版,事实上它们之间也存在着许多的差异。首先表现在管理模式上的不同。保守党政府改革试图打破公共部门与私营部门之间的差异,大力推行私营部门的管理模式,认为当时私营部门的管理理念要优于传统的官僚制体系,因而大量采用了私营部门的管理方法。合作政府并没有否认私营部门的管理理念和方法,不过它更希望通过公共部门、私营部门以及第三部门的共同努力来推动国家的治理。这里的合作包括四个层次,首先是政府部门内部的合作,其次是政府组织不同层级(如中央、区域和地方)之间的合作,再次是公共部门、私人部门以及第三部门之间的合作,最后是国内组织部门与国际性组织(如欧盟、世界银行等)的合作。在此合作政府的一个关键词汇是"伙伴关系",它通过建立大量的伙伴关系实现政策目标,伙伴关系在公共服务提供中是最为重要的特色。根据最近的计算,在英国大约有5500个伙伴关系,花费公共开支将近40亿英镑。[①] 在传统的官僚制之下,管理

---

① Audit Commission. *Governing Partnerships*, London: the Audit Commission, 2005, p. 2.

第八章 对英国合作政府的评价

依靠的是命令,而保守党推行的新公共管理运动崇尚的是竞争,在合作政府模式之中,伙伴关系的建立依赖的是信任与协作。这种伙伴关系在解决社会所面临的复杂问题时能够将不同的组织部门协调起来,提供灵活的、富有创意的方法以及各种财政和人力资源来帮助解决这些问题。

其次,这种差异还表现在服务对象上的不同。我们知道,新公共管理运动要求施政的目标是顾客满意,确立以顾客为导向的服务理念,政府必须要增强对顾客的回应性。但是公民在公共治理中的角色多样化,他既是公共服务的接收者,同时也是公共服务提供的最终出资者(纳税人)、参与者和监督者。而政府也不仅仅只是公共服务的提供者,它同时也是一个管制者,公共利益的协调者,因此,"顾客导向的公共服务本身乃是一个值得怀疑的不当隐喻"[①]。合作政府并不完全反对以顾客满意为核心的公共服务提供理念,布莱尔强调公共服务提供的四条原则:"第一,高度的国家标准和完全的责任;第二,授权给第一线,鼓励提供的多样性和地方的创造性;第三,雇佣的灵活性,这样员工能够更好地提供现代化的公共服务;第四,促进多元的服务提供以及更多的可选择性。"[②]在公共服务提供中对顾客导向承认的同时,合作政府更强调公民权的运用。第三条道路提倡积极的公民权,合作政府要求公民能够积极地参与到公共服务的提供中去,这尤其体现在地方治理之中。无论是推动地方代议制民主制的恢复,还是强调参与

[①] 张成福:《公共行政的管理主义:反思与批判》,《中国人民大学学报》,2001(1):第19页。

[②] Michael A. Peters. *Citizen-Consumers*, *Social Markets and the Reform of Public Services*, Policy Futures in Education, 2004(2):p.628.

和协商民主在公共服务提供中的作用,以及促进公民社会作用的发挥都体现了对公民权的重视。

再次,二者的差异性还表现在核心政策关怀上的差异。正如我们所知,保守党推行新公共管理运动的一个重要背景是其面临的财政危机、管理危机和信任危机,因此它首要的政策关怀是如何降低成本来提高政府运行的效率,减少财政支出。但是合作政府所面临的问题是风险社会的来临和各种棘手的社会问题,因此合作政府的核心政策关怀是如何有效地解决这些社会问题。而要解决这些社会问题,不但要靠政府各个部门的努力,更需要各种部门、市场力量以及社会的协作,因此必须建立合作政府才能达到目标。

正是基于合作政府在以上问题上与新公共管理运动的不同,所以最后它在具体的组织结构、财务预算上也不同于新保守党政府推行的新公共管理运动。在组织结构上,保守党的新公共管理运动通过"下一步行动方案"来推行小规模的、单一目标的执行局,这是一个分散并且小型化的组织结果。合作政府则强调建立跨领域的组织,融合不同部门人力与资讯的网状结构。在预算上,新公共管理运动强调通过竞争的方式来降低成本,比如地方公共服务提供中的强制性竞标;而合作政府则是强调运用合作性的预算方式来将不同的部门组织能够连接起来,如"投资节约预算"等。

三、合作政府存在的问题与不足

作为一种不同于保守党推行的政府改革,合作政府模式本身也存在着一些问题。早在 2000 年内阁办公室发布的一份报告中就指出,"从本质上讲,跨领域的政策趋向于有更多的利益相关

第八章 对英国合作政府的评价

者,这将更难于对其进行监控和评估;这将更容易冒失败的危险和沟通上的失败";"跨领域的途径不是万灵药,它既有收益同时也有成本,因此在每一个特别的个案中,必须对传统垂直途径和跨领域途径的成本和收益进行权衡"。① 那么合作政府存在哪些问题呢?

首先,合作政府存在着责任模糊的问题。传统的官僚体系通过垂直的等级制度,对职责权限进行明确的分工,依靠行政命令来执行政策,这种明确的直线权力链条虽然在一定程度上阻隔了权力的横向沟通,但是却为责任的承担划清了界限。保守党的新公共管理运动实施的"下一步行动方案"采取了相对小型化的执行机构,尽管它相对比较分散,导致了治理的碎片化,但是它依然是一个责任非常明确的执行单位。而对于合作政府而言,无论是它所崇尚建立的"伙伴关系",还是跨领域组织和预算的设置,都存在着众多的相关组织参与其中,它们更多地采用协商与协作的运行模式,很容易出现在职责权限上的模糊。

其次,合作政府所推行的跨组织的联合以及打破组织内部边界的做法难以根除部门主义所带来的一系列问题,而且这样会产生一个更大的部门主义和管理的碎片化。新公共管理是将部门利益由大的组织碎片为小组织,而合作政府则是将部门利益推广到较大的组织。事实上,合作政府以解决社会问题为目的设置了各种"行动地带",如教育行动地带(Education Action Zone)、卫生行动地带(Health Action Zone)以及雇佣行动地带(Employment Action Zone)等等,这些行动地带的建立虽然能够将更多的资源整

---

① Cabinet Office. *Wire It Up*: *Whitehall's Management of Cross-cutting Policies and Services*, London: Cabinet Office, 2000, p. 10, p. 16.

合到相关的领域中来,但是对于公民而言,他就必须为解决自己的不同问题而奔波于不同的组织部门之间。

最后,合作政府很容易导致新的中央集权。虽然布莱尔一再强调必须赋予地方和公民更多的自主权,但是合作政府的协调往往需要一个强有力的权力核心。事实上,合作政府也是遵循着这一点来进行设计并运行,如作为核心执行部门的首相办公室、内阁办公室以及财政部都在不同程度上加强了对政策的掌控能力。建立区域政府努力的失败也不得不归结于中央权力的集中,因为区域政府事实上并没有获得更多的自治权,无论是区域政府办公室还是区域议事厅,即便是在区域经济发展中发挥着重要作用的区域发展处,其在财政支配上权力也是有限的(具体参见第七章)。一再重申要改变保守党中央集权格局的合作政府在赋予地方自治权力时最初也只是采用"赢得的自治"策略。此后虽然也采取一定的措施来重建社区,发挥社区在地方治理中的作用,但是谋求强有力的核心仍然是合作政府的一个重要特点,这在一定程度上削弱了区域与地方自治的积极性。

因此,对于合作政府的支持者而言,将它看做是一个长期的项目、一个可以选择的项目,一个协作的项目而不是由中央政府决定去做,这样才是明智之举。[1] 在构建合作政府的过程中,组织之间协作的技术支持(包括新的组织技术与科技)、相互信任、公民的参与意识与技能都不是在短时间内就能够获得。跨组织与组织内部的联合并不一定适宜于所有的情况,必须要在权衡风险与收益的情况下选择采取什么样的组织形态。合作政府要求组织

---

[1] Christopher Pollitt. *Joined-Up Government*: A Survey. "Political Studies Review",2003(1):p.46.

的协作,而一种自上而下推动的组织变革本身就与合作政府的内在要求背道而驰,只有协作才能够真正体现合作政府的内在意涵。

第二节 合作政府在全球的回应

英国布莱尔政府推行的合作政府改革模式是对新公共管理运动进行反思的结果,它在西方各国引起强烈的共鸣,包括新西兰、澳大利亚、加拿大、美国、瑞典、荷兰以及其他国家和地区都在不同程度上开始对政府进行重新打造,改革的重点已经从市场化和管理主义的模式转向合作政府,注重组织间的协作与整合,从整体的视角进行公共治理。下面我们首先对西方各国改革的概貌进行一个综述,然后重点分析澳大利亚和加拿大的改革。

一、合作政府模式在全球的发展概况

挪威学者 Tom Christensen 和 Per Lagreid 认为,西方国家出现类似英国合作政府的改革主要是基于以下几点[①]:第一,它可以看做是对新公共管理运动中公共部门结构性分化改革的回应,因为这种分化的结果造成严重的"碎片化"和部门的自我中心主义,缺乏合作与协调;第二,新公共管理运动还导致了责任问题和能力问题的产生,因为权力从中央的政治——行政层下放给管制机构、公共服务机构或国有企业,导致政治和行政领导丧失了调控、干预和获得信息的途径,但是他们又不得不承担相应的责任;第三,恐怖

---

① Tom Christensen,Per Lagreid:《后新公共管理改革——作为一种新趋势的整体政府》,中国行政管理,2006(9):第83—84页。

主义和各种危机事件让人们感到越来越不安,需要通盘考虑;第四,这种改革能提高效率、缓解财政压力;第五,信息和通讯技术的发展减少了横向沟通与协调的成本。可以说他们所面临的这些问题也正是英国布莱尔政府所遭遇到的难题,所以英国出现合作政府模式给他们提供了改革的灵感和样式,因而纷纷开始行动。

为了克服政府治理过程中的碎片化问题,西方国家在这一轮政府改革过程中都重视建立强有力的政策核心。在新西兰和澳大利亚,总理办公室在政治和行政方面的强势地位又通过等级地位得到加强;而加拿大则是统一财政管理、加强政府治理与责任机制;即便是如美国这种以分权为核心精神的政治结构中,政府也重视核心的作用,它们通过联邦执行委员会将良好的治理经验向其他公共部门进行传播,与此同时,为了保证联邦政府对在很多领域享有独立权力的州政府的控制,联邦政府更多地采用资金的优先权和立法的方式对地方公共服务目标进行掌控。① 这些改革相对于早期新公共管理运动而言可以说是背道而驰,因为那时期的改革更多的是通过放权、分散决策的方式来推动公共治理的变革。

在重视政策核心建立的同时,西方国家还强调政策目标或者绩效目标在政府治理整合中的作用。在荷兰,绩效目标被用来作为推进政府部门间协调的重要工具。新西兰也重视战略发展目标在协调中的作用。在瑞典,为了协调如此众多的政府部门,近年来政府一方面减少执行局的数量以便于更好地协调它们之间的关系,另一方面中央政府通过更为严厉的绩效评估与预算目标来确

---

① Tom Long. *Delivering Joined-Up Government in the UK:Dimensions,Issues and Problems*,"Public Administration",80(4):p.621.

第八章 对英国合作政府的评价

保它们在行动中的一致。①

作为合作政府模式在西方政府改革中的一个重要组成部分,跨部门领域的政策成为此次改革的一个亮点。传统的官僚体系以及新公共管理运动都强调分工的重要性,无论是前者的功能划分的部门建构还是新公共管理运动过程中单一职能的小型化执行局无不体现了这一点。但是作为20世纪90年代的改革,重点不再是根据功能划分的职能部门的建立,而是强调跨越职能分工以及组织间的壁垒,建立跨部门领域的组织的建立和政策的推行。因为政府当前面临的复杂问题并不能根据职能部门的划分进行管理,它们往往跨越数个职能部门,只有将其联合起来才能够得到有效的治理。在美国,主要是由政府部门提议,由管理与预算委员会评定,最后由国会对跨领域绩效目标的完成情况进行决定。在瑞典,国会通过设立跨部门领域的政策预算来推动组织间的协调。在新西兰则是先设立跨部门领域的政策目标,然后由内阁对执行情况进行评估。②

最后,此次西方政府改革还强调在公共服务领域过程中的整合。近来关于欧洲国家的比较研究发现,有三个国家已经有详细的国家政策整合服务提供中心,这既包括建立向公众开放的政府建筑大楼、呼叫中心的模式,也包括网络提供的方式、移动服务设施以及数字电视的形式。荷兰和芬兰对此已经有最为发达的战略,而意大利也要求地方政府有职责提供此类计划。③ 此外,在公

---

① National Audit Office. *Joining up to Improve Public Services*, London: The National Audit Office, 2001, pp. 101 - 102.

② Tom Long. *Delivering Joined-Up Government in the UK: Dimensions, Issues and Problems*, "Public Administration", 80(4): pp. 620 - 621.

③ Perri 6. *Joined-Up Government in the Western World in Comparative Perspective: A Preliminary Literature Review and Exploration*, "Journal of Public Administration Research and Theory", 14(1): p. 120.

共服务整合过程中,英国政府采用的一站式服务模式也在西方国家中被广泛采用,这种一站式服务提供模式既包括网络服务中的一个入口,也包括通过建立一站式的政府服务提供窗口模式来实现一站式服务。在公共服务整合过程中,西方国家大量采用现代科技成果,尤其是通信技术,建立电子政府,这既降低了政府提供公共产品和服务的成本,同时也能更为有效、便捷;而且电子政务的发展也有利于跨部门、跨领域以及跨越接受服务的公众之间服务的提供,有效整合公共服务提供的途径,提升公共治理的能力。

二、个案之一:澳大利亚的政府改革

对于澳大利亚而言,强调政府以一种整体性的视角来进行公共治理可以追溯到澳大利亚政府管理皇家委员会 1976 年提交的报告,该报告强调"赋予公民在接触决策者时更多的理解,而不是仅仅让他们去寻求摸不着头脑的、难以企及的政府部门"①,报告事实上是强调在公共治理过程中必须重视政府与公民的合作,此后的澳大利亚政府零星地采取措施来推进合作治理。不过合作治理在澳大利亚真正受到重视恐怕是 20 世纪末期以后的事情,对于澳大利亚所采取的合作治理途径进行研究的两个最为重要的综合报告是 2002 年澳大利亚行政管理协会的《共同努力——一体化治理》(Working Together—Integrated Governance)和 2004 年澳大利亚政府管理顾问委员会的《联合治理——整体政府对澳大利亚优先挑战的回应》(Connecting Governance, Whole of Government Responses

---

① Management Advisory Committee. Connecting Government, Whole of Government Response to Australia's Priority Challenges, Canberra: Commonwealth of Australia Government Management Advisory Committee, 2004, p.7.

第八章 对英国合作政府的评价

to Australia's Priority Challenges)。

澳大利亚的政府改革被称为整体政府(Whole of Government),2004年澳大利亚政府管理顾问委员会的报告是这样来定义整体政府:"公共服务执行局为了回应特定的问题而采取跨越部长职责权限边界的工作方式去获得一个共享的目标和整合性的政府。"①澳大利亚整体政府模式的突出特点是各种联合性组织的大量采用。为了加强中央政府对公共治理的掌控,霍华德政府成立了直接向总理报告的内阁政策小组,这是政府开始重视协调的一个标志。作为对此的补充,此后政府又成立了内阁执行小组,主要是保证政府决策能够得到有效的执行。为了便于协调政府部门行为,打破政府组织之间的壁垒,澳大利亚政府还采取了其他一些组织形式。首先是部门间委员会(interdepartmental committees),这是一个相对比较传统的协调组织形式。部门间委员会具备以下一些特点:第一,委员会的成员来自于不同的政府部门,代表各自的部门正式参与会议;第二,委员会成员在同本部门主管协商的基础之上,相应地调整他们自己先前所持有的立场;第三,采取多数同意原则进行决策;第四,对于表决的结果要保存。其次是任务型组织(taskforce),它是近年来澳大利亚整体政府改革中非常重要的组织形式,主要是为了解决政府面临的限期的特别问题而设立。自20世纪90年代以来,任务型组织主要存在于森林政策、盐、土地开发、国家用水政策、福利改革和能源政策等领域,这些问题的特点是高度的政治优先性、复杂性,而且往往涉及

---

① Management Advisory Committee. *Connecting Government, Whole of Government Response to Australia's Priority Challenges*, Canberra: Commonwealth of Australia Government Management Advisory Committee,2004,p. 4.

多个政府职能部门。任务型组织往往针对的目标明确,而且存在的时间有限,组织的成员也是来自于不同的执行机构,并且希望能够运用他们所在机构的信息来支持任务型组织的工作。不过不同于部门间委员会,任务型组织的决策不是根据多数人同意的方式进行,而是由组织的领导决定。再次是部门间的伙伴关系——联合小组(interdepartmental partnerships—joint teams),它主要负责方案执行过程中的协调。它并不是一个独立的组织机构,这一点它与任务型组织不一样。小组成员来自于两个或者更多的政府部门,为了共同的结果而混合在一起;并没有哪个执行机构对此担任领导角色,由小组的管理者、部门首长等相关人员共同作出决定。小组的运行更多是依赖小组成员或者伙伴间的相互信任。然后是跨部门的伙伴关系(cross-departmental partnerships),它主要是通过由一个存在的政府部门或者执行机构代表一个或者多个其他的政府机构提供服务,这样既可以降低公共服务提供的成本,也可以提供更好更便捷的服务。最后是特别任务执行机构(special-purpose agencies),这种机构的设立主要是为了解决一些重要的、有争议的跨领域的问题。这些问题在当前的政府管理结构之下还找不到成熟的管理方法来解决,于是成立特别问题执行机构,代表政府从合作整体的视角来进行治理,如澳大利亚温室办公室、国家海洋办公室等都属于此类机构。[1] 所有以上的组织机构都强调打破组织的边界,重视组织间的合作,从整体的视角来推动公共治理的发展。

---

[1] Management Advisory Committee. *Connecting Government*, *Whole of Government Response to Australia's Priority Challenges*, Commonwealth of Australia Government Management Advisory Committee, 2004, pp. 26 - 40.

第八章 对英国合作政府的评价

整体政府不仅在组织上强调联合,同时也在公共服务的提供上重视整合。澳大利亚行政管理协会的报告《共同努力———一体化治理》认为,"服务提供整合可能是(整体政府)初始阶段最为容易提供的一种整合方式"①,"这种合作安排的主要特点是在共享性的顾客和相同的问题上能够将信息和服务集中起来"②。公共服务整合的一个例子是在线商务入口(the online business entry point),它能够提供所有关于计划、开始和运行小额经营的所有政府相关信息。另外一个例子是联合中心(centrelink)的建立,它是面向澳大利亚社区提供一系列国家服务的政府机构,"联合中心是国家战略的一部分,这个战略是通过合并国家就业服务(the commonwealth employment services)与社会服务部(the department of social services)来整合政府管理的收费与培训功能,从而能够为失业人员建立一个更为有效的一站式服务中心"。③

此外,澳大利亚整体政府的建设还包括在项目上的整合,这里的项目整合主要是指政府为了解决一些诸如区域发展、社区复兴、预防犯罪、家庭暴力等棘手问题而专门设置的一些项目,这些项目往往需要将不同的组织力量联合起来。作为昆士兰 1998 年预防犯罪战略的一个部门,他们推出了社区复兴战略。社区复兴战略就是通过让在昆士兰生活和工作在这一地区的人们之间建立一种伙伴关系来促进安全、卫生和自信。澳大利亚还设置了其他一些

---

① The Institute of Public Administration Australia (IPAA). *Working Together-Integrated Governance*, Brisbane: IPAA, 2002, p. 81.

② Bev Johnson. *Strategies for Successful Joined Up Government Initiatives*, http://www.cio.gov.uk/documents/consult_responses/BeverlyJohnson.pdf, 2006 - 09 - 12.

③ IPAA. *Working Together-Integrated Governance*, Brisbane: IPAA, 2002, p. 25.

项目,如新南威尔士州的区域协调项目、西澳大利亚州的"更安全的西澳大利亚"项目等等。

三、个案之二:加拿大的政府改革

加拿大追求合作模式的政府改革被称为水平政府模式(horizontal government),加拿大财政委员会给水平政府的定义是"来自于两个或者更多的组织所组成的伙伴建立正式的基金协议(如内阁备忘录、财政委员会的呈递书、联邦——省之间的协议),根据这个协议努力寻求获得共同的目标"[1]。从这个定义我们可以看出,水平政府是强调要通过两个或者多个部门协调管理来获得共同的目标,如果只是依靠哪一个部门的努力都难以达到目的,并且这多个部门之间的关系并不是依靠垂直的官僚制来完成,而是通过信息的水平流动,运用"协调"、"合作"以及"伙伴关系"等方式来完成公共治理。

英国推动合作政府一个重要原因在于在新公共管理运动过程中实施的"下一步行动方案"在一定程度上导致了管理的碎片化,因为大量的执行局的出现分散了政府的治理能力,而加拿大却并不存在这种情况。相比较英国70%的行政人员都服务于执行局而言,加拿大只有不超过30%的公务员在执行局中服务,而且一些执行局(如加拿大海关与税收执行局)相比较英国而言牢牢地被中央所控制。[2] 那么加拿大在20世纪末期推行水平政府改革

---

[1] Peter Elson,et al. *Horizontal Tools and Relationships:An International Survey of Government Practices Related to Communities*,Ottawa:the Task Force on Community Investments,2007,p.5.

[2] Herman Bakvis and Luc Juillet. *The Horizontal Challenge:Line Departments, Central Agencies and Leadership*,Ottawa:Canada School of Public Service,2004,p.13.

的原因是什么呢？为什么强调不同层级之间的水平合作成为这一时期政府的当务之急？2002年加拿大一次官方发言表明了原因：在当前时代水平合作被许多问题所推动，如气候变化，美国——加拿大关系，技术与创新议程、城市发展议程、后"9·11"时代的公共安全，国际贸易协议，所有这些问题都涉及两个或者不止两个政府部门的利益与专门技术。这些政策问题让水平管理比以前更为可见与迫切。[1] 早在1995年，加拿大枢密院秘书处成立了一个特别任务小组，专门负责管理水平政策问题。1996年加拿大枢密院发表了《管理水平政策问题》的报告，该报告分析了政府要加强水平管理的原因，并对水平管理的过程、体系提出了自己的建议。同年12月，枢密院办公室又发表了《副部长特别任务小组——从研究到行动》的报告，该报告再次强调要跨越部门边界，实行水平管理，此后水平管理成为加拿大政府改革的一个重要模式。

水平政府强调管理过程中不同的组织部门参与其中。在过去的5—10年里，水平网络中不同的参与者迅速增加，国际协作只是其中一个方面。省和市政府，以及不同利益与背景的相关组织与人员，包括非政府组织、专业协会、志愿者、倡导者、服务组织者以及私人部门都卷入其中。[2] 那么如此众多的参与者是通过什么样的机制来让它们为了共同的目标而合作呢？

第一是合作的简单安排，主要是由联邦政府或者执行局参与其中来共同商议协调彼此的利益。它需要投入的资源不多，主要

---

[1] Herman Bakvis and Luc Juillet. *The Horizontal Challenge：Line Departments, Central Agencies and Leadership*, Ottawa：Canada School of Public Service, 2004, p. 13.

[2] Mark Hopkins, Chantal Couture and Elizabeth Moore. *Moving from the Heroic to the Everyday：Lessons Learned from Horizontal Projects*. Ottawa：Canadian Centre for Management Development, 2001, p. 7.

是通过达成共识与一致,大多以备忘录或者谅解协议的形式出现,也可能辅助以工作组加强沟通。如 1995 年达成的关于可持续发展的科学与技术备忘录(MOU on Science and Technology for Sustainable Development),它是由加拿大的农业与农产品部、渔业与海洋部、自然资源部、环境部以及卫生部 5 个部委达成,有效期是 3 年,有一个专门的委员会来负责,每年作一次报告,对共同关心的问题进行磋商。

第二是跨政府的合作协议,参与协议的主要是联邦政府以及不同层级的政府之间(包括省政府/区政府、市政府),通过签订正式的协议来保证在跨越职责权限边界的问题(如环境、城市发展等)能够以一种合作的方式来解决。如 2000 年由联邦政府、不列颠哥伦比亚省政府以及温哥华市政府共同签署的温哥华协议(Vancouver Agreement),该协议主要是为了支持温哥华的社区卫生、安全、经济与社会发展以及社区能力建设,该协议是 5 年期,其管理委员会有 6 名成员,分别来自于联邦西部发展部、不列颠哥伦比亚省以及温哥华市的政府官员,此外还有一个 6 人工作组,成员也是来自于这三方。更早一些的协议如圣劳伦斯河行动计划(St. Lawrence Action Plan),它是由加拿大的 8 个政府部门以及 5 个魁北克省政府部门共同签署,其目的是保护圣劳伦斯河道的生态环境,确保它能够得到可持续性的发展。该协议为期 5 年,参与该行动计划的不仅仅包括上述政府部门,还有无数的社区团体、非政府组织、私人组织、高校以及研究机构,通过委员会的方式进行管理。

第三是通过建立联邦水平首创计划秘书处。为了支持和鼓励联邦政府部门能够自主拓展水平管理,推行横向合作,联邦政府成立一些秘书处或者小型的组织机构来管理这些跨部门的项目,秘

第八章 对英国合作政府的评价

书处的资源主要来自于这些项目涉及的部门。这种方式是水平政府最为重要同时也是使用最多的一种机制,这些项目所涉及的领域既包括专门从事一般政策研究,也就推进具体政策进行合作。前者如政策研究首创计划(Policy Research Initiative),后者则比较多,有农业秘书处(Rural Secretariat)、加拿大生物工程技术秘书处(Canadian Biotechnology Secretariat)、环境变化秘书处(Climate Change Secretariat)、2000 年项目办公室(Year 2000 Project Office)、加拿大商业服务中心国家秘书处(National Secretariat for the Network of Canada Business Service Centres)等等。大量秘书处的设置提高了政府部门进行跨越组织边界活动的积极性,同时也保障了这些项目能够真正落实执行。

第四,是服务网络的建立,如 1998 年建立的领导网络(the Leadership Network)。通过建立这种网络式的领导来发展和支持加拿大的公共服务,该网络的组织部门由一个副部长担任领导,通过枢密院办公室向总理报告。该领导网络发展同联邦政府部门、执行局、联邦区域委员会、功能社区等等的伙伴关系,加强水平的连接。

第五,通过论坛的方式来推动政策的发展,参与者包括联邦执行局、不同层级的政府部门、高校、私营部门或者志愿者组织以及单独的专家学者,目的是为政府的决策以及在一些复杂的问题如可持续性发展上集思广益。如关于环境与经济的国家圆桌会议,该机制早在 1994 年就已经成立,其成员由加拿大总理直接任命一些不同领域、不同背景的知名人士构成。圆桌会议每年举行四次,并就讨论的问题形成最后的报告。

第三节　整体型治理：合作政府的发展趋势①

合作政府在英国以及西方国家的推行表明在进入到 21 世纪之后，公共管理正进入到后新公共管理运动时代。那么在 21 世纪的公共管理将会是一种什么样的管理模式？对此，盖伊·彼得斯在 1996 年出版的《政府未来治理模式》一书中提出，未来的治理模式为市场式政府、参与式政府、弹性化政府以及解制型政府。他提出了未来政府可能采取这四种模式，但并没有阐述未来政府在总体上所呈现出的特征或者原则。登哈特夫妇于 2000 年在美国的《公共行政评论》上发表题为《新公共服务，服务而不是掌舵》的文章，在对新公共管理奉为金科玉律的价值信条进行批判的基础上，提出了新公共服务的理论体系。他们主张，公共管理应该关注民主和公共利益，要重视公民权和人的价值，公共管理最为重要的就是服务。OECD 的研究认为，改革的目的是让政府对社会的需求更为负责，更多的公共部门改革就是通过提供更好、更快以及更多的来自于政府的服务以满足社会需求。因此，对于政府改革而言，没有一个确切的途径，关键是政府必须重新检视改革的战略与目标，从而保证改革的行动与产出之间具有强有力的联系。② 此外，随着现代科技的迅猛发展，很多学者认为，未来的电子政府将会成为政府提供公共服务与产品的重要模式。不过，从合作

---

① 整体型治理一词源自于英国学者 Perri 6，用英文表示为"Holistic Governance"，这个词在我国台湾被翻译为"全观型治理"，笔者将其译为"整体型治理"。

② OECD. *OECD Public Management Policy Brief: Government of the Future*, Paris: OECD, 2001, pp. 1 - 6.

第八章 对英国合作政府的评价

政府的发展趋势来看,未来的公共治理将会朝着整体型治理迈进。

一、整体型治理的提出及其发展

英国学者 Perri 6 于 1997 年首先提出整体型政府(Holistic Government),他认为 21 世纪政府应该为整体型政府、预防性政府、改变文化的政府以及结果取向的政府。他提出这一概念正是新工党刚刚上台时,作为布莱尔政府的智库德莫斯(Demos)的重要组成人员,他的理念很快被布莱尔政府所采用,并提出了合作政府的各项改革措施。此后,他先后于 1997 年、1999 年以及 2002 年出版了三本著作来阐述整体型治理的理念、架构。我国台湾学者彭锦鹏认为,"不论从理论层面或实务层面来加以衡量,整体型治理(Holistic Governance)的理论都有望成为 21 世纪有关政府治理的大型理论(Grand Theory),值得行政学者广泛加以研究"。①

整体型治理的提出主要是针对新公共管理运动过程中产生的碎片化以及英国各种棘手的社会问题难以治理而提出,可以说在这一点上,它与合作政府的宗旨完全一致。碎片化问题在一定程度上是因为部门的专业分工引起,但是 Perri 6 在 1999 年的《圆桌中的治理——整体型政府的策略》一书中表明,"整体型政府议程的目的不是破坏根据功能化的专业分工,而是专业分工要更多地考虑整体性的目标"。② 在 2000 年出版的书中他说道,"必须要强

---

① 彭锦鹏:《全观型治理:理论与制度化策略》,《政治科学论丛》,2005,(23):第 76 页。

② Perri 6, et al. *Governing in the Round-Strategies for Holistic Government*, London: Demons, 1999, p. 37.

调,整体型治理所反对的并不是专业化,进一步说,它的敌人是碎片化"。① 整体型治理的对立面不是分化而是碎片化,碎片化是由于组织机构之间、治理专家之间因为缺乏协调而导致。因此,只有在整体型治理中才能设计出防止碎片化的救治措施。促使 Perri 6 提出整体型治理的另外一个原因就是政府必须解决棘手问题,如社会排斥、犯罪、就业、教育、环境保护等等,这些棘手问题往往跨越组织边界,"要解决跨越组织边界的复杂问题,需要采取新的途径"②。政府治理的组织结构是按照功能划分来设置,并且根据功能划分的组织结构进行决策、分配预算、执行政策;但是"人们的问题并不是遵照学科、专业与组织的边界来划分……许多问题的结果是大量政府部门、执行局、专业、政策以及实践的结果"③,因此这些问题就成为棘手问题,仅仅依靠哪一个部门都难以轻易得到解决,所以需要采取整体型治理途径。

1997 年,Perri 6 出版了《整体型政府》一书,首次提出了以整体型的视角来进行公共管理。正如我们所知,20 世纪八九十年代的新公共管理运动所推行的"政府再造"工程所倡导的就是遏制政府过度增长以及提高政府效率,降低其成本。书中认为,到了 20 世纪 90 年代后,新公共管理运动面临的困境是公民主要关注点不再是要求提供政府的经济、效率与效能,而是要解决日益增长的各种社会问题,如教育、失业、犯罪以及社会排斥,这些问题通过新公共管理运动所提倡的市场竞争、外包、私有化等管理主义和市

---

① Perri 6, et al. *Towards Holistic Governance-the New Reform Agenda*, London: Demons, 2002, p. 2.

② Perri 6. *Holistic Government*, London: Demons, 1997, p. 10.

③ Perri 6, et al. *Governing in the Round—Strategies for Holistic Government*, London: Demons, 1999, p. 48.

第八章 对英国合作政府的评价

场化的途径难以解决。与此同时,政府内部因为功能性划分使得它们要解决这些问题是困难重重,包括:"政府运行成本高昂,对错误的事情采取中央集权式的管理,对于如何改变行为的看法过于简单,过于注重短期效果的思考问题,过于关注矫正问题而不是去预防,缺乏协调而导致问题恶化,评估错误的事项以及问责对象的错误"①。正因为如此,Perri 6 提出 21 世纪的政府应该是一个要跨越政府部门分工、进行协调与合作的整体型政府,是一个更加重视预防的政府,一个文化革新的政府,一个超越"3E"的结果导向型政府。《整体型政府》一书是一本不到 100 页的小册子,却以一种不同的视角对当时新公共管理运动所遇到的问题进行了透彻的分析,并洞见到未来政府的发展趋势,他提出的整体型政府的思路首先在英国得到回应,并很快在西方其他国家得到呼应。

在这本书的基础上,Perri 6 等人于 1999 年出版了《圆桌中的治理——整体型政府的策略》一书,进一步阐述他的整体型治理理念。与他的前一本书一样,这本书首先也是指出新公共管理运动存在的问题,不过他将更多的注意力放在对布莱尔政府所推行的合作政府的分析上。新工党政府在一定程度上吸纳了《整体型政府》一书中的核心理念,并着手建立合作政府,重视跨领域部门的合作与协调。但是合作政府相比较整体型治理而言还存在着一些问题,这些问题包括:政治家在改革过程中过于急功近利;推行的合作措施本身缺乏协调,导致浪费资源的重复以及在更高层次上的碎片化;投标竞争中糟糕的设计;对错误事情过于草率的测评;对错误的无法容忍;优先发展政策目

---

① Perri 6. *Holistic Government*, London: Demons, 1997, p. 26.

标之间的冲突。① 在分析这些问题以及给出矫正措施的基础上，Perri 6 等人提出了整体型政府的框架以及策略工具包，其中整合的途径包括"纳入考虑(taking into account)、对话(dialogue)、联合计划(joint project)、联合开发(joint venture)、卫星化(satellite)、策略联盟(strategic alliance)、同盟(union)、合并(merger)"等②。

如果说前两本书 Perri 6 等人将更多的论述焦点放在新公共管理运动所导致的问题以及提出整体型政府及治理的话，那么 2002 年推出的《朝向整体型治理——新的改革议程》则是更为系统详细地建立起整体型治理的结构框架与治理机制，它引入了涂尔干的组织社会学的理论来进一步深化整体型治理的理论程度。在阐述整体型治理的概念上，它首先从历史的角度综述了过去和当前英国整体型治理所采取的措施，并在穷尽对碎片化和棘手问题分析的基础上，将整体型治理与英国的合作政府进行比对，并提出整体型治理的概念框架。此后，该书全面论述了整体型治理中的协调、组织间的关系、信息系统、责任以及财政问题，使整体型治理在理论建构上更为完善，对于实践更具有指导性意义。

从以上整体型治理的发展脉络来看，它大致经历了三个阶段：1997 年是整体型治理理念的提出阶段，主要是分析新公共管理运动对政府治理所造成的影响以及整体型治理的必要性；1999 年整体型治理理论进入到实践化的阶段；真正完全将整体型治理理论建立起来是在 2002 年，《朝向整体型治理——新的改革议程》一书将整体型治理理论从理论到实践上最后完善起来。

---

① Perri 6, et al. *Governing in the Round-Strategies for Holistic Government*, London: Demons, 1999, pp. 24–28.

② Perri 6, et al. *Governing in the Round-Strategies for Holistic Government*, London: Demons, 1999, p. 63.

二、整体型治理的理论架构

新公共管理运动关注降低成本提高效率,同时要求政府如同企业一般以顾客为中心。但是整体型治理认为政府不能仅仅如此,它还要在降低成本提高效率的基础上顾及公平、正义,政府面对的不仅仅是顾客,还必须面对纳税人和公民,这三者在角色和需求上并不一致。顾客只是服务的使用者,要求政府提供易懂、快速、简单和获得尊重的服务;公民则是投票者,要求政府能提供有效能并符合公众意愿的服务;纳税人是政府的财政源泉,他们要求政府能够提供便宜、有效率的服务。正是因为他们的角色不同,要求不同,所以对于公共治理意义也不同(详情见表9.1)。新公共

表9.1 三种公共服务对象公共服务要求比较表[1]

分类	服务	治理	公民权
顾客	需要便捷、易懂、高质量和一次性就可以达到目的的服务	不在乎谁当权,关键是提供好服务	一般不在乎公民权,不过服务差就会抱怨
公民	要求其所关心的、能够发挥作用并尊重隐私的服务	强调开放、参与以及正当性	要求更多的发言权
纳税人	要降低成本、减少浪费并且能真正满足人们需求的服务	精简	不要花费太多,并且不能给利益集团太多权力

管理运动过于强调市场化与管理主义的方法不仅无法消除功能划

---

[1] Perri 6, et al. *Governing in the Round-Strategies for Holistic Government*, London: Demons, 1999, p. 52.

分导致的碎片化，自身的管理模式反而加强了这种碎片化，而且它对于各种跨越功能部门的社会问题也无能为力。

在对新公共管理运动的弊病以及英国政府所面临的问题进行分析的基础上，Perri 6 于 1997 年提出了他们对于整体型治理的初步设想:(1)整体型的预算;(2)围绕着结果为核心的组织;(3)整合信息系统;(4)授权个案工作者;(5)以结果为导向的契约;(6)预防性的审核;(7)提高预防性工作的地位与角色;(8)更早的安全预警系统;(9)更聪明的采购;(10)文化审核;(11)在预算中增加信息与劝说;(12)跨功能性的结果测评。① 此后，他们又于 1999 年对于整体型治理的架构进行了进一步完善，提出整体型治理应该从以下几个方面着手:②

1. 必须在政策层次上进行整合

所有的政府部门、执行局以及其他部门要尽可能地促进政策协调，要对特定的政策目标以及结果有清晰的认同。

2. 中央政府要改变以前的错误并扩大授权

中央政府必须努力整合其主要的预算，而不仅仅是在特别的问题上促进合作。它必须在那些失败的问题上更加注重整合的创新，敢于冒险，并总结失败的教训。整体型治理不能仅仅依靠中央政府来完成，它必须将中央和地方政府的工作链接起来，授权给对方政府，消减它们之间的紧张关系。

3. 整体型策略要考虑潜在的发展

提供公共服务的每一个执行局要评价它们的目标、资源、战略

---

① Perri 6. *Holistic Government*, London: Demons, 1997, pp. 10 – 12.
② Perri 6, et al. *Governing in the Round-Strategies for Holistic Government*, London: Demons, 1999, pp. 11 – 14.

第八章 对英国合作政府的评价

和潜在的伙伴来确定更有效的整体型治理的机会。

4. 要审慎运用整合性预算

共享性的预算对于那些不愿意合作的政府部门而言是个强有力的工具,当然完全凭借于此对于整合而言不一定能够获得成功。

5. 负责监督的部门必须学会新的解决办法

负责评审的部门,如特别委员会、负责调查官员舞弊的人员、地方政府委员会、审计以及管制官员等,都必须从长远的角度施加压力,以促进合作的途径解决问题。政治家也必须通过目标或者绩效评估来推进整体型的治理。

6. 中央政府机构要能够传递新的知识

中央和地方的知识型单位必须要对于整体型治理的知识进行传播。

7. 政府必须更新信息标准与协议

中央必须采取关键的步骤来发展整体型信息系统的数据标准以及系统识别协议,必须合并适当的指导性意见来保护个人隐私。

8. 需要评估公务员的薪金、培训以及职业路径

必须评估和重建公务员的报酬、培训和职业生涯的路径,让他们能在不同的专业、功能和执行部门以及政府层级之间顺利流动,这样能够帮助他们追求结果或者以顾客为中心,而不只是待在专业化的活动之中。

9. 政治家必须要解决新的政策困境

从以上的分析我们可以看出整体型治理强调三个方面的整合。首先,是在治理层级上的整合。整体型治理认为,要加强全球化的组织与国家间的整合,中央与对方政府的整合以及地方政府之间的整合。其次,是在功能上的整合,即强调跨越功能化的部门分工,从问题出发而不是功能分工出发来探讨解决路径。最后,强调在治理过

程中公共部门、私人部门以及第三部门的合作来实现整体型治理。

整体型治理和合作政府之间究竟有什么关系呢？根据公共治理手段与目的之间的关系，Perri 6 等人将政府分为渐进式的政府（Incremental Government）、贵族式政府（Baronial Government）、整体型政府（Golistic Government）、碎片化的政府（Fragmented Government）以及合作政府（Joined-up Government）（如图 8.2）。整体型治理就是在整体型政府的领导下进行的公共治理，它要求公共组织间有充分的沟通与合作，达到良好的协调与整合效应，让政策工具与各种执行手段相互配合，最后达到彼此强化的目的。但是合作政府只是一个过渡阶段，"合作的工作只是在手段和目的上是一致的，但是实际上并没有互相强化"①。

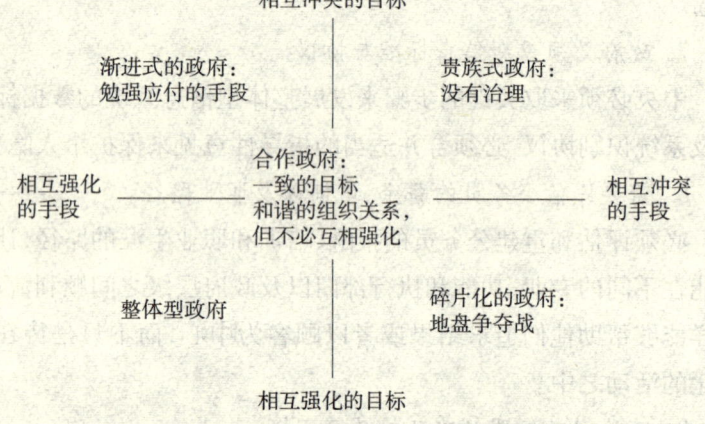

图 8.2　目标与手段关系结构下的政府形式②

---

① Perri 6, et al. *Towards Holistic Governance-the New Reform Agenda*, London: Demons, 2002, p. 32.

② Perri 6, et al. Towards Holistic Governance-the New Reform Agenda, London: Demons, 2002, p. 31.

第四节　英国合作政府的实践对
　　　　我国政府改革的启示

英国布莱尔政府改革进行了10年,它试图弥合碎片化的政府以及整合政府、市场和社会的力量来提升政府公共服务的提供能力,取得了一定的成就。虽然英国布莱尔政府推行的合作政府的实践所处的社会背景、政治环境与中国不同,但是他们解决问题的思路与办法为中国政府管理改革提供了有益的启示。

虽然我们不能简单套用英国学者提出的政府服务职能空心化的说法,但是不容否认的事实是政府公共产品和服务的提供大大削弱。这导致的后果是当前存在着许多严重的社会问题,涉及就业、教育、住房、医疗、生产安全、社会治安等众多领域。不仅如此,政府治理方式的改革与当前社会的变革难以实现有效的对接,致使我国政府在面对许多公共问题时也存在着管理的碎片化,协调不一致。如广州火车站出现的"背包党"在一定程度上与铁路公安与地方公安系统的分割管理体制有着莫大的关联,这种分割管理体制赋予他们生存并危害社会的空间。在松花江水污染事件中透露出中央政府部门与地方政府之间、不同的省之间、同一省的不同地级市之间缺乏统一的协调。

正是面临着当前的这些问题,在十六届三中全会上,中央提出科学发展观,此后在十六届四中全会将和谐社会列为中国共产党提高执政能力的五大能力之一。这表明国家从单纯的GDP崇拜、重视发展经济的思路转变到要着重解决社会民生问题,构建和谐社会的轨道上来。此后,在2005年的政府工作报告中提出要建设服务型政府,进一步明确了政府改革发展的目标。要建立服务型政府,以解决社会民生问题作为政府工作的重点。构建和谐社会就要求政府打破旧有的碎片化的政府组织结构,协调政府行为。因为很多问题都是跨越政府的功能部门、层级结构,这就更需要我们以整体型治理的视角来分析解决当前的社会问题。在党的十七大报告中,中央不失时机地提出要加大机构整合力度,探索实行职能有机统一的大部体制。2008年2月,中国共产党第十七届中央委员会第二次全体会议通过《关于深化行政管理体制改革的意见》(以下简称《意见》)。《意见》指出,要建设服务政府、责任政府、法治政府和廉洁政府,探索实行职能有机统一的大部门体制,强调政府在社会管理和公共服务提供领域中的重要作用。《意见》的出台表明深化行政体制改革的重要性和紧迫性,这对于构建社会主义和谐社会、促进社会公平正义具有重要意义;而在改革的过程中借鉴英国在合作政府的实践中获得的经验有助于我国行政体制改革的顺利进行。

一、我国政府改革的现状及其困境

改革开放三十多年来,我国政府先后在1982年、1988年、1993年、1998年和2003年进行了五次大的政府机构改革,这五次大的政府机构改革紧紧围绕着政府机构与人员、政府职能、政府内部权力划分以及政府运行方式四个方面展开。

这五次大的政府机构改革首先关注的是政府机构与人员的精简。政府机构改革这30年来一直处于一个"精简——膨胀——再精简"的怪圈之中,因此朱镕基和温家宝两届政府采取了大刀阔斧的改革。朱镕基总理将中央政府的直属机构削减到30多个,人员裁减了将近50%,这次机构改革在中央和地方引起巨大的震动,起到了良好的效果。其次政府改革的另一个重点是改进政府

第八章 对英国合作政府的评价

职能。如何优化政府职能以适应经济体制改革与社会发展变迁的需求一直是改革开放30年来政府改革的重点和难点。在经济领域,政府逐步减少对微观经济的干预,大幅度裁减行政审批的事项,以间接管理手段为主的宏观调控体系框架初步形成。在不断完善经济调节、市场监管职能的同时,政府也不断重视和提高政府社会管理与公共服务提供的能力。再次,为了提高政府运行的效率,政府运行模式也在进一步进行改善。如政府的很多部门开始推行"一站式"服务模式,一方面提升了政府的效率,同时也方便了公民。在引入"一站式"服务模式的同时,绩效管理也开始大量引入到政府管理中来,这对于提升政府管理效率有着重要的影响。此外中国的电子政府也在不断的建设与完善之中。最后,政府改革也尝试着在政府内部进行权力划分,以此来减少政府的腐败,提升政府管理的效率,这主要体现在"行政权力三分"改革的尝试之中,即将行政权力划分为行政决策、行政执行与行政监督。

这短短30年的时间里我国进行了五次较大的政府改革,取得了一定的成绩,但仍然存在着一些困境。首先是政府与市场、社会的关系困境。新中国成立以后,我国形成了一个全能型的政府管理模式,这在一定历史时期发挥了它的作用,但是很快它的弊端也开始暴露出来。历史证明,政府过于强大,或者过于依赖于市场,这对于政府管理而言都可能是一场灾难。而良好的"国家——社会的二元结构对于健康的行动国家是多么的重要"[①],而我国当前的政府改革过程中并没有完全理顺这三者之间的关系。其次是政府的职能困境。世界银行在《1997年世界发展报告:变革世界中

---

① 任剑涛:《政府改革:从单边思维到边际互动》,《中国改革》,2006(10):第14页。

的政府》中也指出:"在世界各地,政府正在成为人们注目的中心。全球经济具有深远意义的发展使我们再次思考政府的一些基本问题:它的作用应该是什么,它能做什么和不能做什么,以及如何最好地做这些事情。"①在过去改革开放30年里,政府更多地注重发展经济,培育市场,忽视了对市场的监管,并且对社会管理以及公共产品和服务的提供重视不够,这导致了一些社会问题日益严重。最后是政府运行机制的困境。政府职能是解决政府做什么的问题,但是还需要解决政府如何做好这些事情,这就要求政府运行机制必须合理科学。但是当前我国政府同英国政府一样,也存在在政府管理的部门主义以及管理的碎片化,中央政府的政策有时也会难以有效执行。此外腐败问题也是困扰我国政府管理的一大难题,因此政府改革仍然任重道远。

二、英国合作政府的实践对我国政府改革的启示

我国政府所面临的这些问题也曾是英国政府所要解决的难题,我们可以从英国合作政府的实践中寻求一些启示。

第一,政府部门的设置应该依据管理领域的相关性进行必要的合并,减少横向协调的困难。虽然在改革开放后我国进行了五次较大的政府机构改革,但是总体而言还是带有一定的计划经济的特质,对微观经济进行了过多的干预。由于微观经济比较复杂,因此就必须有许多的政府部门对其进行管理,其结果就是大量政府部门的设置成为必然。随着我国市场经济的日益完善,我们必须更多从宏观经济的发展对其进行管理,而大量政府部门的存在必然导致

---

① 世界银行:《1997年世界发展报告:变革世界中的政府》,北京:中国财政经济出版社,1997,第1页。

的后果是政出多门,政策之间、管理之间的矛盾与冲突就在所难免。当前的政府改革就是要从问题出发来设置治理组织机构,将以相同问题为目标的组织机构整合起来,这样一方面可以精简政府机构,减少部门之间的职能交叉和权限冲突,简化公务手续;另一方面,也可以减少横向协调困难,裁撤议事协调机构,有利于建立统一、精简、高效的符合市场经济和民主法治要求的现代化政府体制。

第二,政府职能应该更多地关注公共产品和公共服务的提供,尽可能地减少对微观经济活动的行政干预。在由计划经济体制向市场经济体制转轨的过程中,政府既要摆脱传统全能型政府的管理模式,同时又要承担起培育市场的责任,同时还需要学会管理市场,因此必须在放权与控制、发展与稳定之间必须寻求一个合适的平衡点。但是在实际的政府管理过程中,我们更多的是注重经济发展而对社会问题重视不够,更多注重市场培育而对其监管不够,其结果是导致我国经济发展迅速,但是贫富差距拉大,政府对公共产品和公共服务的提供不足。在这种背景下中央提出建设和谐社会。建设和谐社会就要求政府职能更多地关注公共产品与服务的提供,在建设服务型政府的大前提下,让政府围绕着如何有效地提供公共产品、如何有效满足社会对政府的需求进行建构。

第三,要将部分政府职能转移给社会组织。整体型治理理论强调公共治理不仅仅是政府组织的职能,同时社会组织也应该、而且是可以承担一定的职责,尤其是对一些具体的问题可以让社会组织来完成。这样不仅可以让政府在治理过程中更多地关注宏观的治理政策,加强战略管理,而且还可能以中立的第三方来对问题的处理进行裁决。自从改革开放以来,我国的社会组织不断地发展壮大,各种社会组织,包括志愿者组织和行业协会在各自的领域发挥着日益重要的作用;但是传统的管理体制赋予政府更多的管理领域与权限,挤占了社会组织发挥作用的空间。政府应该将更多具体的管理工作交由社会组织来完成,而政府部门主要负责政策上的指定以及对这些社会组织管理的监督,这既有利于公共政策的制定,同时也有利于提高公共管理各个方面的积极性,降低成本,提高效率。

第四,政府还可以运用整合性预算来整合内部力量。无论是国内还是国外,在部门重组过程中一个很大的难题就是如何将来自不同组织的力量整合起来,防止出现整而不合的局面。部门重组在很大程度上也是一个利益重组的过程,因此必须运用恰当的手段来将不同的利益需求进行整合,这些利益需求主要是对事权的控制和对财政的追求。英国合作政府大量运用整合性的财政预算,即在政府组织内部统一事权的前提之下,将部门内部的财政预算以单个的事务为中心而不是仅仅以部门内部的组织机构为中心进行分配,只有事务得到妥善的解决,相关组织才能在财政上共享。通过整合性预算能够促使组织内部进行合作而不是各自为政。

第五,政府管理要吸纳更多的公民参与。人们已经不能再接受这样的观念:即政府的公共政策是由那些掌握权力,声称代表公共利益,但拒绝公民参与政策制定过程,最后由少数领导人决定。[1] 英国合作政府强调公民积极参与公共事务,尤其是在社区管理这一层级,公民参与不仅仅涉及公共决策,而且也渗透到政策执行过程之中。而在我国目前的政策过程之中,公民往往会被排斥在外。事实上这不仅不利于政策制定的科学化和民主化,而且在执行过程中也容易被公民所抵触,增加政策执行的难度。

---

[1] 约翰·克莱顿·托马斯:《公共决策中的公民参与:公共管理者的新技能与新策略》,北京:中国人民大学出版社,2005,第1页。

第八章 对英国合作政府的评价

第六,要进一步促进和完善电子政府的建设。随着现代电子科技的飞速发展,一种更小、更快、更经济、更高效的电子化政府在政府管理过程中发挥越来越重要的作用。英国合作政府积极运用现代电子技术,不断发展和完善电子政府,并且通过电子政府将同一层级的不同部门、不同层级的组织之间的壁垒打通,更为高效、便捷地提供公共服务,从而减少政府的官僚作风,让一个更为透明化的政府呈现在公众面前。并且构建电子化政府有利于公民的民主参与,为公民行使民主权利、参政议政开辟了一条有效的途径。

小　　结

英国合作政府运行 10 年,取得了一定的成就,尤其是它在内政方面的成绩还是比较令人满意的。布莱尔推行的合作政府在一些方面继承了保守党的新公共管理运动,如继续沿用市场化的方法、对绩效评估的重视以及对中央集权的青睐,不过他更重视伙伴关系的建立,强调以公民而不是顾客为中心来提供公共服务,更多采用跨越部门边界的组织等等。尽管合作政府的实践从目前来看也存在着一定的问题,但是它已经成为全球新一轮政府改革的一个重点,无论是澳大利亚的"整体政府"还是加拿大的"水平政府"改革都突出表现了这一点。作为跨越世纪的布莱尔政府改革对于 21 世纪公共治理变革究竟意味着什么?新世纪的公共治理究竟是一种什么样的理念与模式?整体型治理对此作出了回答,它对于当前我国的政府改革具有重要的借鉴意义。

结 束 语

自伍德罗·威尔逊于 1887 年发表《行政研究》一文至今,公共行政的研究已经有一百多年的历史。纵观这一百多年公共行政纷繁复杂的理论与实践我们发现,它就像一个钟摆在效率与民主之间摆动。从霍布斯、威尔逊、韦伯到西蒙,尽管他们采取的方法各不相同,但他们都强调在政府管理中效率的重要性。而自汉密尔顿、麦迪逊、托克维尔到沃尔多、弗雷德里克森,他们认为民主、公平才是公共行政的不二法则,缺乏公共精神的行政注定要误入歧途。在一个工具理性盛行的现代社会里,代表效率的官僚制组织长期以来居于主流地位。虽然倡导公正与社会公平的新公共行政曾经盛极一时,但这并没有从根本上动摇官僚制。祸乱往往来自于内部,正是对官僚制效率的质疑才最后导致对其的价值颠覆,而担当这一使命的就是新公共管理运动及其理论。在新公共管理运动将政府管理的钟摆强有力地拉到了效率一边之后,新公共服务理论的提出则是试图让这个钟摆实现在民主行政上的回归。不过无论是新公共管理运动还是新公共服务,都存在的一个问题就是对彼此的忽视,从而陷入一个有失偏颇的困境。

以上是对于公共管理的理论发展而言,就英国的公共管理实践而言,对于公平或民主与效率的偏重也经历了不同的发展阶段。

结 束 语

二战后英国的政府管理是为建立福利国家而服务,以加强国家对经济大规模的控制,实现充分就业的承诺以及推行混合经济和福利国家为主要内容,政府的政策往往依赖文官的建议,依靠层级制的官僚体系执行。这是一种国家中心主义的管理模式,经济与社会发展的推动力来自于政府,是一种自上而下的政策运行,它在价值上带有对公平的诉求,但是在方法上却是唯效率马首是瞻。1979年撒切尔上台后,新自由主义成为最为热门的词汇之一,她的改革范式新公共管理也席卷全球。新公共管理通过大规模的私有化将许多公共服务职能从政府管理中切割开来,运用市场手段打破公私部门之间的界限,遵循对结果负责而不是官僚体制中的对规则负责,其核心的价值关怀仍然是提高效率。

时隔18年后英国工党重新执政,布莱尔开始推行第三条道路。第三条道路既不同于古典社会民主主义,也不同于撒切尔主义或新自由主义,它在价值取向、政治观、社会观、福利政策等方面都独树一帜,并且这些都直接反映到政府管理之中。第三条道路是一种新政治,或者说"民主化的第二次浪潮","直接授权于民";一种把国家、市场以及公民社会结合在一起的新关系;把社会投资结合进去的供方政策,突出地体现在教育和基础设施建设上;通过创造一种风险和安全的新平衡对福利国家进行根本性改造;从"生态现代化"中发展出的与环境的新关系;以及在"主权模糊"的世界中对跨国动议的强烈承诺。① 相对于撒切尔主义而言,第三条道路要求政府在培育社会力量、建设福利国家方面发挥更多作

---

① 拉尔夫·达伦道夫:《第三条道路与自由:欧洲新中派的威权主义色彩》,转引自杨学冬、薛晓源:《"第三条道路"与新的理论》,北京:社会科学文献出版社,2000,第100页。

用。全球市场与知识经济的到来伴随着冷战的结束,已经使国家管理经济生活和一再扩大社会福利的能力受到影响。我们需要引入一个完全不同的框架,它既不是老左派所赞成的官僚主义的和自上而下的政府管制,也不是右派所渴望的干脆取消政府管制。①因为"前者的管理模式在需求管理上过于自信,而又不能提供稳定的宏观经济环境;而后者缺乏一种强硬的、值得信赖的、透明的宏观经济框架",②尤其是它导致了自组织政策网络的出现,挖空了国家控制和管理公共服务的能力,并使其碎片化,这就需要一个具有影响力的政府来完成第三条道路所要求的任务。因此只有合作政府才能将保守党执政以来所导致的碎片化的政府部门重新积聚起来,提升政府管理能力,尤其是政府提供公共服务的能力。

布莱尔所奉行的第三条道路对于英国政府而言就是希望一个更为灵活的途径解决社会中的痼疾。工党新的现实主义的做法是提倡通过互利伙伴关系的方式形成公共部门与个人合作的网络,而这种互利伙伴关系是建立在信任基础之上。工党既不是寻求完全取消中央官僚体系,也不是在公共服务提供中完全不要市场,而是结合这两者。③ 传统威斯敏斯特模式的政府是建立在功能区分的基础之上,一个个的政府部门就像一个个分立的长长的烟囱一样,是封闭而且分散的组织,既对外界的回应不够灵敏,而且又容

---

① 安东尼·吉登斯:《第三条道路及其批评》,北京:中共中央党校出版社,2002,第2页。

② Tony Blair. *New Britain*:*My Vision of a Young Country*, London:Westview Press. 1997. pp. 21 - 43.

③ David Richards, Martin J. Smith. The "Hybrid State":Labour' Response to the Challenge of Governance. In Steve Ludlam, Martin J. Smith. " Governing as New Labour", New York:Palgrave Macmillan. 2004, p. 110.

易导致管理的部门主义。而保守党推行的新公共管理一方面使政府管理碎片化,另一方面导致了国家的空心化,削弱了中央政府对治理的掌控能力。在布莱尔看来,大政府已死,但不能把每件事都交给市场,要相信政府还是可以有所作为的。① 布莱尔推行的合作政府,它在政策提供中应该是战略的、整体的、注重结果的。这既需要政府在公共服务中发挥重要作用,同时也需要公共部门、私人部门以及第三部门共同协作,其中政府部门应该发挥核心作用。

在以国家中心主义的、自上而下的传统模式(官僚制)和以市场化为核心的现代治理模式(新公共管理运动)之后,布莱尔政府所推行的第三条道路事实上是对这两种路径的调和:一方面通过增强中央的规模与力量来强化对政策过程的控制,追求一种合作政府,并赋予执行机构一个明确的目标;另一方面通过增加多元的公共服务提供者的自治来实现现代治理的有效性。也有学者将其特征归纳为:"其一,从协商式的自由裁量权模式向对政策与资源配置的中央规定转化,其二,通过构建新的政府中心来设计和控制政策执行","其三,赢得的自治"。② 因此有学者称这种模式为"混合政府"(Hybrid State)。③ 那么合作政府究竟是如何既强调国家中心主义,又通过现代治理模式来提升公共服务的供给能力呢?

---

① David Richards, Martin J. Smith. *Governance and Public Policy in the UK*. Oxford:Oxford University Press. 2002, p. 241.

② Simon Lee and Richard Woodward. *Implementing the Third Way:The Delivery of Public Services under the Blair Government*, "Public Money and Management 2002" (October-December), p. 50, p. 54.

③ David Richards, Martin J. Smith. *The "Hybrid State": Labour' Response to the Challenge of Governance*. In Steve Ludlam, Martin J. Smith. "Governing as New Labour", New York:Palgrave Macmillan. 2004, p. 106.

第一,创建合作政府就是要强化核心行政部门的控制能力,采取一种自上而下的国家目标的推行,这里的核心行政部门主要是首相办公室、内阁办公室以及财政部。正如布莱尔 2002 年所说:"我不会为拥有一个强大的中心去道歉,特别是在将提供更好的公共服务作为一个(政府)焦点的情况之下。"①第二,为了防止政府治理过程中的碎片化,合作政府要求强化部门间的横向合作,这种横向合作包括打破组织框架的壁垒,在目标设定上更为一致,以及在预算上的共享。第三,在实现横向合作的同时,布莱尔也在纵向上谋求协作来实现政府间的合作,这主要是通过强化区域政府的功能来完成。严格来说,这里的区域政府并不是一级真正意义上的政府,它更多地具有中央政府派出机构的特征。第四,地方政府在提供公共服务时的"有限授权"、"赢得的自治"以及公民参与。地方政府是公共服务的主要提供者,因此也成为布莱尔政府改革的一个重要战场。

因此,我们可以说合作政府模式试图从价值和方法两个层面来调和民主、公平与效率之间的紧张关系。从价值上来看,它首先强调必须以解决社会问题、关注民生为政府首要任务,对于公平的诉求与民主行政的价值都应该在合作政府中得到体现。与此同时合作政府并没有否认效率的重要性,没有效率作为保障,公平与民主都只能成为空谈。在方法上,合作政府继承了新公共管理运动中市场化与管理主义的遗产,进一步发展了英国的绩效评估体系;并且它还通过建立伙伴关系、公民参与和重视公民社会来实现公

---

① David Richards, Martin J. Smith, *Autonomization of the State: From Integrated Administrative Models To Single Purpose Organizations*, http://www.sog-rc27.org/Paper/Scancor/Dave_Richards.doc.05-16-2007.

共管理中对于民主、公平的要求。

传统的公共行政理论形成以来,第一次系统地对其提出挑战的是西蒙。但是西蒙并没有在这方面走得更远,事实上,他对组织效率的强调、对事实—价值的二分法与韦伯理性官僚制的立场基本一致。直到20世纪60年代,传统公共行政理论才真正遇到危机,而且"超过历史上所有的公共行政危机"①。新公共行政是在价值上对其予以否定,新公共管理则是通过工具手段来增强其合理性,新公共服务和合作政府也是遵循这两条道路展开。

20世纪60年代以后出现公共管理理论的丛林表明公共行政部门已然失去了君临一切的理论解释,传统公共行政范式发生了根本的动摇。在新的理论范式没有形成之前,各种竞争的理论模式将会继续照耀这个舞台。从这个角度上来说,无论是新公共管理、新公共服务还是合作政府都没有终结政府变革,它们只是意味着传统公共行政官僚制范式的瓦解。在一个日益步入后现代的社会里,在一个对启蒙思想所崇拜的理性主义予以反思的时代中,政府变革将何去何从,还需要我们继续探索。

---

① 文森特·奥斯特罗姆:《美国公共行政的思想危机》,上海:上海三联书店,1999,第20页。

参考文献

一、中文类

(一)著作

1. 安东尼·吉登斯:《超越左与右——激进政治的未来》,社会科学文献出版社 2000 年版。
2. 安东尼·吉登斯:《第三条道路——社会民主主义的复兴》,北京大学出版社、三联书店 2000 年版。
3. 安东尼·吉登斯:《第三条道路及其批评》,中共中央党校出版社 2002 年版。
4. 安东尼·吉登斯:《失控的世界》,江西人民出版社 2001 年版。
5. 安东尼·吉登斯:《现代性——吉登斯访谈录》,新华出版社 2001 年版。
6. 安东尼·吉登斯:《现代性与自我认同》,三联书店 1998 年版。
7. 安东尼·吉登斯:《现代性的后果》,译林出版社 2000 年版。

参考文献

8. 安东尼·唐斯:《官僚制内幕》,中国人民大学出版社2006年版。

9. B. 盖伊·彼得斯:《政府未来的治理模式》,中国人民大学出版社2002年版。

10. 彼得·布劳、马歇尔·梅耶:《现代社会中的科层制》,学林出版社2001年版。

11. 彼得·詹金斯:《撒切尔夫人的革命》,新华出版社1990年版。

12. 曹沛霖:《政府与市场》,浙江人民出版社1998年版。

13. 陈林、林德山:《第三条道路:世纪之交的西方政治与变革》,当代世界出版社2000年版。

14. 程样国、韩艺:《国际新公共管理浪潮与行政改革》,人民出版社2005年版。

15. 陈振明:《政府再造——西方"新公共管理运动"述评》,中国人民大学出版社2003年版。

16. 戴维·奥斯本、特德·盖布勒:《改革政府——企业家精神如何改革着公营部门》,上海译文出版社1996年版。

17. 戴维·米勒:《布莱克维尔政治学百科全书》,中国政法大学出版社2002年版。

18. 戴维·毕瑟姆:《官僚制》,吉林人民出版社2005年版。

19. 丹尼尔·贝尔:《资本主义文化矛盾》,三联书店1989年版。

20. 邓正来、J. C. 亚历山大:《国家与市民社会——一种社会理论的研究路径》,中央编译局1999年版。

21. 弗里德里希·奥古斯特·哈耶克:《通往奴役之路》,社会科学文献出版社1998年版。

22. 弗里德里希·奥古斯特·哈耶克:《致命的自负》,社会科学文献出版社1998年版。

23. 高英彤:《帝国夕阳——日渐衰落的不列颠》,吉林人民出版社1998年版。

24. 冈纳·缪尔达尔:《亚洲的戏剧:对一些国家贫困问题的研究》,北京经济学院出版社1992年版。

25. 国家行政学院国际合作交流部:《西方国家行政改革述评》,国家行政学院出版社1998年版。

26. 何秉孟、姜辉:《阶级结构与第三条道路——与英国学者对话实录》,社会科学文献出版社2005年版。

27. 赫尔穆特·沃尔曼、埃克哈特·施罗德:《比较英德公共部门改革——主要传统与现代化的趋势》,北京大学出版社2004年版。

28. 胡康大:《欧盟主要国家中央与地方的关系》,中国社会科学出版社2000年版。

29. 胡康大:《英国的政治制度》,社会科学文献出版社1993年版。

30. 黄健荣等:《公共管理新论》,社会科学文献出版社2005年版。

31. 科斯:《企业、市场与法律》,上海三联书店1990年版。

32. 金太军等:《政府职能梳理与重构》,广东人民出版社2002年版。

33. 克里斯托弗·波利特、海尔特·鲍克尔特:《公共管理改革——比较分析》,夏镇平译,上海译文出版社2003年版。

34. 蓝志勇:《行政官僚与现代社会》,中山大学出版社2005年版。

35. 刘炳香：《西方国家政府管理新变革》，中共中央党校出版社 2003 年版。

36. 罗伯特·丹哈特：《公共组织理论教程》，华夏出版社 2002 年版。

37. 马克斯·韦伯：《经济与社会》（上、下卷），商务印书馆 1998 年版。

38. 马骏、叶娟丽：《西方公共行政学理论前沿》，中国社会科学出版社 2004 年版。

39. 毛里西奥·帕瑟林·登特里维斯：《作为公共协商的民主：新的视角》，中央编译出版社 2006 年版。

40. 米尔顿·弗里德曼、罗斯·弗里德曼：《自由选择》，商务印书馆 1999 年版。

41. 尼基金：《民主社会主义思想体系批判》，中国人民大学出版社 1985 年版。

42. 欧文·休斯：《公共管理导论》，中国人民大学出版社 2002 年版。

43. 欧阳景根：《背叛的政治——第三条道路理论研究》，上海三联书店 2002 年版。

44. 乔治·弗雷德里克森：《公共行政的精神》，中国人民大学出版社 2003 年版。

45. 阮宗泽：《第三条道路与新英国》，东方出版社 2001 年版。

46. 斯蒂尔蔓：《公共行政学——观点和案例》，中国社会科学出版社 1988 年版。

47. 施雪华：《当代各国政治体制——英国》，兰州大学出版社 1998 年版。

48. 托尼·布莱尔：《新英国：我对一个年轻国家的展望》，世界知识出版社 1998 年版。

49. 托克维尔:《论美国的民主》,商务印书馆 1997 年版。

50. 唐兴霖:《公共行政学:历史与思想》,中山大学出版社 2000 年版。

51. 王霁:《马克思主义与当代社会思潮》,中国人民大学出版社 1994 年版。

52. 王皖强:《国家与市场——撒切尔主义研究》,湖南教育出版社 1999 年版。

53. 王振华等:《重塑英国——布莱尔注意与"第三条道路"》,中国社会科学出版社 2000 年版。

54. 王振华:《撒切尔主义——80 年代英国内外政策》,中国社会科学出版社 1992 年版。

55. 威廉姆·A.尼斯坎南:《官僚制与公共经济学》,中国青年出版社 2004 年版。

56. 文森特·奥斯特罗姆:《美国公共行政的思想危机》,上海三联书店 1999 年版。

57. 乌尔里希·贝克、约翰内斯·威尔姆斯:《自由与资本主义》,浙江人民出版社 2001 年版。

58. 谢峰:《英国工党第三条道路研究》,贵州人民出版社 2003 年版。

59. 薛晓源、陈家刚:《全球化与新制度主义》,社会科学文献出版社 2004 年版。

60. 薛晓源、周战超:《全球化与风险社会》,社会科学文献出版社 2005 年版。

61. 杨雪冬、薛晓源:《"第三条道路"与新的理论》,社会科学文献出版社 2000 年版。

62. 俞可平:《治理与善治》,社会科学文献出版社 2000 年版。

63. 约翰·高兰:《英国政治制度》,世界知识出版社 1956 年版。

64. 约翰·格林伍德、戴维·威尔逊:《英国行政管理》,商务印书馆 1991 年版。

65. 约翰·S. 德雷泽克:《协商民主及其超越:自由与批判的视角》,中央编译出版社 2006 年版。

66. 詹姆斯·罗西瑙:《没有政府的治理》,江西人民出版社 2001 年版。

67. 张凤阳等:《政治哲学关键词》,江苏人民出版社 2006 年版。

68. 张曙光:《中国制度变迁的案例研究》(第一辑),上海人民出版社 1996 年版。

69. 张永桃:《行政管理学》,高等教育出版社 2003 年版。

70. 珍妮特·V. 登哈特、罗伯特·B. 登哈特:《公共服务:服务而不是掌舵》,中国人民大学出版社 2004 年版。

71. 郑忆石:《民主社会主义思潮评析》,河南人民出版社 1999 年版。

72. 周志忍:《当代国外行政改革比较研究》,国家行政学院出版社 1999 年版。

(二)论文

1. 阿马蒂亚·森:《论社会排斥》,《经济社会体制比较》,2005 年第 3 期。

2. 安东尼·吉登斯:《为什么现在应当让富人出钱?》,《国外理论动态》,2007 年第 12 期。

3. 戈登·怀特:《公民社会、民主化和发展:廓清分析的范围》,《马克思主义与现实》,2000 年第 1 期。

4. 戈兰·海登:《公民社会、社会资本和发展》,《马克思主义与现实》,2000 年第 1 期。

5. 胡昌宇、陈晓律:《试论布莱尔工党政府的成功之道》,《经济管理文摘》,2006 年第 12 期。

6. 胡淑惠等:《英国"第三条道路"成因探析》,《国际观察》,2003 年第 5 期。

7. 黄项飞:《英国电子政务建设经验及对我国的启示》,《湖北档案》,2005 年第 1 期。

8. 杰瑞·斯托克:《英国地方治理的新发展》,《中共浙江省委党校学报》,2007 年第 1 期。

9. 金太军:《新公共管理:当代西方公共行政的新趋势》,《国外社会科学》,1997 年第 5 期。

10. 景晓芬:《"社会排斥"理论研究综述》,《甘肃理论学刊》,2004 年第 2 期。

11. 李和中、马秀玲:《布莱尔政府的国民医疗服务体系改革及其借鉴意义》,《新视野》年 2007 第 6 期。

12. 李培林:《当今英国社会阶级阶层结构的变化》,《国际经济评论》,1998 年第 6 期。

13. 李章程、王铭:《英国电子政务建设进程概述》,《档案与建设》,2004 年第 3 期。

14. 刘杰:《保守党"左转"和战后英国"共识政治"的形成》,《北京化工大学学报》,2000 年第 1 期。

15. 刘杰:《战后英国共识政治研究综述》,《世界历史》,2000 年第 1 期。

16. 罗之芹:《英国"灯塔地方政府计划"及其启示》,《中国行政管理》,2001 年第 4 期。

17. 彭锦鹏:《全观型治理:理论与制度化策略》,《政治科学论坛》,2005 年第 23 期。

18. 乔治·M.瓦拉德兹:《协商民主》,《马克思主义与现实》,2004 年第 3 期。

19. 秦宣:《历史比较中的"第三条道路"思潮》,《科学社会主义》,2005 年第 4 期。

20. 沈运红、王恒山:《国内外网络组织研究及其新进展》,《科技进步与对策》,2007 年第 3 期。

21. 斯科特·拉什:《风险社会与风险文化》,《马克思主义与现实》,2002 年第 4 期。

22. 唐昊:《试论欧洲一体化理论中的新区域主义》,《广西社会科学》,2002 年第 5 期。

23. 唐均:《社会政策的基本目标:从克服贫困到消除社会排斥》,《江苏社会科学》,2002 年第 4 期。

24. Tom Christensen,Per Lagreid:《后新公共管理改革——作为一种新趋势的整体政府》,《中国行政管理》,2006 年第 9 期。

25. 陶正付:《评布莱尔的"第三条道路"》,《现代国际关系》,1998 年第 12 期。

26. 王凤鸣、李艳:《英国新工党的宪政改革》,《当代世界社会主义问题》,2003 年第 2 期。

27. 王皖强:《论战后英国的共识政治》,《学海》,2006 年第 2 期。

28. 王皖强:《撒切尔研究中的几个问题》,《世界历史》,1997 年第 3 期。

29. 乌尔里希·贝克:《风险社会的再思考》,《马克思主义与现实》,2002年第4期。

30. 姚国章、林萍:《英国电子政务发展案例》,《电子政务》,2005年第19期。

31. 杨滔:《新区域主义在新大伦敦空间总体规划中的诠释》,《城市规划》,2007年第21期。

32. 闫二旺:《网络组织的机制、演化与形态研究》,《管理工程学报》,2006年第4期。

33. 叶祥松、喻卫斌:《网络组织研究的新进展》,《经济学动态》,2006年第6期。

34. 张成福:《公共行政的管理主义:反思与批判》,《中国人民大学学报》,2001年第1期。

35. 张紧跟:《组织间网络理论:公共行政学的新视野》,《武汉大学学报》,2003年第7期。

36. 张康之、李圣鑫:《历史转型条件下的任务型组织》,《中国行政管理》,2006年第11期。

37. 张锐:《布莱尔的丰厚"经济遗产"》,《观察与思考》,2007年第13期。

二、西文类

A. Rawnsey (2001), *Servants of the People: The Inside Story of New Labour*. London: Penguin.

A. Seldon (2001), *The Blair Effect*. London: Little, Brown and Company.

A. Taylor (2000), *Hollowing our or Filling in? Taskforces and *the Management of Cross-Cutting Issues in British Government*, "British Journal of Politics and International Relations", Vol. 2, No. 1, pp. 46 – 70.

A. Walker et al (2006), *Crime in England and Wales 2005/6*. London: Home Office.

Audit Commission (2000), *Seeing is Believing: How The Audit Commission will Carry Out Best Value Inspections in England*. London: Audit Commission.

Audit Commission (2002a), *Comprehensive Performance Assessment: Scores and Analysis of Performance for Single Tier and County Councils in England*. London: Audit Commission.

Audit Commission (2002b), *The Final CPA Assessment Framework for Single Tier and County Councils*. London: Audit Commission.

Audit Commission (2005a), *CPA-the Harder Test: The New Framework for Comprehensive Performance Assessment of Single Tier and County Councils from 2005 to 2008*. London: Audit Commission.

Audit Commission (2005b), *Governing Partnerships*, London: the Audit Commission.

Audit Commission (2005c), *Proposals for Comprehensive Performance Assessment from 2005*. London: Audit Commission.

B. Pimlott (1997), *New Labour, New Era?*, "The Political Quarterly", Vol. 68, NO. 4, pp. 325 – 334.

B. S. Turner (1990), *Theories of Modernity and Postmodernity*, London: Sage.

C. Foster (2005), *British Government in Crisis or the Third*

English Revolution, Oxford and Portland: Hart Publishing.

C. Mirrlees-Black, etc (1998), *The 1998 British Crime Survey*, London: Home Office.

C. Thain (2004), *Treasury Rules OK? The Further Evolution of a British Institution*, "British Journal of Politics and International Relations", Vol. 6, No. 1, pp. 121 – 128.

Cabinet Office (1999), *Modernising Government*, London: Cabinet Office.

Cabinet Office (2000), *Wire It Up: Whitehall's Management of Cross-cutting Policies and Services*, London: Cabinet Office.

Cabinet Office (2002), *Cabinet Office Resource Accounts 2000—2001*, London: Cabinet Office.

Cabinet Office (2004), *Cabinet Office Annual Report & Resource Accounts 2002—2003*, London: Cabinet Office.

Cabinet Office (2005), *Transformational Government: Enabled by Technology*, London: Cabinet Office.

Cabinet Office and DTLR (2002), *Your Region, Your Choice: Revitalising the English Regions*. London: DTLR.

Christopher Pollit (2003), *Joined-up Government: a Survey*, Political Studies Review, Vol. 1, No. 1, pp. 34 – 49.

D. Butler, A. Adonis, and T. Travers (1994), *Failure in British Government: the Politics of the Poll Tax*. Oxford: Oxford University Press.

D. Gordon, etc (2000), *Poverty and Social Exclusion in Britain*, York: Joseph Rowntree Foundation.

D. Kavanagh (1987), *Thatcherism and the British Politics: The*

End of Consensus? Oxford: Oxford University Press.

D. Kavanagh and D. Richards (2001), *Departmentalism and Joined-Up Government: Back to the Future*, "Parliamentary Affairs", Vol. 54, No. 1, pp. 1 – 18.

D. Marsh, D. Richard and Martin J. Smith (2001), *Changing Patterns of Governance in the United Kingdom Reinventing Whitehall?* Hampshire: Palgrave.

D. Nicholas (2005), *Voluntary Action: Meeting the Challenges of the 21st century*, London: the National Council for Voluntary Organisations.

D. Varney (2006), *Service Transformation: A Better Service for Citizens and Business, a Better Deal for the Taxpayer*, London: The Stationery Office.

D. Wilson (2003), *nravelling Control Freakery: Redefining Central-local Government Relations*, "British Journal of Politics and International Relations", Vol. 5, No. 3, pp. 317 – 346.

D. Whitfield (2003), *The Welfare State*, London: Pluto Press.

DCLG (Department for Community and Local Government) (2006a), *Citizenship Survey: Community Cohesion Topic Report*, London: DCLG.

DCLG (2006b), *The Long-term Evaluation of the Best Value Regime: Final Report*, London: Community and Local Government.

DCLG (2006c), *Guidance on Enhancing Public Participation-Full Report*, London: Community and Local Government.

DCLG (2006d), *Local Leadership, Local Choice*, London: Department for Communities and Local Government.

DCLG （2006e）, *Strong and Prosperous Community*, London： Community and Local Government.

DETR （Department of the Environment, Transport and the Regions of Britain） （1998a）, *First Report of the Advisory panel on Beacon Council*, London：DETR.

DETR （1998b）, *Modernising Planning*, London：DETR.

DETR （1998c）, *Modern Local Government：Improve Local Service through Best Value*, London：DETR.

DETR （1998c）, *Modern Local Government：In Touch with the People*, London：DETR.

DETR （1998c）, *Strengthening Regional Accountability*, London： DETR.

DTLR （Department for Transport, Local Government and the Regions） （2001a）, *Local Public Service Agreements：New Challenges*, London：DTLR.

DTLR （2001b）, *Strong Local Leadership—Quality Public Service*, London：DTLR.

DTLR （2002）, *Your Regions, Your Choice：Revitalising the English Regions*, London：DTLR.

E. M. Sigsworth （1998）, *In Search of Victorian Values：Aspects of Nineteenth Century Thought and Society*, Manchester：Manchester University Press.

Electoral Commission （2002a）, *Modernising Elections. A Strategic Evaluation of the 2002 Electoral Pilot Schemes*, Executive Summary, London：Electoral Commission.

Electoral Commission （2002b）, *Public Opinion and the 2002*

Local Elections:*Findings*,London:Electoral Commission.

English Regions Network (2004),*Regional Scrutiny Handbook*,Birmingham:English Regions Network.

Frontier Economics (2004),*Regional Growth*:*A Report Prepared for the ODPM, HM Treasury and DTI*,London:Frontier Economics Ltd.

G. Allen (2002),*Regional Development Agencies*,London:House of Common.

G. Mulgan (2005),*Joined-Up Government*:*Past, Present, and Future*,in V. Bogadanor (2005),"Joined-Up Government",New York:Oxford University Press.

G. Stoker (2004a),*Transforming Local Governance*:*From Thatcherism to New Labour*,Basingstoke:Palgrave Macmillan.

G. Stoker (2004b),*New Localism, Progressive Politics and Democracy*,"The Political Quarterly",Vol. 75,No. supplement 1.

H. Atkinson and S. Wilks-Heeg (2000),*Local Government from Thatcher to Blair*:*The Politics of Creative Autonomy*,Cambridge:Polity Press.

H. Bakvisand L. Juillet (2004),*The Horizontal Challenge*:*Line Departments, Central Agencies and Leadership*,Ottawa:Canada School of Public Service.

H. Davis,J. Downe and S. Martin (2001),*External inspection of local Government*:*Driving improvement or drowning in detail*? York:Joseph Rowntree Foundation.

H. Russell (2005),*Voluntary and Community Sector Engagement in Local Strategic Partnerships*,London:ODPM.

HM Treasury (1998), *Public Service for the Future: Modernisation , Reform , Accountability* , London: HM Treasury.

HM Treasury (2002a), *2002 Spending Review: Public Service Agreements* , London: HM Treasury.

HM Treasury (2002b), *Opportunity and Security for All: Inverting in an Enterprising , Fairer Britain New Public Spending Plans* 2003— 2006 , London: HM Treasury.

HM Treasury (2007), *A Review of the Invest to Save Budget: An Innovation Fund for Public Services* , London: HM Treasury.

HM Treasury (2004), *Spending Review* 2004 , London: HM Treasury.

HM Treasury and DTI (The Department of Trade and Industry) (2001), *Productivity in the UK: 3-The Regional Dimension* , London: HM Treasury.

HM Treasury and ODPM (Office of the Deputy Prime Minister) (2006), *Review of Government Offices* , London: HM Treasury.

House of Commons (1998a), *Regional Development Agencies Act* 1998 , London: the Stationery Office Limited.

House of Commons (1998b), *Regional Government in England* , London: House of Commons.

House of Commons (2007), *Is There a Future for Regional Government?* London: the Stationery Office Limited.

I. Holliday (2000), *Is the British State Hollowing out?* , " The Political Quarterly" , Vol. 71 , No. 2 pp. 167 – 176.

IPAA (The Institute of Public Administration Australia) (2002), *Working Together—Integrated Governance* , Brisbane: IPAA.

参考文献

J. Bradshaw, etc (2004), *The Drivers of Social Exclusion*, London: the Office of the Deputy Prime Minister.

J. Broadbent (2003), 'Comprehensive Performance Assessment: The Crock of Gold at the End of the Performance Rainbow?', *Public Money and Managemen*, Vol. 23, No. 1, pp. 5 - 8.

J. E. Cronin (1991), *The Politics of State Expansion: War, State and Society in Twentieth-Century Britain*, London: Routledge.

J. Gray (2004), 'Blair's Project in Retrospect', *International Affairs*, Vol. 80, No. 1, 39 - 48.

J. Greenwood and D. Wilson (1989), *Public Administration in Britain Today*, London: Unwin Hyman.

J. Hartley and J. Downe (2004), *The Shining Lights? Public Service Awards as an Approach to Service Improvement*, "Public Administration", Vol. 80, No. 3, pp. 329 - 353.

J. Kay, C. Mayer and D. Thompson (1986), *Privatization and Regulation: The UK Experience*, Oxford: Clarendon Press.

J. Newman (2001), *Modern Governance: New Labour, Policy and Society*, London: Sage.

J. Stewart (2003), *Modernising British Local Government: An Assessment of Labour's Reform Programme*, Basingstoke: Palgrave Macmillan.

J. Wilson (2004), *Comprehensive Performance Assessment—Springboard or Dead-weight?*, "Public Money and Management", Vol. 24, No. 1, pp. 63 - 68.

K. Jansson (2006), *British Crime Survey—Measuring Crime for 25 Years*, London: Home Office.

K. Morgan (1997), *The learning region: Institutions, Innovation and Regional Renewal*, "Regional Studies", Vol. 31, No. 5, pp. 491 – 503.

K. Morgan (2002), *The English Question-Regional Perspectives on a Fractured Nation*, "Regional Studies", Vol. 36, No. 7, pp. 797 – 810.

K. Wilding et al (2004), *UK voluntary sector almanac*, London: the National Council for Voluntary Organisations.

L. Rashman and J. Hartley (2002), *Leading and Learning? Knowledge Transfer in the Beacon Council Scheme*, "Public Administration", Vol. 80, No. 3, pp. 523 – 542.

Layfield Committee (1976), *Report of the Committee of Enquiry into Local Government Finance*, London: HMSO.

Local Government Association (2003), *Regional Governance—A Survey of Local Authorities*, London: Local Government Association.

M. A. Peters (2003), *Citizen-Consumers, Social Markets and the Reform of Public Services*, "Policy Futures in Education", Vol. 2, No. 3&4, pp. 621 – 632.

M. Bowerman, A. Ball and G. Francis (2003), *Benchmarking as a Tool for the Modernisation of Local Government*, "Financial Accountability and Management", Vol. 17, No. 4, pp. 321 – 329.

M. Burch and I. Holliday (1999), *The Prime Minister's and Cabinet Office: An Executive Office in All But Name*, "Parliamentary Affairs", Vol. 52, No. 1, pp. 32 – 45.

M. Hopkins, C. Couture and E. Moore (2001), *Moving from the Heroic to the Everyday: Lessons Learned from Horizontal Projects*, Ottawa: Canadian Centre for Management Development.

M. Leeke, C. Sear and O. Gay (2003), *An Introduction to*

Devolution in the UK, London: House of Commons Library.

M. Pirie (1998), *Privatization: Theory, Practice and Choice*, London: Wildwood House.

M. Sandford (2005), *The New Governance of the English Regions*. New York: Palgrave Macmillan.

M. Stallworthy (1989), *Central Government and Local Government: The Uses and Abuses of a Constitutional Hegemony*, "Political Quarterly", Vol. 60, No. 1, pp. 22 – 37.

Management Advisory Committee (2005), *Connecting Government, Whole of Government Response to Australia's Priority Challenges*, Canberra: Commonwealth of Australia Government Management Advisory Committee.

O. James (2004), *The UK Core Executive's Use of Public Service Agreements as a Tool of Governance*, "Public Administration", Vol. 82, No. 2, pp. 397 – 419.

ODPM (Office of the Deputy Prime Minister) (2002a), *Public Participation in Local Government: A Survey of Local Authorities*, London: ODPM.

ODPM (2002b), *Turnout at Local Elections: Influences on Levels of Voter Registration and Voting*, London: ODPM.

ODPM (2004), *Planning Policy Statement 11: Regional Spatial Strategies*, London: The Stationery Office.

ODPM (2005a), *Government Response to the Review of the Beacon Council Scheme*, London: ODPM.

ODPM (2005b), *Making Connections: An Evaluation of the Community Participation Programmes*, London: ODPM.

ODPM (2005c), *Evaluation of the Role and Impact of Regional Chambers: Feasibility Study*, London: ODPM.

ODPM (2005d), *Interim Report: Evaluation of the Role and Impact of Regional Assemblies*, London: ODPM.

ODPM (2005e), *New Localism-Citizen Engagement Neighborhoods and Public Services: Evidence from Local Government*, London: ODPM.

ODPM (2005f), *Sustainable Communities: People, Places and Prosperity*, London: ODPM.

ODPM (2005g), *Citizen Engagement, Neighbourhoods and Public Services: Evidence from Local Government*, London: ODPM.

ODPM (2006a), *The Beacon Council: Application Brochure* 2006, London: ODPM.

ODPM (2006b), Evaluation Local Public Service Agreements: Central-local Relations and LPSAs, London: ODPM.

OECD (Organisation for Economic Co-operation and Development) (2001), *OECD Public Management Policy Brief: Government of the Future*, Paris: OECD.

Office of Public Services Reform (2002), *Reforming Our Public Services: Principles into Practice*, London: Cabinet Office.

P. Cosgrave (1992), *The Strange Death of Socialist Britain: Post War Britain Politics*, London: Constable.

P. Elson, et al (2007), *Horizontal Tools and Relationships: An International Survey of Government Practices Related to Communities*, Ottawa: the Task Force on Community Investments.

P. Fawcett (2005), *The Centre of Government – No 10, the*

Cabinet Office and HM Treasury, London: House of commons.

P. Hennessy and D. Welsh (1998), *Lords of All They Surveyed? Churchill's Miniserial " Overlords " 1951—1953*, " Parliamentary Affairs", Vol. 51, No. 1, pp. 62 – 70.

P. Madgwick (1991), *British Government: the Central Executive Territory*, Worcester: Billing and Sons Ltd.

Perri 6 (1997), *Holistic Government*, London: Demons.

Perri 6, et al (1999), *Governing in the Round—Strategies for Holistic Government*, London: Demons.

Perri 6 (2004), *Joined-Up Government in the Western World in Comparative Perspective: A Preliminary Literature Review and Exploration*, "Journal Public Administration Research and Theory", Vol. 14, No. 1, pp. 103 – 138.

Perri 6, D. Leat, K. Seltzer and G. Stoker (2002), *Towards Holistic Governance—the New Reform Agenda*, New York: Palgrave.

PIU (the Performance and Innovation Unit) (2000a), *Electronic Government Services for the 21st Century*, London: The Cabinet Office.

PIU (2000b), *Reach Out: the Role of Central Government at Regional and Local Level*, London: Cabinet Office.

Public Administration Select Committee (2003), *On Target? Government by Measurement*, London: The Stationery Office.

R. Andrews, G. A. Boyne, J. Law and R. M. Walker (2005), *External Constraints on Local Service Standards: The Case of Comprehensive Performance Assessment in English Local Government*, "Public Administration", Vol. 83, No. 3, pp. 639 – 656.

R. A. W. Rhodes (1994), *The Hollowing out of the State: The*

Changing Nature of the Public Service in Britain, "The Political Quarterly", Vol. 17, No. 1, pp. 138 – 151.

R. A. W. Rhodes and P. Dunleavy (1995), *Prime Minister, Cabinet and Core Executive*, London: Palgrave Macmillan.

R. A. W. Rhodes (2000), *Transforming British Government* (Volume 1: Changing Institutions), New York: Martins' Press.

R. Garner and R. Kelly (1998), *British Labor Party Today*, Manchester: Manchester University Press.

R. Parry, C. C. Hood and O. G. James (1997), *Reinventing the Treasury: Economic Rationalism or an Econocrat's Fallacy of Control?*, "Public Administration", Vol. 75, No. 3, pp. 395 – 415.

R. Pryke (1971), *Public Enterprise in Practice*, London: MacGibbon and Kee.

S. Hall (1990), The Hard Road to Renewal: Thatcherism and Crisis of British Left, London: Verso.

S. James (1986), *The Central Policy Review Staff, 1970—1983'*, "Political Studies", Vol. 34, No. 3, pp. 423 – 440.

S. Lee and R. Woodward (2002), *Implementing the Third Way: The Delivery of Public Services under the Blair Government*, "Public Money and Management", Vol. 22, No. 4, pp. 49 – 56.

Social Exclusion Task Force (2006), *Reach out: An Action Plan on Social Exclusion*, London: The Cabinet Office.

S. Ludlam and M. J. Smith (2004), *Governing as New Labour: Policy and Politics under Blair*, New York: Palgrave Macmillan.

S. Martin (2000), *Implementing "Best Value": Local Public Services in Transition*, "Public Administration", Vol. 78, No. 1, pp.

209 – 227.

S. Platt (1998), *Government by Task Force: A Review of the Reviews*, London: The Catalyst Trust.

S. Snape, R. Ashworth, S. Aulakh, L. Dobbs and C. Moore (2003), *The Development of Regional Scrutiny-Final Report*, Birmingham: English Regions Network.

Strategy Unit (2007), *Building on Progress: Security, Crime and Justice*, London: Cabinet Office.

T. Ling (2002), 'Delivering Joined-Up Government In The UK: Dimensions, Issues and Problems', *Public Administration*, Vol. 80, No. 4, pp. 615 – 642.

T. Blair (1998), *The Third Way: New Politics for the New Century*, London: Fabian Society.

T. Budd (1998), *Burglary of Domestic Dwellings Findings from the British Crime Survey*, London: Home Office.

The National Audit Office (2001a), *Better Regulation: Making Good Use of Regulatory Impact Assessments*, London: The National Audit Office.

The National Audit Office (2001b), *Measuring the Performance of Government Departments*, London: The Stationery Office.

The National Audit Offic (2001c), *Joining up to Improve Public Service*, London: The Stationery Office.

The National Audit Office (2002), *The Invest to Save Budget*, London: The National Audit Office.

The National Audit Office (2003a), *Improving Service Delivery: the Role of Executive Agencies*, London: The National Audit Office.

The National Audit Office (2003b), *Success in the Regions*, London: the Stationery Office.

The Official Yearbookof the United Kingdom (1999), *Britain 2000*, London: The Stationery Office.

The Social Exclusion Unit (1998), *Rough Sleeping*, London: The Cabinet Office.

The Social Exclusion Unit (1998), *A Review of the Social Exclusion Unit*, London: The Cabinet Office.

The Social Exclusion Unit (2004), *The Social Exclusion Unit*, London: ODPM.

V. Bogdanor (2005), *Joined-Up Government*, New York: Oxford University Press.

V. Lowndes, L. Partchett and G. Stoker (2002), *Trends in Public Participation: Part 1-Local Government Perspectives*, "Public Administration", Vol. 79, No. 1, pp. 205 - 222.

W. R. Barter (2000), *Regional Government in England: A Preliminary Review of Literature and Research Findings*. London: DETR.

三、网络资源

http://archive.cabinetoffice.gov.uk
http://www.hm-treasury.gov.uk
http://www.labour-party.org.uk
http://www.cabinetoffoce.gov.uk
http://www.hm-treasury.gov.uk

http://www.civilservice.gov.uk/index.asp

http://www.apsc.gov.au

http://www.demos.co.uk

http://www.number-10.gov.uk/output/Page1.asp

http://www.publications.parliament.uk

http://www.communities.gov.uk/corporate

http://www.pm.gov.uk/output/Page1.asp

http://www.parliament.uk

http://www.nao.org.uk

后　记

　　处于钟灵毓秀、虎踞龙盘之六朝古都的南京大学，一直以来都是我非常向往的高等学府，能在一个有着悠久文化传统和历史积淀的地方求学对我而言实在是三生有幸！在这三年里，沐浴在学校浓厚的学术氛围和恬淡的为学精神之中，我深深感受到工作生活在这一神圣知识殿堂里学者们的诚、朴、雄、伟。

　　三年的求学经历是短暂的，但它是我人生中最为宝贵的财富。首先我要衷心地感谢我的导师黄健荣教授和师母姜秀珍老师。黄老师高尚的道德情操、孜孜不倦勤奋耕耘的精神以及严谨的治学态度为我树立了学习的典范，从他那我得到为学和做人的道理，这会让我受用无穷。在整个三年的求学期间，尤其是在博士论文的写作过程之中，导师都倾注了大量的心血。从选题、论文框架的确定以及论文的写作和最后的修改，导师都悉心教导，耐心点拨。在生活上，导师和师母给予我无微不至的关怀，并身体力行地教导我为人处世的道理。导师和师母对我的教育与关怀，我将永远铭记在心。

　　在攻读博士学位期间，张永桃教授、严强教授、张凤阳教授、间小波教授、王明生教授、陆江兵教授、孔繁斌教授以及学院的其他领导和老师给予我许多的关怀与帮助，在此谨向各位学术前辈表

后 记

达后辈学子的景仰感激之情。我还要感谢苏州大学金太军教授与江苏省社会科学院刘钰研究员对我论文的指导。

感谢云南大学张建东教授、周平教授、崔运武教授,他们多年来一直对我关爱有加;感谢南京农业大学刘祖云副教授、浦东干部管理学院王华副教授、华东师范大学郭晓冬副教授,他们为我论文的写作提供了很多有益的思路和大量难得的资料。感谢中国政法大学耿云博士、苏州大学周义程博士、华东师范大学徐应萍博士对我博士论文写作过程中的帮助。

在这三年里还要感谢杨占营、余敏江、杨和焰、梁莹、叶芬梅、王子明、王勇、向玉琼、刘伟、李强斌、张华等等众多师兄姐弟妹,以及吴锦旗、陈家刚、李智、葛笑如、王安、张宇、衣华亮、王宁等等同窗好友。同门之间、同学之间的互敬互爱、互相帮助、互相探讨让我感受到学习的快乐与生活的美好。

最后,我还要感谢我的父母、哥哥姐姐和其他亲友,正是他们的默默奉献让我这个普通的农家子弟一步步地踏入到南京大学这一著名的高等学府并完成学业。

我将永远怀着一颗感恩的心来迎接生活的每一天。

曾令发
2008 年 5 月于南京大学